So
Easy !

make things

simple and enjoyable

生活技能 302

開始在瑞典
自助旅行

作者◎潘錫鳳Sonia Pan、陳羿廷Tizzy Chen

太雅

「遊瑞典鐵則」

☑全年乾冷，需隨身帶乳液、護唇膏和外套

理由：瑞典位於高緯度，全年偏乾冷，尤其冬天室內開放熱水管暖器，更顯乾燥，所以需要隨時擦拭乳液和護唇膏，否則皮膚容易乾裂發癢。到了夏天，雖然涼爽舒適，氣

溫多在攝氏15～25度之間，但是早晚溫差大，有時一陣雨過後，突然寒氣逼人，必須添加外套以防著涼。

☑當地人過馬路，紅綠燈只是當參考

理由：別被這個標題嚇著了！剛來斯德哥爾摩時，看到身旁行人一個個闖紅燈過馬路，後來瑞典的朋友告訴我，其實他們過馬路主要以「是否安全」來判斷，尤其冬天氣溫冷冽刺骨，若沒車輛經過，即使號誌顯示紅燈，行人也會快速通過。若初來乍到，對判斷安全與否不熟悉，最好還是遵守交通號誌，按下斑馬線旁所設的行人等待觸鈕，待轉綠燈再過馬路。

☑Wi-Fi普及，可以善加利用

理由：瑞典網路發達，無論機場、轉運站、旅館、百貨公司、咖啡店，甚至火車、郵輪、巴士等公共交通運輸，大部分都有免費的無線網路和充電器供旅客運用。

☑冬天日照短，背包或衣服最好加上螢光圈

理由：瑞典冬天日照時間短，當地行人和娃娃推車為了避免因照明不足而發生危

險，通常會在背包、外套和娃娃車上掛個螢光圈，以提醒司機減速避讓。這種螢光圈可以在家用雜貨店或百貨公司家用部門購買。

☑學生最好辦張國際學生證

理由：在瑞典，一張可以在國際通用的學生證很好用，無論購買車票或博物館門票，甚至有些餐廳還特別提供學生優惠價。

☑不要走在腳踏車專用道

理由：瑞典騎腳踏車的風氣非常普及，道路兩旁多設有腳踏車專用道，行人一定要避開。經過多次觀察，我終於理出當地人對道路行駛優先順序的潛規則，除了執行中的救護、消防和警車外，平時以娃娃車最受禮讓，其次為腳踏車，接著是行人，之後才是大眾運輸，計程車和其他車輛則排在最末。

☑ 自來水可以生飲

理由：瑞典的自來水可以直接飲用，政府為了環保，也鼓勵大家不要買瓶裝水，多數博物館的洗手間裡也會提供水杯讓遊客飲水。當然，出門旅遊若怕一時水土不服，可以到超市買瓶裝水，價錢比在便利商店便宜。**小提醒**：瓶裝水多為氣泡水，若不喝帶有氣泡的，請注意標示(見P.115)。

☑ 身上備有零錢，方便公廁投幣

理由：在瑞典，使用者付費的觀念很普遍，無論是火車站、百貨公司、美食地下街和公園等公共場所設置的公廁，使用者需投幣5～10SEK，有些公共場所還可刷卡付費。

「旅行瑞典必備APP」

SJ-Biljetter och trafikinfo
這是瑞典國鐵官方應用 APP，只要填入前往的目的地和時間，即可查詢全國各列車班次，依所需的票數、車廂和價位訂票。

SL - Journey planner and tickets
這是斯德哥爾摩公共運輸 SL 公司官方應用 APP，可購買單程和 24 小時票，並獲得斯德哥爾摩公共交通工具的更新服務。

Res i STHLM
在斯德哥爾摩區域內旅行，無論是搭乘公車、地鐵、通勤火車和渡輪，只要填入起訖點，即可搜索位置並提供活用大眾運輸工具的建議。

Swedavia Airports
查詢瑞典機場相關資訊，舉凡交通、航班、地圖和其他服務等，尤其遊客運用最多的斯德哥爾摩阿蘭達機場 (Arlanda Airport)，有最詳盡的解說。

Flygbussarna Airport Coaches
查詢瑞典各大機場的 Flygbussarna Airport Coaches 機場巴士發車時刻，還可以線上優惠價購票，非常實用。

Stockholm Travel Guide by Triposo
斯德哥爾摩離線地圖的免費軟體，標示所有景點、博物館和餐館指南。

Sverige Topo Kartan
GPS 導航範圍涵蓋整個斯堪地那維亞半島 (瑞典、丹麥、挪威和芬蘭) 的地形圖和衛星圖象，可以輕鬆指引前往目的地的位置，也可以搜索所在位置附近的設施等資訊。

旅行必知的標示和商家

T字
地鐵站

J字
火車站

i字
遊客資訊服務中心

Utgång
出口

Uttag
提款

Bankomat
自動提款機

Öppet
營業中或開放中

Hiss
電梯。地面樓通常以E、NB或BV標示；2樓為1，依此類推。

Polisen
警察局

Apoteket／APOTEK
藥局

健康食品標示

有機標示

有些門的開關把手設計特殊，往上拉是關，往下拉為開。

郵局。不少郵局會附設在超市或商店內。

公廁

Pressbyrån／7-ELEVEN：
地鐵站附近多設有Pressbyrån，提供免費Wi-Fi、公共運輸通行卡加值、手機加值、買郵票、租腳踏車等；7-ELEVEN的服務項目差不多，但設店較少。

Systembolaget
酒精濃度3.5%以上的酒類飲品要到酒公賣局(Systembolaget)買，而且規定購買年齡須20歲以上，假如你長得一副娃娃臉，結帳時會被要求看證件。

行前 Q&A　旅行瑞典，你最想知道的問題

Q1　規畫瑞典旅遊約需幾天？

以瑞典三大城市為主的旅遊，建議安排約10天；若加上其他城市，以及到極圈觀測極光星空、體驗拉雪橇，則行程約需15～20天。

Q2　從台灣飛斯德哥爾摩有直飛嗎？如何買到划算的機票？

從台灣飛斯德哥爾摩目前還沒有直飛航班，途中最少要經過一次轉機，轉機點依所選的航空公司而定。有些轉運機場很大，轉機的旅客又多，轉機時間盡量預留2小時以上較為充裕。此外，建議加買旅行不便險，以防行李丟失和轉機延誤等理賠。

機票比價的熱門網站
skyscanner：www.skyscanner.com.tw
背包客棧：www.backpackers.com.tw
智遊網：www.expedia.com.tw

Q3　週末假日店家有營業嗎？

瑞典大部分地區的商店營業時間為：週一～五09:00～18:00，週六09:00～17:00，週日除了觀光地區的店家，大部分不營業；超市幾乎是每天營業，時間為08:00～22:00，甚至到23:00。另外，如復活節等例假日，一般商店是不營業的。

Q4　瑞典治安好嗎？如何防範？

基本上瑞典的治安是不錯的，但在熱門觀光景點和餐廳，扒手還是不少，重要物品請勿離開視線。此外，出發前最好複印護照，並多帶兩張大頭照備用。護照影本和正本分開放，以降低風險。

Q5　瑞典上網方便嗎？

雖然公共場所的免費Wi-Fi普及，但是有時流量不穩。若事先下載一些離線APP仍不敷使用，可以考慮在出發前準備Wi-Fi機分享器、Sim卡或行動漫遊。

Q6　雪季服裝怎麼準備？

瑞典通常以11月～隔年2月最冷，下雪機率大，不過室內都有暖氣，所以雪季要以「洋蔥式穿法」才方便穿脫：最裡層先穿輕薄保暖的發熱衣褲或毛褲，再依當天氣溫一件件毛衣往上加，並且至少要有一件具有防水、防風功能的保暖外套。此外，要穿鞋底有防滑功能的雪鞋，厚手套、圍巾、毛帽、綿羊油、護唇膏等也都是必備的。

Q7　瑞典境內的交通方便嗎？

大城市的交通四通八達，但是一些規模較小的城鎮，交通就不是那麼方便。當地人習慣以網路預購車票，車站沒有櫃檯服務，只有售票機。此外，週末假日的班次會縮減。可參考瑞典旅遊網站：www.visitsweden.com。

編輯室提醒

出發前，請記得利用書上提供的Data再一次確認

每一個城市都是有生命的，會隨著時間不斷成長，「改變」於是成為不可避免的常態，雖然本書的作者與編輯已經盡力，讓書中呈現最新最完整的資訊，但是，我們仍要提醒本書的讀者，必要的時候，請多利用書中的電話，再次確認相關訊息。

資訊不代表對服務品質的背書

本書作者所提供的飯店、餐廳、商店等等資訊，是作者個人經歷或採訪獲得的資訊，本書作者盡力介紹有特色與價值的旅遊資訊，但是過去有讀者因為店家或機構服務 態度不佳，而產生對作者的誤解。敝社申明，「服務」是一種「人為」，作者無法為所有服務生或任何機構的職員背書他們的品行，甚或是費用與服務內容也會隨時間調動，所以，因時因地因人，可能會與作者的體會不同，這也是旅行的特質。

新版與舊版

太雅旅遊書中銷售穩定的書籍，會不斷再版，並利用再版時做修訂工作。通常修訂時，還會新增餐廳、店家，重新製作專題，所以舊版的經典之作，可能會縮小版面，或是僅以情報簡短附錄。不論我們作何改變，一定考量讀者的利益。

票價震盪現象

越受歡迎的觀光城市，參觀門票和交通票券的價格，越容易調漲，但是調幅不大(例如倫敦)，若出現跟書中的價格有微小差距，請以平常心接受。

謝謝眾多讀者的來信

過去太雅旅遊書，透過非常多讀者的來信，得知更多的資訊，甚至幫忙修訂，非常感謝你們幫忙的熱心與愛好旅遊的熱情。歡迎讀者將你所知道的變動後訊息，善用我們提供的「線上回函」或是直接寫信來taiya@morningstar.com.tw，讓華文旅遊者在世界成為彼此的幫助。

太雅旅行作家俱樂部

So Easy 302

開始在瑞典自助旅行 最新版

作　　者	潘錫鳳Sonia Pan
	陳羿廷Tizzy Chen

總 編 輯	張芳玲
發想企劃	taiya旅遊研究室
編輯部主任	張焙宜
企劃編輯	徐湘琪
主責編輯	鄧鈺澐
封面設計	何仙玲
美術設計	何仙玲
地圖繪製	涂巧琳

太雅出版社
TEL：(02)2882-0755　FAX：(02)2882-1500
E-mail：taiya@morningstar.com.tw
郵政信箱：台北市郵政53-1291號信箱
太雅網址：http://taiya.morningstar.com.tw
購書網址：http://www.morningstar.com.tw
讀者專線：(02)2367-2044、(02)2367-2047

出 版 者	太雅出版有限公司
	台北市11167劍潭路13號2樓
	行政院新聞局局版台業字第五〇〇四號
總經銷	知己圖書股份有限公司
	106台北市辛亥路一段30號9樓
	TEL：(02)2367-2044／2367-2047　FAX：(02)2363-5741
	網路書店 http://www.morningstar.com.tw
	郵政劃撥 15060393(知己圖書股份有限公司)

法律顧問	陳思成律師

印　　刷	上好印刷股份有限公司　TEL：(04)2315-0280
裝　　訂	大和精緻製訂股份有限公司　TEL：(04)2311-0221

二　　版	西元2020年03月10日
定　　價	440元

(本書如有破損或缺頁，退換書請寄至：
台中市工業30路1號　太雅出版倉儲部收)

ISBN　978-986-336-371-2(平裝)
Published by TAIYA Publishing Co., Ltd.
Printed in Taiwan

國家圖書館出版品預行編目資料

開始在瑞典自助旅行／潘錫鳳, 陳羿廷作. --
二版. -- 臺北市：太雅, 2020.03
　　面；　公分. -- (So easy；302)
ISBN 978-986-336-371-2(平裝)
1.自助旅行 2.瑞典
747.59　　　　　　　　　　　108022482

瑞典，豈止只有 IKEA

旅居有「北方威尼斯」美稱的斯德哥爾摩，其實是一段意外又奇妙的人生旅程。

回想當初先生告訴我派駐瑞典時，第一個跳進腦海的畫面，竟然是IKEA！沒錯，瑞典是IKEA家具的發源地；但是，瑞典豈止只有IKEA，透過往後兩年多的體驗探索，才發現這個北歐第一大國，無論在軟體創意或硬體建築表現，總是能巧妙地將古典風華和現代簡約元素融合，令人讚歎！

低調的瑞典不但有悠久的歷史，更有極其美麗的自然景觀，我深深被這些無價的寶藏吸引，也因此萌發寫一本深入實用的旅遊書的念頭，希望提

供到瑞典旅遊的朋友一些實用的資訊。

感謝讀者對這本書的認同，《開始在瑞典自助旅行》要再版了！深知旅遊資訊更新很快，若寫得越詳盡，日後修訂也會越多，甚至重寫，所以朋友常笑我是拿石頭砸自己腳，簡直自討苦吃！但每每思及這些詳細的資料，能對初來此地旅行的讀者帶來幫助時，就給我一股無形的力量去完成它。

這不僅僅是一本旅遊導覽；也把當地人的生活習慣和文化一併呈現，讓你也能同時細嚼品味當地人的生活。Hej，讓我們出發到瑞典，盡情享受這個喜愛Fika的國度！

潘錫鳳
Sonza

啉！維京傳奇其實不遙遠

從來沒有想過會在這麼高緯度的國家落腳，「瑞典」對許多人來說似乎既熟悉又陌生，它一直是孕育創新和設計之地，像是Skype、Spotify和Volvo都是大家耳熟能詳的。人們的友善和到處充滿的驚奇與感動，讓我深深著迷。四季充滿變化的自然景觀、各種藝術的薰陶、博物館的奧祕，都很值得一遊。本書除了提供詳盡的旅遊資訊外，也帶入瑞典的生活及飲食文化，希望讓初到瑞典的旅客能夠玩得道地，帶著美好回憶滿載而歸！

很高興So Easy系列《開始在瑞典自助旅行》即將再版，感謝讀者的支持。每走訪一個地方，對這個冰雪北國就有更深的了解，期待透過照片與文字和大家分享旅途中的驚奇與發現。近幾年越來越多人選擇到瑞典一探究竟，因此提供即時和完整的旅遊資訊將是作者首要的努力目標。本書將以嶄新的內容呈現，與大家一同探索瑞典，相信這會是你人生最美的一段旅程！

陳羿廷 Tizzy

關於作者

潘錫鳳Sonia Pan

　　尚未隨著先生派駐國外生活之前，在國內即從事文化工作，日後旅居歐洲近15年。喜歡觀察當地人的文化和生活習慣，更樂於將自己親身體驗的國外點滴記錄留下。

　　憑著多年編輯的經驗和國外生活的薰陶，寫起文章來也豐富多樣，曾在《TO GO》、《MOOK》、《TVBS 週刊》等發表多篇與旅遊相關的文章。著有《羅馬、梵蒂岡深度之旅》(太雅出版)、《羅馬、佛羅倫斯、威尼斯、米蘭》(太雅出版)、《開始到梵蒂岡朝聖》(太雅出版)、《義大利—羅馬》(墨刻出版)、《影響世界的人—拿破崙》(聯經出版)、《國際禮儀》(啟英文化)等書。

陳羿廷Tizzy Chen

　　華語教學碩士畢業。2009年開始華語教學生涯，教學足跡遍及台灣、英國和美國，現於瑞典任教。初到這塊土地時，便愛上瑞典文化和渾然天成的大自然，也熱愛當地旅遊、美食和攝影。

　　向來認為人生除了在專業工作領域上努力外，也應該盡情享受玩樂，喜歡當背包客旅行各地。當一人漫步城市街道，更能隨時隨地滿足視覺享受，對自然美景和異國文化深感著迷，走過歐美和亞洲數個國家與城市，至今仍鍾情旅途中所帶來的處處驚喜。

完整呈現瑞典亮點的旅遊書

The book in your hands is an excellent introduction to Sweden. It takes you to our biggest cities, Stockholm, Gothenburg and Malmö; to the famous island of Gotland as well as other exciting places with alluring nature, cultural and gastronomical highlights.

I hope and believe that this book will inspire Taiwanese and other Mandarin speaking people to visit our beautiful country.

這是一本介紹我國瑞典圖文並茂的旅遊書，書中除了深入介紹斯德哥爾摩、哥德堡和馬爾默等幾個主要大城市外，作者也將哥特蘭島和其他著名的景點全部涵蓋在內，這些令人嚮往的自然、文化和美食，都是瑞典十分吸引人的亮點！

我多麼希望並確信，這本書必能引起台灣朋友和其他華人到我們美麗國度旅遊的共鳴。

瑞典國會議員 *Boriana Åberg*

提供具體實用的瑞典資訊

簡單、實際、質樸、創新是瑞典給大家的印象，而這些特質也反映在瑞典產品如IKEA家具、Volvo汽車和H&M服裝的造型與功能中，同時也彰顯在瑞典政府與民間的制度、習俗與日常生活的細節裡。 經過歷史時間的淬鍊，這些正面特質把瑞典推展到世界村的前排，成為其他國家欽羨和爭相學習借鏡的標竿，越來越多人想來親身體驗，一探這個美好國度的究竟。

個人自從2015年元月到瑞典服務，有機會在政府與民間、大城市和小鄉鎮多方體會，深深地感

受到這個國家的進步多元、美麗祥和，以及諸多令人讚歎的點點滴滴，也常迫不及待地想和親朋好友分享瑞典的種種美好。

潘錫鳳和陳羿廷兩位作者，前者隨外交官夫婿四海為家多年，深諳國際生活與旅遊種切；後者從事國際華語文教學，也喜愛旅遊體驗各國風情。她們先後來到瑞典，在個別領域裡深入瞭解瑞典生活與旅遊的精華，藉由她們細心的觀察與蒐羅，以及流暢的文筆合作撰寫，相信可以為到瑞典觀光、遊學甚或長住的朋友提供最實用的一手資訊。

在此謹對兩位作者的辛勞與貢獻表示尊敬及感謝，預祝出版成功，也恭喜購書的讀者慧眼獨具，閱讀愉快，收穫滿載。

中華民國駐瑞典代表團大使

如何使用本書

重頭戲搶先看
速覽必訪景點及行程規畫,瑞典6大特色體驗、世界遺產之旅,都在行程規畫懶人包幫你安排妥當,並附上清楚的頁碼索引。

美食精選推薦
各區美食首選店家,分別有正餐類的Dine,以及喝下午茶的Fika。

玩樂景點分量加倍
瑞典十大著名城市全部收錄!快速認識各城市風情、最佳行程規畫安排,以及交通串聯方式。

特別推薦
不容錯過的代表性景點,時間有限的情況下,建議以此為優先考量。

詳細Data
地址、電話、時間、費用、交通等統一整理,資訊清楚。

分區介紹
深入介紹各區歷史背景與文化特色。

一日行程表
專屬的行程規畫師,貼心設計每日路線,加上建議遊玩時間。

精采看點
豐富的文化知識、各種細節與重點,帶你一窺內行門道。

散步延伸、推薦商家
歸納整理各景點的延伸路線、購物區等,內容豐富超乎想像!

三大城市詳細地圖
附有斯德哥爾摩、哥德堡、馬爾默的精細地圖,幫助了解各景點、店家位置。

圖例		
地鐵	景點	住宿
鐵路	購物	地標
地鐵站	美食	觀光船
火車站		
旅客資訊中心		

目 錄

瑞典就是這麼好玩！

6大特色體驗

享受童話般的國度

在瑞典，不僅有六月坡童話館(Junibacken)，呈現童話作家阿斯特麗德‧林格倫(Astrid Lindgren)的代表作──《長襪子皮皮》(Pippi Långstrump)的故事場景，即使只是公園的兒童遊戲區設備也充滿童趣。此外，當你閒逛大街小巷，路旁總會出其不意出現可愛的雕塑，甚至皇宮舉辦活動，服務人員也會以傳統服飾亮相，讓人彷彿置身在童話的國度裡。

住冰旅館

P.96

瑞典的冬季旅遊，到拉普蘭看炫麗的極光景色是很熱門的行程，如果有機會順道入住每年12月～隔年3月以冰雪打造的冰旅館(Ice Hotel)，裡面設有冰酒吧、如幻似夢的房間設計主題，且年年變化。若是通過冰旅館的過夜酷寒考驗，旅館還會頒發證書留念，畢生難忘。

乘車橫跨厄勒海峽大橋，途中潛入海裡 P.225

厄勒海峽大橋(Öresundsbron，丹麥文Øresundsbroen)是一條行車和鐵路兩用的跨海大橋，連接丹麥首都哥本哈根和瑞典的第三大城市馬爾默，是全球第十大橋梁，包含海底隧道、人工島，和跨海大橋3個部分，若搭汽車從馬爾默經橋跨越厄勒海峽，在海峽途中會潛入海底隧道，也就是行車忽而在海上、忽而在海底，是一趟很奇妙的難忘旅程。

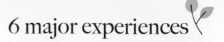

P.256

看極光

極光(Aurora)是在高緯度的空中，帶電的高能粒子和高層大氣中的原子碰撞所造成的發光現象，其中綠光比較常見。在瑞典冬天，以極圈內的基努納(Kiruna)最容易看到極光。試著想像在天寒地凍的黑夜裡，彩帶般的極光在漆黑的空中跳著輕快舞步，不停地旋轉流動、流動旋轉，大自然的奧妙令人震憾。

P.171

搭懷舊咖啡電車喝下午茶

7N懷舊電車(Djurgårdslinjen 7N)位於斯德哥爾摩市區，每年4～12月中旬的週六、日，會加開車頂立了一個大咖啡杯的咖啡廳車廂(Cafévagnen)，讓乘客在車上一邊喝飲料吃點心，一邊觀賞沿途美景，像個移動式咖啡廳。總共會停7站，全程約半小時，可以隨自己的行程選擇下車地點，是一項滿另類的旅遊體驗。

波羅的海遊輪之旅　P.90

搭遊輪遊波羅的海到北歐鄰國旅遊，對瑞典當地人來說是很普遍的休閒活動，船上可享受各種船公司安排的節目和免稅店血拼之樂，沿途還能迎風看晨曦與落日，一望無際的海岸線，不時飛來海鷗遨遊的身影，置身其中，令人心曠神怡。

P.244

漢薩同盟古城鎮維斯比
(Hanseatic Town of Visby)

維斯比(Visby)是瑞典哥特蘭島最大的城市,也是斯堪
地納維亞地區保存最完好的中世紀小鎮,至今仍保留著
環繞城市的3.4公里石頭城牆和古老的教堂遺跡,1995
年入選為世界文化遺產。

P.191

林地墓園
(Skogskyrkogården)

這座位於斯德哥爾摩南部郊區的公墓
就像一座森林公園,走在園中,彷彿
置身在靜謐祥和的林地,不會有陰森
之感。當初設計的建築師利用茂盛樹
林和坡地,以教堂和十字架相結合,
妝點出寧靜雅致的墓園。整座公墓於
1917年開始建造,耗時3年竣工,對全
球的公墓設計有重要的影響,1994年
入選世界文化遺產。

P.250

法倫銅山礦區(Falu gruva)

這是位在瑞典中部達拉納省的法倫礦業遺址。在16～17世紀間，銅山礦區產銅量占歐洲銅總產量70%以上，如今雖已沒落，但是礦區仍保留熔爐和熔爐周圍的礦工居住區，對於日後全球礦業有深遠影響，2001年被列為世界文化遺產。

拉普人居住區 (Laponian Area)　P.254

拉普人是指原住民薩米人(Sami)，在這裡生活了兩千年，以飼養馴鹿為生，是歐洲最大的原住民族群。這裡也是野生生物保護區。由於面積廣闊，該地區地形多變，每一個自然保護區和國家公園都有不同的特色，1996年被列入世界文化與自然綜合遺產。

P.186

皇后島宮(Drottningholms slott)

皇后島宮是瑞典王室的私人宮殿，位於斯德哥爾摩的梅拉倫湖畔。該建築最早建於16世紀後期，1661年被大火燒毀後重建，1991年被列入世界文化遺產。

注：由聯合國教科文組織(UNESCO)負責執行的世界遺產(World Heritage)，以保存對全世界自然和文化價值為目的，總共分為自然、文化，以及文化與自然綜合三大類。
瑞典目前有15處被列入其中，本頁推薦的5處為交通較為方便者，其餘可查詢網址：whc.unesco.org/en/statesparties/se。

認識瑞典
About Sweden

瑞典，是個什麼樣的國家？

幅員遼闊、獲選全世界幸福國度之一的瑞典，究竟是個什麼樣的國家？
本篇介紹地理、歷史、氣候、政體、經濟、語言……等相關資訊，
帶你迅速掌握瑞典的自然和人文風貌。

瑞典速覽

為北歐第一大國,地形複雜多樣,全境湖泊與森林密布交錯

地理 | 北歐第一大國,湖泊密布

瑞典王國(Konungariket Sverige)位於斯堪地那維亞(Scandinavia)半島,是北歐第一大國。西與挪威交接、西南臨北海、東北與芬蘭接壤,東邊面波的尼亞灣(Bottniska viken)及波羅的海(Östersjön),南則以厄勒海峽大橋(Öresundsbron)與丹麥相連。

瑞典的土地面積約為450,000平方公里,地形狹長,是台灣的12.5倍。國土有一半以上是森林,15%位於北極圈內,地形複雜多樣,主要是受冰河時期的冰蝕湖,再加上斷層的移動作用,成為現今湖泊與森林交錯的美麗景致。

▲ 瑞典的湖泊公園很多

歷史 | 深受維京文化影響

西元前12,000年左右的石器時代,隨著冰河時期積雪逐漸溶解,瑞典南方有以打獵、捕魚為生的散居居民;到了西元前1,800～500年開始有部落聚居,從事農業和畜牧業,可從至今仍保存的岩石繪畫得知青銅時代時期的生活狀況。

8～11世紀間,定居在斯德哥爾摩地區的維京(Viking)航海民族,以貿易、殖民等方式向外拓展,留下諸多維京文化的繪畫雕刻,在斯德哥爾摩的歷史博物館有這時期的展示。

▲ 維京船

1389年,丹麥兼挪威女王瑪格麗特(Margareta)兼併瑞典,建立了統一丹麥、挪威和瑞典的卡爾馬聯盟(Kalmarunionen)邦聯制。但由於3國的利益分歧,1523年瑞典貴族古斯塔夫‧瓦薩(Gustav Vasa)帶領人民起義反抗丹麥獨立,建立日後的瓦薩王朝。

20世紀初的兩次世界大戰,瑞典都保持中立免受戰爭破壞,政府致力於國內社會改革,進而成為北歐強國。

瑞典小檔案 03

氣候 | 南北溫差大，冬季夜長晝短，夏季晝長夜短

瑞典是個狹長國家，南北溫差大。冬天夜長晝短，平均氣溫約在攝氏負10～5度；夏天晝長夜短，氣溫維持在15～25度；北部極圈內則

▲ 享受陽光的夏季

有夏季永晝和冬季永夜的現象。

瑞典所處緯度較高，但因受來自挪威西海岸的海洋暖流所賜，氣候要比同緯度的其他國家溫和。大部分地區屬溫帶針葉林氣候，最南部則為溫帶闊葉林氣候；而在北極圈以北的拉普蘭(Lappland)，橫跨挪威、瑞典、芬蘭3個國家，屬於極地氣候，全年平均氣溫在0度以下，10月中旬～4月底是雪季。

▲ 美麗的冬季雪景

瑞典小檔案 04

國旗 | 藍底黃十字國旗

瑞典國旗的歷史可追溯至16世紀，為藍底黃色十字，著名的IKEA藍黃招牌即是來自瑞典國旗的顏色。

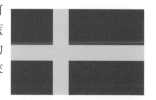

瑞典小檔案 05

首都 | 斯德哥爾摩

建於13世紀的瑞典首都斯德哥爾摩(Stockholm)，坐落在梅拉倫湖(Mälaren)入波羅的海咽喉，主要由14座島嶼和一座半島組成，經七十多座橋梁將這些島嶼連結成大都會，是瑞典的政治、文化和商業中心。因湖光景色優美，又有「北方威尼斯」的美稱。

▲ 湖多橋也多

瑞典小檔案 06

政體 | 君主立憲和民主議會並行

瑞典王國為君主立憲和民主議會並行的國家，國王為世襲的虛位元首，主要代表國家接受外國使節、蒞臨國會宣布開會等禮儀性事務，並無實權，現任國王為卡爾·古斯塔夫十六世(Carl XVI Gustaf)。

瑞典的立法機構為國會，共有349議員席位，由選民依政黨比例代表制選舉產生，任期4年。國內政體屬於君主立憲制，所以至今仍有皇室。今天，瑞典的自由民主、社會福利還有環境保護等，常為其他國家所效法。

國會▶

瑞典小檔案 07

經濟 │ 林、工業大國

▲ 瑞典電訊大廠Ericsson布局全球

　　瑞典森林資源豐富，林業在國民經濟中地位重要，除木材原料出口外，還建立了龐大的紙漿、造紙、家具等加工工業部門，產量和出口量均傲居世界前茅。

　　除了傳統林業，瑞典也重視技術產業，大力發展通訊、生物、醫藥、環保等，擁有自己的航空業、汽車製造業、先進的軍事工業，以及領先全球的電訊業和醫藥研究能力。

瑞典小檔案 08

人民 │ 人口密度低

　　瑞典地廣人稀，人口約1,000萬人(2020年)，約90%集中在中南部城市，主要由斯堪地那維亞日耳曼族組成，北部極圈內的拉普蘭(Lappland)有少數薩米人(Sami)原住民。由於人民平均壽命高，生育率較低，政府接受移民政策，目前約有17%的人口是外來移民，包括早期歐洲勞工移民和後期的中東難民潮。

　　以北歐各國來說，瑞典人是最懂得追求時尚的，喜歡以大地色系的簡單剪裁設計，搭配出有型的效果；此外，近年來年輕一代喜好刺青的風氣也日趨普遍。

▲ 人民喜歡極簡風格設計

瑞典小檔案 09

語言 │ 瑞典語為官方語言

　　官方語言為瑞典語，屬於日耳曼語系，和丹麥語及挪威語相近，但發音和寫法有差別。英語在當地普遍通行，唯交通標誌、一般廣告DM和車上廣播，仍以瑞典文為主。

▲ 交通標示以瑞典文為主

瑞典小檔案 10

貨幣 │ 瑞典克朗≒新台幣3.19

　　瑞典貨幣稱瑞典克朗(SEK)，硬幣有1、5、10SEK等3種，紙鈔則為20、50、100、200、500、1000SEK等6種面額，目前瑞典克朗對台幣匯率約1SEK：3.19TWD(2020年1月)。

　　在瑞典，無論在路邊花店買花或是上超市買菜，當地居民多以信用卡交易；根據歐洲央行統計，這幾年瑞典零售總額透過現金交易剩下不到3成，有專家預測，瑞典到2030年將會走入無鈔化的電子付費社會。

20SEK
50SEK
100SEK
200SEK
500SEK
1000SEK

1SEK　2SEK　5SEK　10SEK

瑞典小檔案 11

時差 | 和台灣時差，冬夏有別

瑞典冬季較台灣慢7小時，夏令時間因實施日光節約時間撥快1小時，時差比台灣慢6個小時。

瑞典與台灣時差

節令	月分	舉例	
冬季	10月最後一個週日～3月最後一個週六	瑞典中午 12:00	台灣晚上 19:00
夏季	3月最後一個週日～10月最後一個週六	瑞典中午 12:00	台灣晚上 18:00

瑞典小檔案 12

航程 | 無直航班機，約需15～25個小時

目前從台灣飛瑞典的航線沒有直飛班機，必須在歐亞陸主要城市轉機，連同轉機時間算在內，所需時間約15～25個小時。

瑞典小檔案 13

電壓 | 220伏特的雙圓孔插座

使用雙圓孔插座的220V、50HZ電壓；若從台灣帶電器品，除了手機和筆電須帶轉換插頭外，其餘電器用品要注意電壓是否相容，若不相容要加帶變壓器。

瑞典小檔案 14

瑞典印象 | 你也認識的瑞典名人名物代表

從18世紀的瑞典天文學家攝爾修斯(Anders Celsius)最早提出的攝氏(℃)溫標，到2003年問世的網路語音聊天工具Skype，瑞典還有哪些至今仍影響世界的名人和產業呢？

▲ 諾貝爾獎浮雕　　▲ 瑞典達拉納木馬

★林奈(Carl von Linné，1707～1778)
現代生物分類學之父

1707年生於瑞典的卡爾‧林奈，從小就喜愛大自然，中學畢業後進入烏普薩拉大學，成績優異，校方還出資派他到歐洲各國遍訪著名生物學家並蒐集大量的植物標本，之後被遴選為斯德哥爾摩科學院的院長，也擔任烏普薩拉大學生物學教授。

在林奈之前，生物學家只是單純蒐集各種動植物，沒有系統分類；林奈卻將各種生物依型態和習性找出共同點，逐一歸類彼此間的關係，以第一個字為屬名，第二個字是種名的兩個拉丁字來命名生物名稱，確立生物分類學上的「雙名法」命名制，對現代生物分類學有很大的貢獻。

▲ 林奈在瑞典擁有很高的名望

★阿爾弗雷德·諾貝爾(Alfred Nobel，1833～1896)

創立諾貝爾獎

談起瑞典最知名的人物，應該莫過於諾貝爾。1833年生於斯德哥爾摩的諾貝爾，一生專研炸藥，擁有超過300項炸藥專利，也因此獲得很大的財富。然而，他對自己的發明後來被用於戰爭上的破壞感到難過，所以在去世前一年立下遺囑，將遺產中3,100萬瑞典克朗成立基金會，將每年所產生的利息用來頒給前一年為人類做出傑出貢獻或研究、發明的人。

自1901年起，在每年12月10日諾貝爾逝世紀念日，會頒獎給在物理、化學、生理學或醫學、文學及世界和平等六大領域取得重大成就的個人或組織，使得諾貝爾獎成為引領全球學術界最高榮譽之一的獎項。

▲ 每年頒發的諾貝爾獎已成為全球學術界的大事

★ABBA樂團

一代流行樂團

1974年代表瑞典參加歐洲歌唱大賽，以一曲《滑鐵盧》(Waterloo)奪冠揚名世界，成立至今已經四十多年，雖然ABBA在1982年宣布解散，但是傳唱的歌曲仍

◀ABBA樂團以優美的旋律風靡全球

舊是許多人難忘的經典。

他們自創歌曲，以優美的歌詞和旋律風靡全世界，全球銷售量僅次於披頭四合唱團，除了代表作《滑鐵盧》，還有《媽媽咪呀》(Mamma Mia)、《舞林皇后》(Dancing Queen)等名曲。

ABBA名稱由來

樂團名稱由費特斯科格(Agnetha Fältskog)、比鳥瓦爾斯(Björn Ulvaeus)、安德森(Benny Andersson)和林斯塔德(Anni-Frid Lyngstad)4人姓名的首字母組成。

★IKEA

全球最大跨國家具零售

這是由當年僅17歲、極具商業頭腦的瑞典人英瓦·坎普拉(Ingvar Kamprad)在1943年創立的瑞典居家用品公司。IKEA中文名稱為「宜家家居」，在全世界擁有超過400家分店，以平實價格銷售自行組裝的家具，包括家具配件、廚房與浴室用品，是目前全球最大的家具零售企業。

▲ IKEA是目前全世界家具零售業龍頭

IKEA名稱由來

取自坎普拉名字和姓氏的開頭字母I和K，加上成長農場「埃姆特瑞」(Elmtaryd)，以及家鄉「阿古納瑞」(Agunnaryd)的首字母組合而成。

行家密技 參觀瑞典IKEA旗艦店

來瑞典若想參觀當地IKEA旗艦店，在斯德哥爾摩中央車站附近設有免費的專車接送，車上還有免費Wi-Fi可以利用。

- ✉ Vasagatan 38 ,111 20 Stockholm
- ⏰ 週一～五10:00(發車)、11:00、12:00、13:00、14:00、15:00、16:30、18:00、19:15；回程10:30、11:30、12:30、13:30、14:30、15:45、17:15、18:45、19:45。去程只在中央車站附近的Vasagatan 38載客，回程分別在Hornstull、Fridhemsplan、Kungsholmstorg、Vasagatan 38停靠
- ➡ 中央火車站往Vasagatan出口，在Vasagatan 38前設有IKEA候車站牌
- 🌐 www.ikea.com/ext/local-store/se/sv/stockholm-kungens-kurva/om-varuhuset

▲ 接送巴士候車點和站牌

▲ 中央車站地鐵、通勤火車最靠近Vasagatan 38號出口

★H&M

平價流行時尚

　　來自瑞典的時裝公司H&M(Hennes & Mauritz AB)在亞洲、歐洲和美國設有分店，產品以平價時尚聞名，很受年輕族群的歡迎。創立者埃林·佩爾森(Erling Persson)是在一次美國旅行時，產生開設一家以低價提供高檔時尚女裝店的創意，1947年在瑞典中部的Västerås開設了第一家女裝店Hennes，為H&M的前身。

　　為了擴大產品線，佩爾森於1968年收購Mauritz Widforss的槍械及打獵用品商店，也獲得其男裝業務，如今又陸續增加兒童、青少年乃至嬰兒服裝生產線，並積極向北歐以外的其他國家擴展，全球已有超過500家分店。

▲ H&M在瑞典非常普及

H&M名稱由來

瑞典語Hennes的意思是「她的」，收購Mauritz Widforss之後，改名為Hennes & Mauritz，也就是H&M，遂沿用至今。

瑞典人生活速寫

從打招呼、買二手貨到高中畢業禮，瑞典人生活一探究竟！

Hej Hej! 你好！

「Hej！」(音如 嘿！)或是疊字「Hej Hej！」，是代表打招呼：「嗨，你好！」的意思。在當地，不管走到哪裡，Hej聲不絕於耳，感覺很親切。一上公車，司機就是一聲「Hej！」；走在路上，看到別人彼此碰面，又是一聲「Hej！」；到便利店或車站加值交通卡，櫃檯的服務員也會跟你說「Hej！」。

到瑞典來最好入境隨俗，記得逢人就說聲Hej，比起說英文的Hello或Hi來得受歡迎！

▲ 上街購物，記得跟店員說Hej打個招呼

歡樂的Fika

瑞典語的Fika，指的是「喝咖啡或茶搭配點心的休息時間」，深植每個瑞典人的心中，類似我們的下午茶(tea time或coffee break)。走在瑞典街頭，到處可見店家掛著Fika的特價告示，彷彿提醒路人：「嘿，留下來喝杯咖啡吧！」

瑞典式的Fika，通常以烘焙類糕餅搭配咖啡或茶，其中肉桂捲是最經典的點心，咖啡和茶多半可以無限續杯或回沖，保證喝得過癮。逛累了嗎？來個Fika再上路吧！

▲ 肉桂捲是瑞典Fika的點心代表

▲ 逛累了，坐下來Fika休息再上路

二手店多

住瑞典兩年多，對當地人愛物惜物的生活文化感受深刻。撇開二手店林立不說，光是我自己住的這棟大樓，三不五時便發現在一樓大門旁有住戶要丟棄的用品供鄰居回收利用，諸如書、CD、皮箱、花瓶、餐具，甚至是餐桌椅、櫃子，種類之多，令我大開眼界，而且左鄰右舍也賞臉，總是很快地把寶物挖走。

瑞典人普遍知道回收再利用對環境的重要，對二手貨並不排斥，走在斯德哥爾摩大街小巷的二手店，五步一家，十步一店，這樣的說法並不誇張，其中以斯德哥爾摩市政府非營利機構設置的Stockholms Stadsmission二手店最著名，有不少分店。

▲ 二手店裡可以好好尋寶　　▲ 這是斯德哥爾摩非營利機構辦的公益二手店

向日葵的臉

地處北緯的瑞典，晝短夜長的冬季太漫長了，從10月最後一個週日開始實行冬令時間，陽光就慢慢減少，每天下午3點就日落，大部分的時間多為陰天和下雪，要等到隔年的4月，日照才慢慢加長，直到6～8月的夏日，瑞典人終於碰到一年裡最愛的季節，可見陽光對瑞典人是多麼地珍貴。

▲ 盡情享受夏季陽光

每當夏日來臨，溫暖的陽光灑落一地，當地人總是迫不及待脫去厚重的冬裝，拎著鋪墊和簡餐到戶外草坪盡情擁抱陽光，而且太陽在哪裡，臉就往哪裡轉，真是名符其實的「向日葵的臉」。

▲ 即使走累了在階梯休息，也要曬太陽

週六糖果日 (Lördagsgodis)

40、50年代為了配合瑞典衛生局的潔牙政策，牙醫師建議每週只吃一次糖果後認真刷牙，比每天吃一點糖卻沒刷乾淨來得好，使得許多瑞典家庭至今仍堅持星期六才能吃糖的傳統。

在瑞典，除了糖果專賣店外，連Pressbyrån書報攤雜貨店，或7-11便利店也都有一條擺著各式秤重計價糖果牆，而超市的糖果陣仗更是驚人，通常有一整面牆堆滿各種糖果，每到週末，人人打包買糖果，因為一星期只有在這天，家長會讓孩子盡情吃糖而不需顧慮蛀牙的問題。

▲ 週末還沒到，孩子們只能在糖果店前過乾癮

認識瑞典

性別平權

瑞典人對性別平等的體認也落實在生活上。男女朋友約會吃飯各自買單是很正常的事，結婚後夫妻要分擔家務，共同享有16個月的帶薪育兒假，其中3個月還是特別保留給爸爸請假的「爸爸月」，讓男性在撫養孩子上承擔更多的責任，在街頭經常看到奶爸推著嬰兒車照顧小孩的畫面，很有意思！

除了家庭的角色力求平等外，這種觀念也反映在公共場所和職場上，例如男女廁所多為共用、即使區分，有的男廁也會設嬰兒換尿布台；公車司機和皇室衛隊也有不少由女性擔任。

瑞典人對於同性戀、雙性戀和變性人團體也以平常心對待，每年7月在斯德哥爾摩的最後一週，會舉行斯德哥爾摩同性戀節(Stockholm Pride)活動，一眼望去，街上公車、旅館、餐廳……到處彩虹旗飄揚，是世界上對同性戀最友好的國家之一。

▲ 皇室衛隊有不少女性擔任

▲ 常見瑞典爸爸推著娃娃車照顧孩子

▲ 公廁普遍沒有分性別使用

▲ 斯德哥爾摩音樂廳前豎起彩虹旗，以支持同性戀節

高中畢業的成人禮

在瑞典，孩子從7歲開始必須接受9年的免費義務教育，基礎教育結束後，可以繼續上非義務教育的高中10～12年級(Gymnasium)，有大學類高等教育的預備科或職業教育可選擇。所以對瑞典人而言，高中畢業等同慶祝18歲的成年禮，是一生中非常重要的日子，象徵今後是獨立的成人，可以瘋狂慶祝。

首先，畢業生的父母與親友到學校迎回畢業生，很多人手上拿著花束，高舉著家人自製的畢業生孩童時期的放大照片看板。而畢業生的頭上都戴著一頂白色鑲黑帶的畢業禮帽，這是瑞典的一項特別風俗，這可不是一般的帽子，要依照頭型尺寸訂做，裡面還有名字，價格可不便宜。

接著，通常是全班同學一起租輛改裝的大貨車，車上用樹枝裝飾，打開擴音器，放著漫天作響的喇叭，畢業生在車上吹著哨子、跟著搖滾樂的節奏起舞，同時向路人揮手歡呼。如果你也受他們的氣氛所感染，不妨揮手回應呼嘯而過的青春列車。

▲ 畢業生頭戴白色鑲黑帶的畢業禮帽(照片提供/馮孝民)

▲ 高中畢業象徵成年，可以瘋狂慶祝

行前準備
Travel Preparation

出發前，要預做哪些準備？

地處遙遠的北歐國度，有渾然天成的自然風光，非常適合個人或團體旅遊。本篇提供實用網站、當地慶典活動及國定假日的資訊，以及基本消費等，讓你在行前做好完善的旅程規畫。

證件準備

出國前需先將護照和簽證等證件申辦完成

申辦護照

　　首次申辦護照者，需攜帶身分證正本和最近6個月內拍攝的彩色大頭照，並備妥相關文件到外交部領事事務局或外交部桃園機場、中部、雲嘉南、南部及東部辦事處辦理，若不克親自前往，則由委託代理人申辦；申換護照者須繳交舊護照。申請及換發新照的一般性文件在受理後的4個工作天就可領取。

申辦簽證

觀光旅遊免簽

　　我國國人目前赴瑞典觀光旅行免簽證，最長可停留90天。入境瑞典時，海關人員可能要求出示訂房紀錄和付款證明、回程機票及旅遊期間花費的財力證明等資料，最好事先備妥並隨身攜帶。

學生簽證

　　如果是到瑞典短期進修者則須辦理學生簽證，台灣的瑞典辦事處已取消申辦簽證的服務，因此要到瑞典移民局網站上填寫申請表，還需提供入學許可、財力證明、保險證明、護照等資料，再

護照這裡辦

外交部領事事務局
地址：台北市濟南路1段2之2號3～5樓
電話：(02)2343-2888
受理時間：08:30～17:00，週三至20:00
網址：www.boca.gov.tw

桃園機場
地址：桃園縣大園鄉航站南路9號
電話：(03)398-2629(一期航廈)、(03)398-5805(二期航廈)

中部
地址：台中市南屯區黎明路2段503號1樓
電話：(04)2251-0799

雲嘉南
地址：嘉義市東區吳鳳北路184號2樓之1
電話：(05)225-1567

南部
地址：高雄市苓雅區政南街6號3～4樓(行政院南部聯合服務中心)
電話：(07)715-6600

東部
地址：花蓮縣花蓮市中山路371號6樓
電話：(03)833-1041

＊以上資料時有異動，出發前請再次確認。

由瑞典駐泰國大使館處理簽證事務。

　　獲得申請核准後，先將內容列印下來，入境時出示給海關人員檢查，抵達學校後，再到當地的

移民局進行補按指紋和拍照等登錄作業，以取得居留許可證。

瑞典移民局處理簽證申請作業時程約3個月，最快6～8週，由於作業時間不一，建議在得到瑞典當地學校的入學許可後，立即申辦簽證，相關資訊可至瑞典駐泰國大使館，以及瑞典移民局網站查詢。

簽證這裡辦

瑞典駐泰國大使館
地址：20 våningen, One Pacific Place, 140 Sukhumvit Road
電話：+66(0)2263-7211
信箱：visa.bangkok@gov.se
網址：www.swedenabroad.se/bangkok

瑞典移民局
網址：www.migrationsverket.se

＊以上資料時有異動，出發前請再次確認。

申辦國際證件

國際駕照

若想在瑞典租車旅遊，要先以台灣駕照申請國際駕照，最好也隨身攜帶護照正本備查。

國際學生證(ISIC)

瑞典部分觀光景點、購物、旅館、餐廳及大眾交通工具，對國際學生提供優惠價。

國際青年證(YITC)

針對未滿30歲、已非學生身分的青年，也有提供優惠，但須在網站填寫申請表，再到相關辦事處親自申辦。

國際駕照這裡辦

地點：各縣市監理處
文件：身分證正本、駕照正本、護照正本、2吋照片2張
工作天：當天受理，當天取照
費用：新台幣250元

※以上資料時有異動，出發前請再次確認。

國際學生證、國際青年證這裡辦

財團法人康文文教基金會(台北辦事處)
地址：台北市忠孝東路四段 142號5樓505室
電話：(02)8773-1333
時間：週一～五12:30～16:00(週六、日、國定假日休息)
國際官網：www.isic.org

台中辦事處(委由金展旅行社代辦)
地址：台中市台灣大道二段285號7樓之2
電話：(04)2322-7528
時間：週一～五09:00～17:30(週六、日、國定假日休息)

高雄辦事處(委由鋼友旅行社代辦)
地址：高雄市前金區中華四路282號3樓
電話：(07)215-8999
時間：週一～五08:30～17:30(週六、日、國定假日休息)

※以上資料時有異動，出發前請再次確認。

蒐集旅遊情報

World Heritage The Woodland Cemetery

Stockholms stad

先決定好要去的地方，再蒐集相關玩樂資訊

瑞典節慶與國定假日

1月底
基努納冰雪節(Kiruna Snöfestival)

為期3天的冬雪嘉年華會，有冰雕展、滑雪溜冰、雪橇競賽和馴鹿比賽等各式雪上活動。

2月下旬～3月初
肥胖星期二(Fettisdagen)

過了這天凌晨後，就進入復活節前的齋戒日，所以這一天，當地人會吃高熱量的甜點Semla來補充體力。

3月第一個週日
穆拉的瓦薩越野滑雪賽(Vasaloppett)

為了紀念1521年瓦薩(Gustav Vasa)在雪地裡長途跋涉，號召人民推翻丹麥統治，每年3月會舉辦國際性滑雪比賽。

4月中旬
斯德哥爾摩賞櫻季(Körsbärsblommans dag)

位於國王花園的廣場上，兩旁種滿由日本政府贈送的櫻花樹，有濃濃的北歐日式風情。

4月下旬
斯德哥爾摩文化之夜(Kulturnatten)

活動當天晚上，瑞典皇宮、市政廳，以及部分博物館開放民眾免費參觀，還有音樂會和舞蹈等表演節目，持續到半夜12點。

4月30日
篝火節(Valborgsmässoafton)

4月的最後一晚,瑞典人會到戶外空地堆起高大的木材堆,點火燃燒,再圍著火堆唱歌跳舞,慶祝春天到來。

6月初
斯德哥爾摩美食節(Smaka på Stockholm)

每年在國王花園廣場舉辦,由當地最好的餐廳和餐車提供美食及飲品,還可欣賞現場的音樂表演。

6月~7月
藍莓季(Blåbärssäsong)
野草莓季(Smultronsäsong)

夏天是草莓和藍莓的季節,瑞典人最愛到森林裡採各種莓類,再做成水果甜點。

7月底
斯德哥爾摩音樂藝術節(Stockholm Music & Arts)

位於船島(Skeppsholmen)上,也在市中心幾個地方舉辦,除了可欣賞國際音樂與文化表演外,現場還可享受美食。

8月
小龍蝦季(Kräftskiva)

瑞典的傳統節日,這時候的肉質最鮮美,瑞典人齊聚一堂邊吃邊喝啤酒、開派對過節,象徵夏天結束。

8月中旬
維斯比中古世紀週(Medeltidsveckan)

瑞典人會穿著自製的中古世紀服裝參加活動,現場有吃也有玩,還有逛不完的熱鬧市集。

8月中旬
斯德哥爾摩文化節(Stockholms Kulturfestival)、哥德堡文化節(Göteborgs Kulturfestival)

歌劇、藝術、嘉年華會和電影等表演活動在市區各地舉辦,適合各個年齡層同樂觀賞。

8月底～10月初
野蘑菇季(Svampsäsong)

夏季末是瑞典野蘑菇生長的時期，瑞典人常到森林採各樣的野蘑菇，再做成美食佳肴。

9月底
哥德堡購物節(Göteborg Shopping Festival)

9月最後一個週末，為期3天，各個店家展示最新流行商品。別忘了向路邊的跳蚤市場殺價，並參加當地的時裝表演。

10月4日
肉桂捲日(Kanelbullens dag)

在這週，家家戶戶幾乎都會做這個瑞典國寶美食，各超市針對相關商品也有優惠，如麵粉、肉桂粉和奶油等。

10月中旬
斯德哥爾摩爵士音樂節(Stockholm Jazz Festival)

瑞典歷史悠久的音樂節，起源於1980年，來自全世界各地知名的歌手和演奏者都曾在這裡演出，看表演需購票。

11月底～12月23日
聖誕市集(Julmarknad)

為期一個月的聖誕市集在瑞典各地展開，販賣各種裝飾品、手工藝術品、聖誕食物和糖果等，到處都有濃厚的過節氣氛。

12月10日
諾貝爾頒獎典禮(Nobelpriset)

在斯德哥爾摩舉行典禮，1901年開始，由瑞典國王頒發獎章和證書給物理學、化學、醫學、文學等領域的傑出者，結束後在市政廳舉行晚宴。

12月13日
聖露西亞節(Luciadagen)

象徵北半球在一年中黑夜最長的一天，瑞典慶典通常推舉1名露西亞女神身穿白袍，頭戴蠟燭花冠，手拿蠟燭唱著傳統聖誕歌曲，象徵迎接光明到來。

實用網站這裡查

旅遊交通工具
Skyscanner	www.skyscanner.com.tw
瑞典國鐵網站	www.sj.se
斯德哥爾摩交通網站	www.sl.se
SAS航空公司網站	www.sas.se
Norwegian航空公司網站	www.norwegian.com
斯德哥爾摩愛蘭達機場網站	www.swedavia.com/arlanda

生活情報網站
瑞典生活文化網	www.sweden.se
Airbnb住宿網站	www.airbnb.com.tw
瑞典氣象預報網站	www.klart.se
極光預報網站	www.aurora-service.eu/aurora-forecast

Global Blue退稅網站	www.globalblue.com/destinations/sweden

城市觀光網站
瑞典觀光旅遊網站	www.visitsweden.com
斯德哥爾摩	www.visitstockholm.com
哥德堡	www.goteborg.com
赫爾辛堡	www.helsingborg.se
馬爾默	www.malmotown.com
隆德	www.visitlund.se
水晶王國	www.glasriket.se
卡爾馬	www.kalmar.com
哥特蘭島	www.gotland.net
基努納	www.kirunalapland.se

※以上資料時有異動，出發前請再次確認。

瑞典主要國定休假日

時間	國定假日
1月1日	新年元旦(Nyårsdagen)
1月6日	主顯節(Trettondedag jul)
3月25日	耶穌受難日(Långfredagen)
每年3月21日月圓後的第一個週日，大抵在3月下旬～4月中，屬變動節日	復活節(Påsk)
5月1日	勞動節(Första maj)
5月5日	耶穌升天日(Kristi himmelsfärd dag)
5月15日	聖靈降臨日(Pingstdagen)
6月6日	國慶日(Nationaldagen)
每年6月19～26日之間的週五和週六，屬變動節日	仲夏節前夕(Midsommarafton)和仲夏節(Midsommar)
11月5日	諸聖節(Alla helgons dag)
12月24日	聖誕夜(Julafton)
12月25日	聖誕節(Juldagen)
12月26日	節禮日(Annandag jul)
12月31日	新年除夕(Nyårsafon)

※以上含變動日期，出發前請再次確認。

▲ 復活節(Påsk)

▲ 仲夏節(Midsommar)

▲ 聖誕節(Juldagen)

行程規畫

事先規畫行程及旅遊方式，以最低的預算玩得盡興

選擇旅行季節

淡旺季

一般來說，瑞典的旅遊旺季是夏天，冬天為淡季。6～8月是天氣溫和的夏季，冬季則為11月～隔年3月，可以按個人喜好選擇合適的季節享受北歐之旅。

日照時間

夏季日照時間較長，可達18個小時，能做的戶外活動較多，且溫度適中；冬天日照短，只有6個小時，不過能觀賞到舞動的北極光，雪上及冰上活動同樣刺激有趣，是平常少有的旅遊體驗。

旅遊方式優缺分析

到底跟團好還是自助行好？幫你分析優缺點，可選擇適合自己的旅行方式。

	跟團旅行	機加酒半自助	自由行
優點	1.人多較安全 2.由導遊帶領解釋觀光景點，能夠瞭解當地歷史文化 3.有專人專車服務 4.享受食衣住行等團體優惠價格 5.毋需擔心語言不通的問題	1.由旅行社處理機票、住宿和部分景點門票，省去麻煩 2.住宿品質普遍不錯 3.可自由安排遊玩行程和飲食 4.可享有部分優惠價	1.可以與當地人或遊客結交朋友 2.有機會體驗在地人的生活 3.可以彈性安排旅程 4.完成自己規畫旅行有成就感 5.可搜尋最低預算的旅費及花費
缺點	1.時間緊湊有限，無法深入體驗當地人文風情 2.行程固定，無法延長或更改 3.吃亞洲餐廳合菜機會多 4.有停留購物的行程	1.需花時間安排行程和交通 2.無法享受特殊的住宿體驗 3.旅遊天數不多 4.有時間、天數和住宿選擇的限制	1.花時間研究行程和安排景點，且所有資料得自己準備 2.較容易踩到地雷，如餐廳、住宿和景點 3.安全性較低，要隨時提高警覺，當心扒手

行程規畫懶人包

南北狹長的瑞典,冬夏景致差異大,相對玩樂方式也迥然不同,行程規畫除必須斟酌的時間和預算等因素外,也要考量個人對氣候的適應力來安排。

三大城10天精華遊

 Day 1-4 ### 從斯德哥爾摩入境 (見P.130)

遊玩重點:市政廳、皇宮、舊城區、動物園島、皇后島宮、西格圖納、烏普薩拉

Day 5-8 ### 搭火車前往哥德堡 (見P.196)

遊玩重點:海事體驗中心、塔樓、市立博物館、魚市場、哥德堡大教堂、乘Paddan水上遊市區、藝術博物館、馬斯塔蓋特教堂、利瑟貝里樂園、富豪汽車博物館

Day 9-10 ### 搭火車前往馬爾默 (見P.220)

遊玩重點:舊城區、設計中心、聖彼得教堂、馬爾默城堡和城堡花園、市立圖書館、旋轉大廈、賞海步道觀賞厄勒海峽大橋

～行程結束,開心搭機返家～

 貼心 小提醒

三大城10天精華遊的行程,也可選擇從丹麥入境開始哦!
DAY1～3:馬爾默→搭火車→DAY4～6:哥德堡→搭火車→DAY7～10:斯德哥爾摩→行程結束,搭機返家

瑞典南北20天暢快遊

 Day 1-3 ### 從斯德哥爾摩入境

遊玩重點:市政廳、皇宮、舊城區、瓦薩戰艦博物館、皇后島宮

Day 4-6 ### 搭船前往哥特蘭島(見P.242)

遊玩重點:維斯比舊城、法羅島

Day 7-8 ### 搭船前往卡爾馬、玻璃王國(見P.236、P.232)

遊玩重點:卡爾馬城堡、Målerås水晶工作坊、Kosta水晶工作坊

Day 9-11 ### 搭火車前往隆德、馬爾默(見P.228、P.220)

遊玩重點:隆德大教堂、隆德大學、馬爾默舊城區、設計中心、聖彼得教堂、馬爾默城堡和城堡花園、馬爾默市立圖書館、旋轉大廈、賞海步道觀賞厄勒海峽大橋

Day 12-15 ### 搭火車前往赫爾辛堡、哥德堡(見P.214、P.196)

遊玩重點:赫爾辛堡市政廳、霞南堡、哥德堡海事體驗中心、哥德堡塔樓、哥德堡市立博物館、乘Paddan水上遊市區、馬斯塔蓋特教堂、利瑟貝里樂園、富豪汽車博物館

Day 16-17 ### 搭火車前往法倫、穆拉(見P.248、P.251)

遊玩重點:大銅山礦區和博物館、達拉納博物館、左恩博物館、達拉木馬工坊

Day 18-20 ### 搭飛機前往拉普蘭(見P.254)

遊玩重點:基努納、阿比斯庫

～行程結束,開心搭機返家～

旅費與匯兌提款

瑞典積極推動無現金交易，使用信用卡非常方便

旅費預算

當地基本消費

商品	隨身行李清單
咖啡	20～50SEK
茶	20～30SEK
無氣泡礦泉水	約25SEK
瓶裝果汁	約15～25SEK
速食店套餐	約65～95SEK
三明治	約65SEK
1公升瓶裝牛奶	約8～15SEK
餐車熱狗麵包	約15～30SEK

一日旅費預算

以斯德哥爾摩一日的最低消費為主，包含食、住、行等花費的預估。

項目	金額	說明
交通	約75SEK	以來回單次票價計算
住宿	約300SEK	以青年旅館與他人合宿一晚價格計算
早餐	50～70SEK	以連鎖咖啡店的咖啡與三明治計算
中餐	90～130SEK	速食店套餐或午餐優惠價格計算
晚餐	約130～250SEK	
合計	約645～825SEK	

兌換現金

台灣銀行可兌換瑞典克朗，假如還要轉往其他歐洲國家也可考慮換些歐元。若已向銀行申請國外提領4位數密碼，建議大額花費以信用卡支付較方便，現金不需換太多，足以支付小額消費即可，以防現金失竊無法彌補，且當地有不少消費已經不收現金。

瑞典主要機場、火車站、銀行與觀光景點多設有兌換處，每家銀行的匯率及手續費都不同，較普遍的是 FOREX BANK 和 X-Change，可多比較再決定到哪一家辦理。

信用卡與跨國提款

出發前，若先申請國外現金回饋的信用卡以抵刷卡手續費是最精打細算的方法，同時，北歐刷卡大多需輸入一組4位數的密碼(PIN)，記得向信用卡銀行確認，除了可於當地

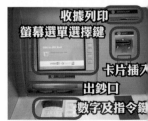

▲跨國ATM提款機

提款機(Uttag)跨國領取現金外，也便於在超市、餐廳或商店消費。瑞典積極推動無現金交易，因此到瑞典旅遊使用信用卡消費十分方便。

跨國提款步驟Step by Step

 Step 1 插入卡片

注意卡片插入時的正反方向。

卡片插入處

 Step 2 選擇語言

用兩側按鍵選擇語言。

丹麥語　英語
沙米語　法語
挪威語　德語
瑞典語　中文

 Step 3 輸入4位密碼

輸入完成後，按下綠色鍵，表示確認(黃色鍵為更改，紅色鍵為取消)。

指令鍵

Step 4 選擇提款金額

觸控螢幕會顯示可提款金額，也可選擇是否列印收據，記得取回卡片。

用數字鍵輸入想提領的金額

用兩側按鍵選擇預設金額

行李打包

到瑞典旅行需要準備什麼？要注意哪些地方？

準備行李箱

部分國內航空公司已更改國際線託運行李的重量限制，乘坐經濟艙的旅客可託運重量為30公斤，商務艙則為40公斤，出發前需先查詢所乘坐航空公司的行李重量規定；若超重，則需另外支付託運費用。

託運的大型行李箱可裝衣物和個人日用品，另可準備一個可帶上機的手提行李，尺寸不能超過56公分×36公分×23公分，通常航空公司規定限重7～10公斤。

貼心 小提醒

隨身行李內可放貴重物品、旅遊相關資料、重要文件、特殊藥物、相機、電腦及iPad；不過，超過100毫升的液體容器、尖銳物品和防狼噴霧劑等不可以放入隨身行李。

衣著建議

以斯德哥爾摩四季氣候為例，提供幾項準備衣物的建議。

春(4～5月)

天氣不穩定，約10～15度。下冰雹、下雪、飄雨、颱風及出太陽都有可能在一天內發生。建議隨身攜帶雨具或雨衣，隨身背包中準備防風外套、圍巾及手套。

夏(6～8月)

溫度舒適，約25～30度，有時太陽紫外線也滿強的。可穿短袖和短褲，怕曬黑的旅客可再帶一件薄外套。隨身攜帶太陽眼鏡、帽子和防曬用品。

秋(9～10月)

早晚溫差大，白天可能升至25度，晚上則降到12度左右，需要注意保暖。建議以多層次穿搭較合適，可穿長袖、長褲，隨身準備外套、圍巾和手套。

冬(11月～隔年3月)

最冷至零下二十多度。羊毛製毛衣、圍巾、發熱衣褲、毛襪和厚大衣是必備的。不過室內都有暖氣，以洋蔥式的穿法穿脫較方便。冬天氣候乾燥，也要準備乳液和保濕保養品。

行李清單

√	物品	說明
	護照	正本和影本
	機票或電子機票	正本和影本
	國際證件	包含國際學生證、國際青年證和國際駕照。打算在當地租車最好也帶台灣駕照備查
	信用卡、提款卡	向所屬銀行申請海外提款功能和4位數密碼
	現金	小額的瑞典克朗
	小零錢包	可隨身攜帶裝零錢
	相機、電池、記憶卡	冬天溫度過低時，電池容易沒電，可多預備幾顆
	手機、充電器	將旅遊資訊先儲存於手機中
	衣物	出發前查詢好當地氣候，準備合適衣物
	毛帽、圍巾、手套、風衣、薄外套	春秋兩季旅遊早晚溫差較大，氣候不穩定，隨身背包需攜帶保暖衣物
	暖暖包	可保暖手腳和相機
	鞋子	各備一雙耐走鞋和正式鞋
	正式服裝	高檔餐廳用餐或參加音樂會等正式場合可穿
	室內拖鞋	大部分旅館不提供這項用品
	保養品	四季乾燥，隨時補充乳液或精油
	沐浴用品	有些旅館不提供沐浴乳、洗髮精或浴巾
	洗衣粉	青年旅館或民宿不提供洗衣精或洗衣粉
	牙刷、牙膏	部分旅館不提供個人用品
	藥品	暈船藥、暈車藥、感冒藥、防過敏藥、OK繃
	折疊型吹風機	部分旅館不提供吹風機，但可租用
	眼罩、耳塞	怕吵的人建議攜帶，夏季日照長，擔心影響睡眠的人最好戴眼罩
	插座轉接頭、變壓器	備妥雙圓孔轉接頭1～2個
	帽子、太陽眼鏡、防曬乳	夏季紫外線強，也別輕忽雪地的陽光反射力道
	雨傘、雨衣	春秋天氣多變化，以輕巧、方便攜帶為主
	筆記型電腦、iPad	旅館多提供無線網路可使用
	床單、被套、枕頭套	部分旅館不提供，若不想自備，也可以向櫃檯租借
	筆、筆記本	隨時記錄備用
	塑膠袋、紙袋	超市購物時自備，可省下購物袋費用
	空水瓶	瑞典的自來水都可生飲，可帶空水瓶，省下買瓶裝水的費用
	衛生紙	隨身攜帶以備不時之需

常見單字

一	ett	星期一	måndag(標示縮寫 mån)
二	två	星期二	tisdag(標示縮寫 tis)
三	tre	星期三	onsdag(標示縮寫 ons)
四	fyra	星期四	torsdag(標示縮寫 tors)
五	fem	星期五	fredag(標示縮寫 fre)
六	sex	星期六	lördag(標示縮寫 lör)
七	sju	星期日	söndag(標示縮寫 sön)
八	åtta	平日	vardag
九	nio	週末	helg
十	tio	時間	tid
瑞典	Sverige	小時	tim
男性	man	是	Ja.
女性	kvinna	不／不是	Nej

實用會話

你好	Hej.	我是台灣人	Jag kommer från Taiwan.
你好嗎？	Hur mår du?	你說英語嗎？	Talar du engelska?
我很好，你呢？	Jag mår bra. Och du?	謝謝／請	Tack.
再見	Hejdå.	不客氣	Varsågod.
很高興認識你	Roligt att träffas!	對不起	Förlåt.
你叫什麼名字？	Vad heter du?	沒關係	Det gör inget.
我叫 _____。	Jag heter _____.	歡迎	Välkommen.
你是哪國人？	Varifrån kommer du?	早安／晚安	God morgon. ／ God natt.

機場篇
Airport

抵達機場後，如何順利入出境？

本篇告訴你當抵達瑞典斯德哥爾摩的阿蘭達國際機場後，如何順利入境與通關以及怎麼選擇交通工具前往目的地？旅行結束後，又該如何到機場、辦理退稅和順利出關離境？

即使是首次到瑞典旅遊，只要依照書中重點提示，即能清楚掌握往返機場步驟，順利完成愉快的旅程。

入出境與申報須知

入境瑞典免簽證，也不需要填寫入境卡

瑞典屬於申根成員國，持中華民國護照入境可免簽證，也不需要填寫入境卡，但仍要準備相關證件，如有效期護照、住宿證明、回程機票供備查。目前台灣沒有航班直飛瑞典，必須經由至少1次的轉機，若轉機是從申根區出發到瑞典，到機場則直接入境，不會有海關人員查驗；假如是從非申根區轉機到瑞典，到機場入境要經過海關檢查。基本上海關人員不會過於刁難，若提出問話，通常是「驗回程機票、住宿證明、到瑞典的原因」等幾個簡單的問題。

▲ 從申根區轉機到瑞典，可到機場直接入境

▲ 從非申根區轉機到瑞典，到機場入境要經過海關檢查

在攜帶物品方面需注意，18歲以上每人可免稅攜帶200支香菸或100支雪茄或250公克菸草；滿20歲可免稅攜帶1公升烈酒或2公升葡萄酒。禁止攜帶槍枝彈藥、刀械、毒品等入境，而攜帶現金或等值貨幣(如旅行支票)，總值若在10,000歐元以下免申報。

入境瑞典步驟

除了荷蘭皇家航空(KLM)、法國航空(Air France)、柏林(Air Berlin)航空等航線在第二航廈起降外，包含北歐航空(SAS)的大部分國際航線在第五航廈起降，此航廈載客流量最大。

Step 1 依出口指標走

出機艙後，若是從申根區轉機到瑞典，可到機場直接入境，不會有海關人員查驗，直接前往領行李；假如是從非申根區轉機到瑞典，如英國，則須沿著「Passport control」指標走到海關查驗護照。

Passkontroll
Passport control

▲ 沿著「Passport control」指標走到海關查驗護照

機場篇

Step 2　查驗護照

　　到了海關閘口，要備妥護照排隊查驗。排隊分歐盟地區居民(Citizens)和持其他護照(All Passports)遊客，拿中華民國護照要排在「All Passports」，待查驗護照通過並蓋上入境章才能前往提領行李。而從申根區出發到瑞典可略過此步驟，直接前往領行李。

▲ 查驗護照海關

Step 3　提領行李

　　到了提領行李處，先到提領行李電子螢幕看所搭班機的行李輸送轉盤號碼，若行李多，可以推個推車到轉盤提領行李。

Arlanda Ankommande bagage		
Destination Destination	Flyg nr. Flight no.	Band Belt
出發城市	班機代號	行李輸送盤號碼
Alghero	BLX464	7
Amsterdam	SK558	7
Copenhagen	LH6176	5
Dublin	SK536	7
Rome FCO	A33324	5

▲ 行李輸送轉盤

Step 4　出海關到出境大廳

　　領完行李，若不需向海關申報，則直接朝出口(Exit)標示通過海關長廊入境。

▲ 海關出口

▲ 第五航廈出境大廳　　▲ 第二航廈出境大廳

貼心 小提醒

調整手錶時差

　　飛機降落前，通常機長或空服人員會廣播當地時間，假如沒聽清楚，在入境航廈有時鐘可對時。瑞典夏季比台灣晚6小時，冬季晚7小時。

出境瑞典步驟

Step 1 抵達正確航廈

第二和第五航廈都是阿蘭達機場國際航線，要先確認所搭的航線在哪個航廈。除了搭乘荷航或法航等航班經阿姆斯特丹和巴黎轉機，要到第二航廈辦理手續以外，一般飛亞洲航線都是以第五航廈為主。

▲ 前往第五航廈離境大廳

Step 2 找到Check-in櫃檯

第五航廈各航空公司的櫃檯，除了北歐航空(SAS)與其聯航的航班在71～90號外，其他航空公司Check-in櫃檯設在1～58號。

出境 Avgångar Departures				行李託運櫃檯		
起飛時間 Tid Time	目的地 Destination Destination	班機號碼 Flyg nr. Flight no.	Check-in 櫃檯 Incheck. Check-in	Bagdrop Bag drop	Anmärkning Remark	登機門 Gate Gate
	Turku	SQ2769	Automat	71-90		
	Hong Kong					F65
	Tallinn					F26
1505	Kiev	PS172		38-40		20
1510	Munich	LH2417 SK3657	Automat	71-90		05A
1515	Copenhagen	SK1407	Automat	71-90		16A
1520	Oslo	DY815	Automat	10-20		12
1520	Zürich	LX1251 SK3515	71-90	71-90		15A

▲ 離境航班電子螢幕

▲ 第二航廈出境大廳

▲ 設在1～58號的航空公司櫃檯

Step 3 安全檢查

Check-in完成後，身上若還有用不上的瑞典克朗，這裡也有匯兌櫃檯可以兌換。

安檢前，先將不超過100毫升(ml)液體、膠狀及噴霧類容器裝進透明塑膠袋內密封，而免稅品、嬰兒食品和液體藥品則不限制此容量內，但是也要放入密封袋。

安檢時需出示護照和登機證，並從隨身行李拿出筆電、金屬類，以及取下身上的皮帶、圍巾、外套和之前的液體密封袋放進X光檢查置物盒並通過安檢門。

▲ X-change櫃檯可以兌換外幣

▲ 依序排隊接受安檢

▲ 隨身攜帶液體的規定

▲ 機場提供透明塑膠密封袋，旁邊有箱子讓你丟沒喝完的水瓶

Step 4 護照檢查

如果瑞典是你搭機離開申根地區的最後一站,在前往登機門之前,需通過護照檢驗並蓋出境章;否則直接前往登機口。途中有免稅商店街和餐飲店可以逛逛,但別忘了隨時留意班機動態的電子螢幕訊息。

▲ 出境護照檢查

▲ 班機動態的電子螢幕

Step 5 前往登機口

依照登機證標示的登機時間和登機門,前往登機口的休息區等待搭機。

自助Check-in

瑞典各機場推廣以自助機器辦理登機報到、累積里程數、選購候機室休息、劃位、列印登機證和行李條等,非常方便。阿蘭達機場各航廈都設有自助機器,有些航空公司也提供中文介面,步驟大致相同,下一頁以第五航廈設置航班最多的北歐航空(SAS)的自助Check-in步驟為例示範。

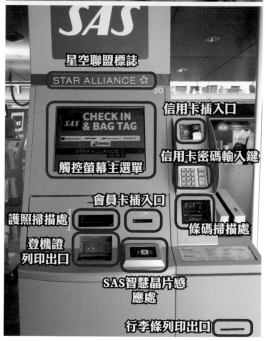

星空聯盟標誌

STAR ALLIANCE

CHECK IN & BAG TAG

觸控螢幕主選單

信用卡插入口

信用卡密碼輸入鍵

會員卡插入口

護照掃描處

條碼掃描處

登機證列印出口

SAS智慧晶片感應處

行李條列印出口

SAS自助Check-in步驟Step by Step

Step 1 開始／選擇語言

螢幕上顯示的航空公司
都可用此機器辦理Check-in

STAR ALLIAN

觸控此處開始操作

Välj din biljettyp

Bokningsreferens

E-ticket eller Travel Pass

Streckkod

SAS Smart Pass

內有簡體中文

多國語言切換

Step 2 選擇Check-in方式

Booking reference 訂票號碼
E-ticket or Travel Pass 登記的會員卡
Barcode 條碼
SAS Smart Pass SAS智慧晶片卡

以觸控選擇
Check-in的方式

Step 3 輸入資料代號

取消鍵

代號輸入完成後
按「繼續」

Step 4 確認乘客姓名

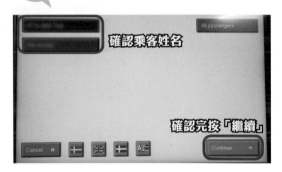

確認乘客姓名

確認完按「繼續」

Step 5 確認班機和目的地

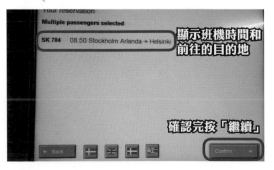

Your reservation
Multiple passengers selected

SK 704　08.50 Stockholm Arlanda → Helsinki

顯示班機時間和
前往的目的地

確認完按「繼續」

Step 禁帶危險物品公告

禁帶危險物品公告

按確認鍵

Step 選購航空公司
候機休息室門票

票價

觸控點選購買

不需要則按此鍵

Step 登記會員卡號

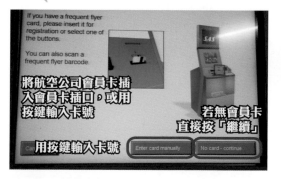
將航空公司會員卡插入會員卡插口，或用按鍵輸入卡號

若無會員卡直接按「繼續」

用按鍵輸入卡號

Step 選擇座位

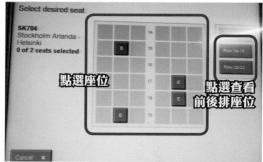
點選座位

點選查看前後排座位

Step 託運行李

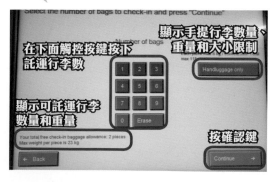
在下面觸控按鍵按下託運行李數

顯示手提行李數量、重量和大小限制

顯示可託運行李數量和重量

按確認鍵

Step 列印登機證

列印登機證出口

Step 12 列印行李條

行李條列印出口

行家密技　如何自助託運行李

完成後，先將行李條碼票根黏在機票上，行李條黏在行李上，再到自助託運櫃檯拿感應器刷行李條，行李將自動輸送。假如對機器操作不熟悉也別緊張，一旁的地勤人員很樂意幫忙。

請注意！ 特殊行李需到指定託運櫃檯辦理。若不是裝在行李箱的行李託運，如大背包、滑雪器具等，必須到特殊行李(Special baggage)櫃檯由服務人員幫你處理託運。

▲ 感應器刷行李條後，行李自動輸送

▲ 這些行李不能放在行李自動輸送託運

▲ 第二和第五航廈特殊行李託運處

機場退稅步驟

Step 1 出境大廳Global Blue服務櫃檯查驗蓋章

　　若出境是旅程的最後歐盟國，達200SEK以上且未使用過的退稅商品，可在此辦理退稅。有時辦理退稅的人多，排隊也要耗去半小時以上，最好提早抵達機場。以客量最大的第五航廈為例：

環球藍聯的退稅單(Global Blue)

1. Check-in之前備妥護照、退稅商品、填好的環球藍聯(Global Blue)退稅單、收據，以及當天出境的電子機票。
2. 若退稅商品要隨行李運送，需先到環球藍聯退稅櫃檯查驗蓋章，位於出境大廳58和71號Check-in櫃檯之間；假如退稅商品是隨身手提，則可直接通過安檢，到候機大廳的環球藍聯退稅櫃檯辦理，位於11～24號登機門方向的轉角。

▲ 出境大廳的Global Blue退稅櫃檯，旁邊是旅遊資訊中心

非屬環球藍聯的退稅單
(如Premier tax free)

1. 到下一樓層面對入境大廳右側的海關，通常窗口是關閉的，要拿起旁邊通話筒呼叫才會打開窗口。
2. 蓋章後，將退稅單直接投入旁邊所設該退稅公司的信箱。

▲ 退稅信箱

Step 2 選擇退稅方式

一般選擇直接退入信用卡或是現金退稅。若選擇信用卡退稅，直接交給出境大廳的環球藍聯櫃檯辦理人員，對方會給退稅明細收據，約5～7天入帳；若要現金退稅，則必須在Check-in、通過安檢後，前往候機大廳的環球藍聯退稅櫃檯領取現金。

▲ 現金退稅櫃檯在往11～24登機門的角落

▲ 到候機大廳的環球藍聯退稅櫃檯領取現金

Global Blue退稅櫃檯

出境大廳Global Blue退稅服務櫃檯(查驗蓋章)
電話：+46(0)8-7976243
營業時間：週一～五05:20～18:45、週六05:20～21:30、週日05:20～21:45(隨航班和季節調整)
注意事項：
1. 假如櫃檯已關閉或是持其他國家退稅單，可搭免費機場接駁巴士ALFA到全天開放的機場海關大樓(Arlanda Tullverket)辦理。
   地址：Kabinvägen 5
   電話：+46(0)771-520520、+46(0)8-4566560
2. 也受理芬蘭、挪威和丹麥(不包括冰島)的GlobalBlue退稅單，每張信用卡退稅最高限額5,000 (50,000 SEK)內
網址：www.globalblue.com/customer-services/tax-free

候機大廳退稅服務櫃檯(現金退稅)
營業時間：06:00～19:15(隨航班和季節調整)
注意事項：最高現金退稅限制在15,000SEK以下，超出部分可退入信用卡

查詢各櫃檯開放時間
網址(有中文)：www.globalblue.cn/customer-services/tax-free-shopping/refund-points點選sweden

＊資料時有異動，出發前請再次確認。

Step 3 核對金額

辦理現金退稅每筆要收取手續費，櫃檯上寫有收費標準，拿到現金後，記得核對退稅收據上的金額和實際拿到的現金是否符合。原來填寫的退稅單會被環球藍聯收回，自己則保留購物和退稅收據。

Refund Amount (SEK) Сумма возврата (SEK) 退款金額 (瑞典克朗SEK)	Handling fee for cash refund Per Tax Free Form (SEK) Комиссия за возврат наличных за каждую форму Tax Free (SEK) 現金退稅手續費 (瑞典克朗SEK)
0-100	5 SEK
101-400	10 SEK
401-700	20 SEK
701-	40 SEK
	150 SEK

▲ Global Blue現金退款收取手續費的標準

行家密技 由第二航廈離境辦理退稅

若由第二航廈離境歐盟，可以在出境大廳的Menzies Aviation公司櫃檯辦理，但只能退到信用卡內。

Menzies Aviation櫃檯服務時間：05:00～20:30。

▲ 第二航廈退稅在Menzies Aviation櫃檯辦理

阿蘭達國際機場

瑞典最大的機場，各種交通工具串聯的樞紐

www.swedavia.com/arlanda

斯德哥爾摩的阿蘭達機場(Stockholm Arlanda flygplats／Stockholm Arlanda Airport，縮寫ARN)是瑞典最大、最繁忙的機場。有4個航廈，第二和第五為國際航線，而第三和第四則作國內航線。在第四和第五航廈之間設有Sky City購物中心和餐飲服務，也是長途火車站。各航廈之間也有免費的接駁車，以及前往地下層的快線火車(Arlanda Express)月台的電梯。

斯德哥爾摩除了阿蘭達機場外，另外還有布魯馬(Bromma)、史卡夫斯塔(Skavsta)兩座民用機場，主要供國內和歐洲線的廉價航班營運。

▲ 休息區有電源插座供旅客充電

▲ 國內航線的第四航廈

機場設施

阿蘭達機場提供每位旅客3小時的免費Wi-Fi，還設置郵政服務、失物招領服務台、外幣兌換、提款機、租車服務、休息區、兒童遊戲區、診所、藥局、快遞送貨、各式餐飲和免稅店等，各休息區也有電源插座供旅客充電。可參考官網(有中文)。

遊客資訊中心

第二、四和五航廈均設有機場旅遊資訊中心服務櫃檯。以流量最大的第五航廈為例，一進入境大廳右轉約走1分鐘，即可看到右手邊寫著大大的Information(Arlanda visitor center)字樣，服務項目包含販售斯德哥爾摩通行卡(Stockholm Pass)、

▲整面牆的免費旅遊地圖與資訊任你取閱

▲FOREX BANK在機場和中央車站都有匯兌櫃檯

是台灣慣用的6碼密碼信用卡在這裡無法以機器刷卡購票(有些人工刷卡可以用簽名代替)，也不能使用ATM提款，必須特別留意。

記得先抽序號
序號顯示到第幾號
服務櫃檯

▲遊客資訊中心可購買各種交通票

各種交通車票，並提供琳瑯滿目的免費旅遊地圖與資訊。斯德哥爾摩大多數的購票或服務中心，必須先抽取序號，櫃檯會以電子號碼顯示依序服務。

匯兌櫃檯

在第二、五航廈及SkyCity皆設有北歐中小企銀(SEB)、FOREX BANK、X-change等多家匯兌櫃檯，一般會收取手續費約50SEK。其實，瑞典當地居民多以4碼密碼(pin code)的信用卡取代現金消費，但

失物招領或寄放大行李服務台(Left Luggage)

在第五航廈入境樓層的地下一樓(即往地下停車方向)設有失物招領、付費寄放大行李或國際快遞服務櫃檯，服務時間每天05:00～23:00，失物招領查詢時間為週一～五10:00～18:00，電話：+46(0)10-4100200。

▲第五航廈入境樓層的寄放行李服務標示

▲SEB北歐中小企銀是瑞典設點最多的銀行

▲服務項目包括失物招領、付費寄放大行李和快遞

便利商店和漢堡速食店

各航廈都設有便利商店，也有當地漢堡速食店MAX，便於買簡餐裹腹。

▲ 在瑞典，MAX漢堡速食店比麥當勞受歡迎

自動售票機

入境大廳設置幾家巴士和快線火車往返機場和市區售票機，只接受輸入4碼密碼的信用卡；若有現金，也可以到旁邊的旅遊資訊中心購買。

巴士候車處

各航廈巴士候車處，除了有免費的ALFA和BETA兩線機場接駁巴士停靠各定點外，還設有Flygbussarna、FLIXBUS、Bus4You等巴士公司的候車點。可以事先在網路或現場售票機、遊客資訊中心及車上購票，除了遊客資訊中心能用現金消費外，其他都需以信用卡購買。

▲ 第五航廈的1號候車點是車班最多的Flygbussarna巴士

計程車候車處

各航廈都有計程車候車處，各車行排列整齊供旅客選擇。

租車服務

Avis、Europcar、Sixt和Hertz等租車公司不設在阿蘭達機場內，可於各航廈設立的租車專用電話撥話詢問確認後，再利用機場免費接駁車到停車場附近的租車公司中心領車，省事便捷。

貼心 小提醒

在瑞典開車必須留意當地冬天長達半年，對路況及雪地開車安全的考量非常重要。

從阿蘭達機場往返斯德哥爾摩市區

比較各種交通工具，找出適合自己的方式

斯德哥爾摩阿蘭達機場到市區約40公里，必須借助交通工具前往。假如為了節省旅費，可以選擇搭乘通勤火車或機場巴士，但是要花比較長的時間；若是多人同行，則可考慮搭計程車或機場快線火車共乘，省時又方便。

▲ Sky City的阿蘭達火車站搭40號車班

通勤火車 (Pendeltåg ／ Commuter Train)

40號通勤火車

ⓒ 每30分鐘一班車，車程約38分鐘
💲 單程157SEK，學生、未滿20歲和65歲以上145SEK；持有效SL通行票或交通卡，需付通行費120SEK(未滿18歲免付)
http www.swedavia.se/arlanda

直達機場的通勤火車，結合烏普薩拉交通公司(Upptåget)經營，在機場第四、第五航廈之間Sky City的阿蘭達火車站(Arlanda Centralstation)，直接搭40號通勤火車到斯德哥爾摩中央車站。從斯德哥爾摩中央車站回機場時，也可搭40號通勤火車直達阿蘭達機場火車站的Sky City。

交通工具分析一覽表

交通工具	單程票價	時間(分鐘)	備註
40號通勤火車	成人157SEK，優待票145SEK，持SL通行票須付通行費120SEK(未滿18歲免付)	38	推薦未滿18歲青年持SL通行票或交通卡搭乘(見P.68)
公車＋41、42(X)號通勤火車	成人37SEK，優待票25SEK，持交通卡可免費搭乘	60	**最省錢！** 通勤火車號碼後若加上X，通常代表停靠站比較少的班次
阿蘭達快線火車	295SEK	20	**最省時！** 車上提供免費Wi-Fi，提供多人共乘優惠價
機場巴士	99～119SEK	45	車上提供免費Wi-Fi，網路訂票有優惠
計程車	535～575SEK	35～40	4人搭乘，可找固定車資比較便宜的車行；超過4人或行李多要叫大車，會加價

※成人票：20～64歲；優待票：瑞典學生、未滿20歲或65歲以上。資料時有異動，出發前請再次確認。

■ 公車＋41、42(X)號通勤火車

sl.se

持有效SL通行票或交通卡(Travelcard)，可以免費搭583號公車到Märsta火車站，再轉搭有J標誌的41、42(X)號通勤火車到斯德哥爾摩中央車站(Stockholms Centralstation，縮寫Stockholm C)，若不算轉車和等車的時間，車程約1小時。回程從斯德哥爾摩中央車站的通勤火車(Pendeltåg)月台，搭往Märsta的41、42(X)號車班到終點站，再轉乘583公車(車程約15分鐘)往阿蘭達機場。

從機場到斯德哥爾摩中央車站

Step 1 出境後依標示找搭583號公車

Step 2 到Märsta火車站轉搭41、42(X)號車班

從斯德哥爾摩中央車站到機場

Step 1 回程從斯德哥爾摩中央車站搭41、42(X)通勤火車往Märsta

Step 2 到Märsta轉搭583號公車到機場

貼心 小提醒

交通卡種類、iVenture卡，以及大斯德哥爾摩區的交通計費方式，詳見P.81。

阿蘭達快線火車
（Arlanda Express）

　　從阿蘭達機場到斯德哥爾摩中央車站的阿蘭達快線火車，每隔10～15分鐘一班，中間不停站，全程18分鐘，可以在機場的自動售票機或遊客資訊中心購票，若上火車才購票要加付100SEK手續費。

　　返回機場時，斯德哥爾摩中央火車站也設有自動售票機和服務櫃檯，在旁邊的1或2號月台搭乘。

　　搭快線火車的優點是速度快、行李不需提上提下，車上也提供免費的Wi-Fi，若多人同行的團體優惠是滿划算的，行前可上網查票價優惠方案。

▲ 斯德哥爾摩中央火車站的月台和購票櫃檯

阿蘭達快線火車售票機解析

　　無論在機場出境大廳、前往快線火車通道、地下車站月台，或回程在中央車站的阿蘭達快線火車月台旁，都有自動售票機。

▲ 機場快線火車月台

▲ 各航廈有電梯搭往快線火車月台

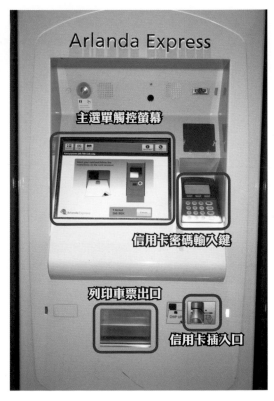

Arlanda Express

主選單觸控螢幕

信用卡密碼輸入鍵

列印車票出口

信用卡插入口

阿蘭達快線火車售票機步驟Step by Step

Step ① 選擇語言和票種

阿蘭達快線火車票價表(SEK)

票種	單程票價	來回票價	備註
成人	295	570	26歲以上，可免費帶8～17歲隨行
青年票	165	無	8～25歲，需提供年齡證明
兒童票	免費	免費	0～7歲，需提供年齡證明
優惠方案	2人同行／350 3人同行／450 4人同行／550	無	無法改期或退費

※可線上預訂成人早鳥優惠票。資料時有異動，行前請上網確認：www.arlandaexpress.com。

Step ② 選購車票

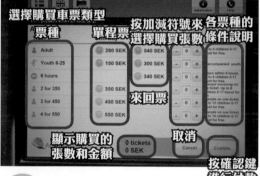

機場巴士(Flygbussarna Airport coach／Airport Shuttles)

除了每15分鐘一班，黃色車身的ALFA和BETA兩線機場免費接駁巴士有停靠各航廈、租車公司等定點外，往返機場和市區班次最多的是車身有彩虹圖樣的Flygbussarna Airport Coaches機場巴士，除了往返阿蘭達機場，供國內和歐洲線廉價航班的布魯馬機場(Bromma，到市區車程約20分鐘)，以及利傑霍蒙島(Liljeholmen)也有車班。

以往返阿蘭達機場和斯德哥爾摩中央火車站旁邊的巴士總站(Cityterminalen)為例，在機場第五航廈和第二航廈入境大廳旁的遊客資訊中心，設有巴士車班電子螢幕，每隔10～15分鐘一班，車程約45分鐘，車上提供免費的Wi-Fi。

Step ③ 付款取票

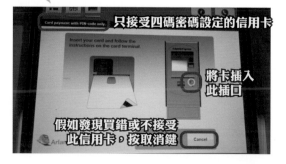

購票資訊

在入境大廳的旅客資訊中心、自動售票機和車上皆可購票，但後二者只接受刷卡付費。

Flygbussarna Airport Coaches
機場巴士票價表(SEK)

往斯德哥爾摩市區(Stockholm City)票種	單程票價	來回票價(有效期為3個月)
成人票(18歲以上)	119	215
青少年票(8～17歲)	99	198
家庭票(2成人＋3青少年)	349	698

※持有成人票可免費帶2名7歲以下兒童隨行。
※使用官方APP或官網線上購票有優惠：成人99SEK(來回198SEK)、8～17歲青年89SEK(來回178SEK)。
※資料時有異動，行前請上網確認：www.flygbussarna.se。

▲回程在中央火車站旁的巴士總站搭車

▲中央車站旁巴士總站的服務櫃檯

▲免費機場接駁巴士BETA

▲機場第五航廈往中央車站的Flygbussarna巴士

機場巴士車班電子螢幕和站牌位置

以國際航線的第二和第五航廈為例，巴士車班
的電子螢幕設在出境大廳旁的遊客資訊中心，可
於遊客資訊中心或旁邊設立的自動售票機購票。

▲ 第二航廈遊客資訊中心

●第五航廈巴士車班電子螢幕

Avgångar Departures		Destination Via	Tid	Hållplats
Buss Bus		Destination Via	Time	Bus stop
612	FLIXBUS	Uppsala Stationsgatan	1 min	8
FAC	Flygbussarna	Stockholm Cityterminalen	2 min	1
P2	Swedavia Airports	P2 Beta Långtid	3 min	4
P3	Swedavia Airports	P3 Alfa Långtid	6 min	3
609	FLIXBUS	Örebro Centralstation	6 min	7
801	UL	Uppsala Centralstation	7 min	9
P2	Swedavia Airports	P2 Beta Långtid	9 min	4
P1	Swedavia Airports	P1 Långtid	9 min	5
FAC	Flygbussarna	Liljeholmen T-bana	16:45	2

16:33

●第二航廈巴士車班電子螢幕

Avgångar Departures		Destination Via	Tid	Hållplats
Buss Bus		Destination Via	Time	Bus stop
P3	Swedavia Airports	P3 Alfa Långtid	3 min	3
P1	Swedavia Airports	P1 Långtid	3 min	4
801	UL	Uppsala Centralstation	3 min	1
P2	Swedavia Airports	P2 Beta Långtid	4 min	2
FAC	Flygbussarna	Liljeholmen T-bana	4 min	5
609	FLIXBUS	Västerås Centralstation	6 min	
FAC	Flygbussarna	Stockholm Cityterminalen	9 min	6
P3	Swedavia Airports	P3 Alfa Långtid	15:53	3
P2	Swedavia Airports	P2 Beta Långtid	15:53	4
FAC	Flygbussarna	Brommaplan T-bana	15:57	5
P2	Swedavia Airports	P2 Beta Långtid	15:59	4
P1	Swedavia Airports	P1 Långtid	16:01	3

15:43

巴士車班 Buss Bus	目的地 Destination Via		最近一班等候時間 Tid Time	站牌號碼 Hållplats Bus stop
P2	Swedavia	P2 Beta Långtid	Nu	4
FAC	Flygbussarna	Stockholm Cityterminalen	現在	6
P2		P2 Beta Långtid	6 min	4
P3	Swedavia	P3 Alfa Långtid	15:46	3
P1	Swedavia	P1 Långtid	15:46	4
801	UL	Uppsala Centralstation	15:46	1
P2	Swedavia Airports	P2 Beta Långtid	15:47	

巴士車班 Buss Bus	目的地 Destination Via		最近一班等候時間 Tid Time	站牌號碼 Hållplats Bus stop
612	FLIXBUS	Uppsala Stationsgatan	Nu	8
FAC	Flygbussarna	Stockholm Cityterminalen	現在	1
P2	Swedavia Airports	P2 Beta Långtid	2 min	4
P3	Swedavia Airports	P3 Alfa Långtid	5 min	3
609	FLIXBUS	Örebro Centralstation	5 min	7
801	UL	Uppsala Centralstation	6 min	9

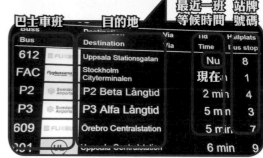

●第五航廈巴士車班站牌號碼位置圖

	Airports	P1 Långtid	16:58	5
P3	Swedavia Airports	P3 Alfa Långtid	17:00	3

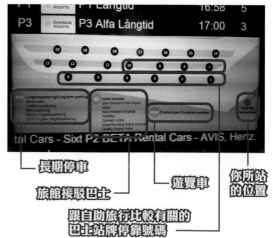

長期停車

旅館接駁巴士

遊覽車

你所站的位置

跟自助旅行比較有關的
巴士站牌停靠號碼

Flygbussarna巴士(機場往市區)購票機

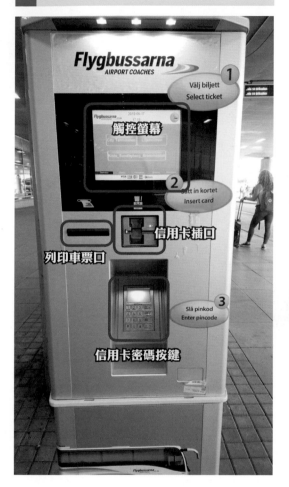

1 Välj biljett / Select ticket

觸控螢幕

2 Sätt in kortet / Insert card

信用卡插口

列印車票口

3 Slå pinkod / Enter pincode

信用卡密碼按鍵

Flygbussarna巴士(巴士總站往機場)購票機

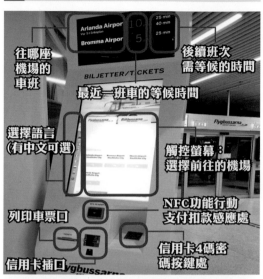

往哪座機場的車班

後續班次需等候的時間

最近一班車的等候時間

選擇語言(有中文可選)

觸控螢幕：選擇前往的機場

NFC功能行動支付扣款感應處

列印車票口

信用卡插口

信用卡4碼密碼按鍵處

Step 1 選擇前往目的地

Step 2 插入信用卡

Step 3 輸入信用卡4碼密碼

計程車 (Taxi)

　　機場各航站大廈外面有排班計程車，前往市區車程約40分鐘，車行收取各自定價的固定車資，價錢會貼在車後窗上，可自由選擇，不一定要選排在第一位的計程車，搭乘前最好先問計程車司機，你要前往的地方是否如車窗上所寫的價格。

　　在斯德哥爾摩最常見的車行有Taxi　Stockholm(黑色)、Taxi Kurir(深藍)、Severigetaxi(黃色)3家，目前往返阿蘭達機場與斯德哥爾摩市區的固定價格，前者是575SEK，後兩家是535SEK，最好搭車前問清楚價格。

　　回程在中央車站或定點招呼站也有計程車排班，或以電話、網路叫車到旅館接送；另外有更便宜的Taxijakt預約叫車服務，預約電話：0771-900000，也可網路預訂：taxijakt.se/en-se。

▶ 往返阿蘭達機場到市區的各車行，車窗貼著不同的定價

交通篇
Transportation

如何利用各式交通工具在瑞典旅遊？

瑞典國土南北狹長、島嶼密布，大眾交通工具種類多且票價也不便宜，
本篇除了詳列各種交通票券和售票機購票步驟外，也告訴你如何利用交
通工具搭配行程規畫的聰明玩法，充分掌握旅遊的交通資訊。

大斯德哥爾摩地區交通

大斯德哥爾摩地區交通網四通八達，方便快捷

斯德哥爾摩擁有完善的交通運輸系統，包含公車、地鐵、火車、電車和渡輪等，以斯德哥爾摩中央車站 (Stockholms Centralstation，簡稱 Stockholm C) 為匯集點。

公車、地鐵、電車、輕軌和渡輪等公共運輸，是由 Storstockholms Lokaltrafik 公司 (縮寫 SL) 經營，購買 SL 通行票券 (P.68) 即可搭乘；鐵路則由 Statens Järnvägar Aktiebolag 公司 (縮寫 SJ) 營運，可在網路和 SJ 國鐵售票機購買火車票。

斯德哥爾摩中央車站

斯德哥爾摩中央車站從1871年營運至今，是所有交通路線樞紐。

火車站共有19個月台，1～2月台是開往阿蘭達機場的快線火車，其他月台是南北來回的長途列車(包括跨國火車)，月台可以自由進出，上車才驗票。此外，巴士總站(City Terminalen)位於中央車站的北面，地鐵總站(T-Centralen)和通勤火車總站(Stockholm City)則位在地下樓層。

車站設施

大廳為挑高的拱型設計，透明的屋頂天窗採光好。寬敞的大廳四周是各式商店、超市、遊客中心、FOREX BANK外幣匯兌、售票處、寄物櫃及各月台。

■ 遊客資訊中心
大廳的遊客資訊中心可以詢問車班、購票和免費提供旅遊地圖和資訊。

■ SJ購票處

■ SL購票處

■ 外幣匯兌
FOREX BANK外幣匯兌

■ 巴士總站

■ 寄物櫃

交通篇

如何使用寄物櫃

信用卡密碼輸入鍵

信用卡插入口

購票觸控螢幕

5或10SEK投幣處　列印收據

退幣口

▲請注意！有的寄物櫃機器只能用信用卡付費

Step 1 選擇語言

英文

Step 2 選擇寄物箱

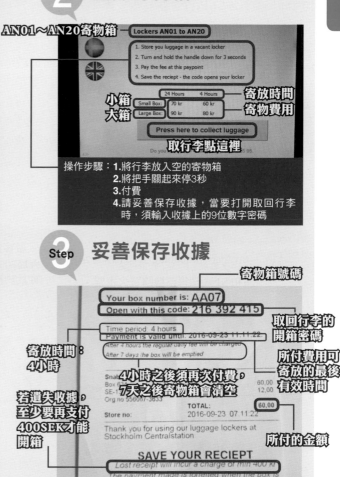

AN01～AN20寄物箱　Lockers AN01 to AN20

1. Store you luggage in a vacant locker
2. Turn and hold the handle down for 3 seconds
3. Pay the fee at this paypoint
4. Save the reciept - the code opens your locker

	24 Hours	4 Hours
Small Box:	70 kr	60 kr
Large Box:	90 kr	80 kr

小箱　大箱　寄放時間　寄物費用

Press here to collect luggage

取行李點這裡

操作步驟：1.將行李放入空的寄物箱
2.將把手關起來停3秒
3.付費
4.請妥善保存收據，當要打開取回行李時，須輸入收據上的9位數字密碼

Step 3 妥善保存收據

寄物箱號碼

Your box number is: **AA07**
Open with this code: **216 392 415**

取回行李的開箱密碼

Time period: 4 hours
Payment is valid until: 2016-09-23 11.11.22
After 4 hours the regular daily fee will be charged.
After 7 days the box will be emptied

寄放時間：4小時

4小時之後須再次付費，7天之後寄物箱會清空

所付費用可寄放的最後有效時間

若遺失收據，至少要再支付400SEK才能開箱

Box	60,00
SE-1	12,00
Org no 556067-3653	

TOTAL: 60,00
2016-09-23 07.11.22

Store no:

Thank you for using our luggage lockers at Stockholm Centralstation

所付的金額

SAVE YOUR RECIEPT
Lost receipt will incur a charge of min 400 kr

Step 4 拿取行李　營業時間05:00～00:15

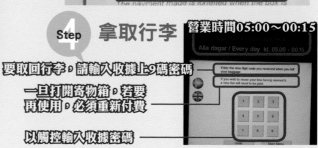

Alla dagar / Every day kl. 05.00 - 00.15

要取回行李，請輸入收據上9碼密碼

一旦打開寄物箱，若要再使用，必須重新付費

以觸控輸入收據密碼

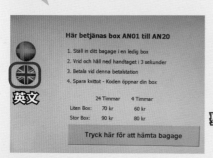

Här betjänas box AN01 till AN20

1. Ställ in ditt bagage i en ledig box
2. Vrid och håll ned handtaget i 3 sekunder
3. Betala vid denna betalstation
4. Spara kvittot - Koden öppnar din box

	24 Timmar	4 Timmar
Liten Box:	70 kr	60 kr
Stor Box:	90 kr	80 kr

Tryck här för att hämta bagage

SL通行票券

由Storstockholms Lokaltrafik公司(縮寫SL)發行的SL通行票券，可搭乘公車、地鐵、電車、輕軌和渡輪等公共運輸。票種有75分鐘單程票和交通卡(Travelcard)兩種，交通卡又分成24小

▲ SL Access 儲值卡

◀一次性使用的紙式交通卡有24小時和72小時兩種

時、72小時、7日、30日，以及年票等多種時間種類。交通卡有一次性使用的紙式票券，以及可重覆使用的SL Access儲值卡(SL Access card)兩種形式。

紙式票券有75分鐘單程票、24小時交通卡和72小時交通卡3種，其中24小時和72小時只能在遊客中心購買；SL Access儲值卡可以預先將錢存進卡片，直接用卡片裡的錢扣款單程車費，也可以儲值方式購買不同效期的交通卡在卡片裡。儲值卡可在地鐵站售票處，及Pressbyrån、7-11等便利商店購買。

單程票有效為75分鐘，超時就須重新買票，儲存在SL Access儲值卡內也是一樣，超過75分鐘就須重新扣款才能再搭車。

紙式票券& SL Access儲值卡比較表

票卡形式	票券種類	使用限制	購買地點	使用原則
紙式票券	75分鐘單程票、24小時交通卡、72小時交通卡	時限內不限次數搭乘	1.單程票可於車站售票窗口、自動售票機購買 2.24、72小時交通卡只能在遊客中心購買	1.不記名，可給不同人用 2.同一時間內只可一人使用
SL Access儲值卡	75分鐘單程票，24小時、72小時、週票、月票、季票或年票等交通卡	時限內不限次數搭乘	1.車站售票窗口、自動售票機、Pressbyrån、7-11等便利商店皆可購買或加值。 2.自動售票機可用信用卡加值、查詢餘額	1.類似悠遊卡，卡費20SEK，每次儲值至少100SEK 2.可重複使用，有效期限為6年 3.可多人共用一張SL Access儲值卡裡的金額扣款 4.不再使用時可退還餘額，但須扣除50SEK的手續費

不同購買方式的單程票價比較表(SEK)

購買票券	購票地點	全票	優待票(瑞典學生、未滿20歲或65歲以上)	有效時間	評比
儲值在SL Access儲值卡	售票機(也可選列印紙式票)、車站售票窗口、便利商店、月台閘口售票亭(Biljetter)，或下載手機APP購票(見P.77)	37	25	75分鐘	票價比較便宜
車上購買一般車票	7、7N電車車上	50	34	75分鐘	票價不划算

勝

※1.SL Access儲值卡的單程扣款約是一般單程票價的7折，但每次儲值至少100SEK。
　2.車票通常無法在車上購票，只有7、7N電車上因有查票人員，所以也可以向查票員購票，但票價較貴。
　3.以上資料時有更動，出發前請再次確認。

交
通
篇

SL交通卡(Travelcard)票價表(SEK)

票種	全票	優待票(瑞典學生、未滿20歲或65歲以上)	備註
24小時(24-Timmarsbiljett)	155	105	有一次性使用紙式票券，也可以儲值在SL Access儲值卡
72小時(72-Timmarsbiljett)	360	210	有一次性使用紙式票券，也可以儲值在SL Access儲值卡
7日(7-Dagarsbiljett)	405	270	要儲值在SL Access儲值卡 建議：在斯德哥爾摩旅遊4～7天，購買7日交通卡較划算
30日(30-Dagarsbiljett)	930	620	要儲值在SL Access儲值卡
90日(90-Dagarsbiljett)	2,700	1,810	要儲值在SL Access儲值卡
年票(Årsbiljett)	9,770	6,550	要儲值在SL Access儲值卡

※0～6歲隨行購票乘客可免費，未滿20歲學生另有學校定期優待票。
※只有交通卡的優待票限瑞典學生，其他像快線火車的學生票，只要出示國際學生證即可。
※24小時和72小時是從啟用時間開始計時，7日卡則是從使用第一天的00:00起算，至此卡到期日的隔天16:30有效。
※以上資料時有更動，票價通常每年調整，出發前請再上網確認，網址：sl.se/en。

貼心 小提醒

請注意！車上和船上無法購票，逃票被查到會罰鍰1,500SEK和該單程票價。

▲ 地鐵出口有時會有站務員查票

自動售票機器

信用卡結帳密碼操作面板

購票觸控螢幕

SL Access卡
感應區

接受的信用卡種類　取票口　信用卡插入口

自動售票機購票步驟
Step by Step ——— 以單程票為例

Step 1 選擇語言

Välkommen!

Håll ditt SL Access-kort mot den blå kortläsaren.

Eller tryck här för att köpa en pappersbiljett.

英文／瑞典文切換鍵

Step 2 將SL Access儲值卡放在藍色感應區，或購買紙式票券

請將SL Access儲值卡放在藍色感應區

Welcome!

Please hold your SL Access card against the blue card reader.

Or press here to purchase a paper ticket.

若無SL Access儲值卡，請按此處購買紙式票券

Step 選擇服務項目

購買車票

以SL Access
卡加值

若以SL Access卡感應，這裡會顯示
卡內餘額，以及儲值在卡內的票種

Step 選擇票種

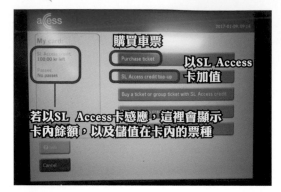

購買單程票

Step 選擇購買項目

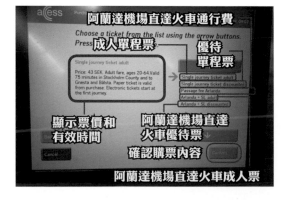

阿蘭達機場直達火車通行費

成人單程票 → 優待
單程票

顯示票價和
有效時間

阿蘭達機場直達
火車優待票

確認購買內容

阿蘭達機場直達火車成人票

Step 確認購票內容

顯示單程票價和有效時間

回前頁

取消

確認購買

Step 選擇儲值或列印

儲值在SL Access儲值卡內

列印紙式票券

Step 付款

　接受VISA、Mastercard、JCB等信用卡，
請事前和發卡銀行開通信用卡刷卡密碼。

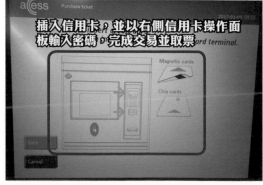

插入信用卡，並以右側信用卡操作面
板輸入密碼，完成交易並取票

各種交通工具

斯德哥爾摩公車主要用來接駁地鐵和通勤火車

地鐵 (Tunnelbana，縮寫 T-bana ／ Metro)

　　斯德哥爾摩地鐵分有藍、紅、綠共7條路線，10、11是藍線，13、14是紅線，17、18、19是綠線，每站月台都會標示該路線行經站名，月台上多以各路線顏色來標示，利用顏色會更快找到要前往的月台。所有路線在地鐵中央車站(T-centralen)交會轉乘，出口有旅客資訊站可以取閱地圖和提供服務。

　　進入地鐵站需通過閘門的感應器過卡驗票，出口則無須驗票，直接走綠色箭頭「⇧」閘口出站。

　　地鐵行駛時間從05:00～隔天01:00，白天約5～7分鐘一班車，清晨與夜間則15分鐘一班；雖然地鐵每天服務，但是週末假日會減少車廂，所以要盡量往月台中間等車。

地鐵站相關設施

■ 該站行經路線站名
每站月台都會標示該路線行經站名。

■ 博愛座

■ 旅客資訊站
地鐵中央車站出口的旅客資訊站，可以取閱地圖和提供服務。

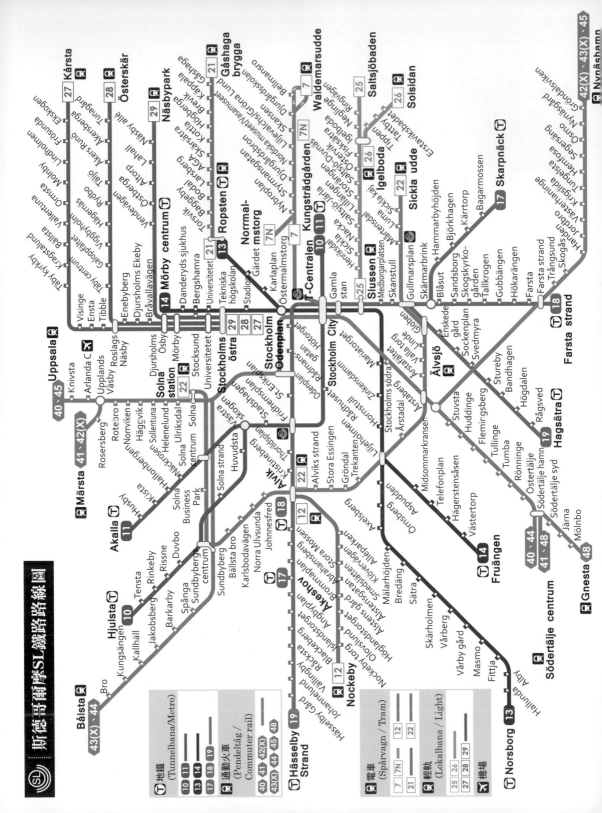

搭地鐵步驟Step by Step

Step 1 找T字地鐵入口，買票

Step 2 通過閘口感應器過卡驗票

無論紙式票券或SL Access儲值卡，都需通過閘口的感應器過卡驗票。

Step 3 前往搭乘路線月台

確認前往目的地的車班和停靠月台。

前往方向
車班路線和行駛方向的終點站
月台
車班路線和行駛方向的終點站
月台

Step 4 月台候車

火車前往方向
下一班將於12分鐘後進站
本班車是藍線10號，開往國王花園路線

Step 5 乘車，按鈕進、出車廂

上車開門按鈕
下車開門按鈕

Step 6 走綠色箭頭「⇧」閘口出站

公車(Buss／Bus)

基本上,斯德哥爾摩公車主要是作為地鐵和通勤火車的接駁功能,大抵滿準時的,候車亭也有相關訊息看板和最近的車班抵達時間,車來不需招手,司機看的站牌有人等車一定會停。

在市區內,載客流量大的主要幹道,以編號1～4的藍色低底盤雙車廂連結行駛,上班時間班次密集,每隔3～10分鐘就發一班車,車上的電子螢幕也會顯示下一站所有車班(包括地鐵)的候車時間;其他一般路線則多由紅色公車營運,上班日約每隔7～20分鐘一班車。

夜間公車則都是「X9X」路線(9＝night),在地鐵或通勤電車收班後營運,幾乎每區都有1～2條路線,約30～60分鐘一班車。

看懂公車上電子螢幕

下一站有乘客按鈴下車

4號公車
終點站站名

目前時間

下一站所有車班
(包括地鐵)進站
的候車時間

搭公車步驟Step by Step

Step 1 購票

車上無法購票,搭車前要先確認所持車票的有效時間,可以在各地鐵站的售票窗口、自動售票機和書報便利商店購買或加值。

Step 2 站牌候車

公車停靠處有些會設候車亭,也有的只立一個站牌,上面的電子看板會顯示即將到站的車班和所需等待的時間。

車班號碼 行駛的終點站 等待的時間

站名

停靠的車班號碼

▲ 公車候車亭

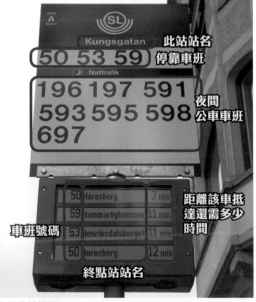

此站站名
停靠車班

夜間公車車班

距離該車抵達還需多少時間

車班號碼

終點站站名

▲公車站站牌

交通篇

Step 3 由前門上車

除了推娃娃車、身障輪椅和年長者推輔助輪外，一律由前門上車，無論是紙式票券或SL Access儲值卡都需在感應器上過卡。

▲ 由前門上車

車票卡感應器

▲ 放置嬰兒車、輪椅、行李專區

Step 4 中、後門下車

下車要按「STOP」鈕，除了前門以外，其他門都可以下車，下車門旁的開門鈕若燈亮要按一下，該門才會打開。

下車按鈕

下車門打開按鈕

♥ 貼心 小提醒

公車暫停行駛標示

公車若標示「Ej I trafik」表示該公車暫停服務。

暫停服務

電車(Spårvagn／Tram) 輕軌(Lokalbanor／ light rail)

斯德哥爾摩SL鐵路路線還包含電車和輕軌，除了7號電車行駛市區動物園島外，其他電車和輕軌多開往郊區，遊客比較少使用。

在大斯德哥爾摩地區的公共交通皆無法在車上或船上購票，唯獨7、7N電車例外，上車後由票務員驗票，也可買票，但是票價較貴，建議事先買好票再上車。

▲ 車上人工驗票

▲ 7、7N電車會行經熱門景點

▲ 上車開門按鈕

車尚未行駛前，按車
門圈圈，車門會打開

下車按鈕

車到站，按車
門內圈圈，車
門會打開

▲ 下車開門按鈕

7號電車

7號電車(7 spårväg)從靠近中央車站的ÅHLÉNS CITY百貨公司前「T-Centralen」起站，經斯德哥爾摩最大的北歐百貨公司(Nordiska Kompaniet，簡稱NK)和國王花園(Kungsträdgården)，沿著明媚的東城海岸過橋到動物園島(Djurgården)，島上是遊客必訪的瓦薩戰艦博物館(Vasamuseet)、斯堪森(Skansen)露天博物館等熱門景點。

7N懷舊電車

從1910～1950年間，斯德哥爾摩每隔10年電車會更新一次，這些令人難忘的7N懷舊電車(Djurgårdslinjen 7N)，目前依然行駛於市區，路線和7號電車一樣，只是起訖站不同。搭這款復古電車讓你有穿梭時空的錯覺，彷彿置身在百年前的旅程。起點從Norrmalmstorg廣場(鄰近國王花園 Kungsträdgården)開始，終點至斯堪森露天博物館，全程約20～30分鐘。

http www.djurgardslinjen.se/en

■ 搭車地點

1. 搭乘地鐵紅線至Östermalm-storg站下車，往Djurgården方向走至路面道路Birger Jarlsgatan，再往Smålands-gatan步行約2分鐘到達，電車站牌在左邊第一個路口。
2. 中央車站搭69、54號公車到Kungsträdgården站，再步行約3分鐘。

▲ 各年代出廠的電車

▲ 1910年代電車

▲ 駕駛站著開車　　▲ 票務員也維持以前的穿著驗票

▲ 用上好的木材製作乘客座位

通勤火車(Pendeltåg／Commuter rail)

有 J 標誌的市郊通勤火車，目前有40、41、42(X)、43(X)、44、45和48，共7線在大斯德哥爾摩地區行駛，有些班次的路線比較短，停靠的站比較少，搭乘前記得先看清楚車班電子螢幕上顯示的終點站名，也可下載SL APP查詢車班。通勤火車總站(Stockholm City)位在斯德哥爾摩中央車站的地下樓，共有4個月台，1、2月台往北，3、4月台往南，進入月台時有設閘口，進站之前必須先過卡驗票。

通勤火車的車票和地鐵、公車通用，其中，40號通勤火車 (P.57) 雖然也適用，但路線超出大斯德哥爾摩地區的部分需補差額。成人票到烏普薩拉(Uppsala)需補 99SEK(來回票 182SEK)，到阿蘭達機場需補機場通行費 120SEK。結合烏普薩拉交通公司的 40 號通勤火車資訊，詳見網址：www.ul.se/en。

請注意！火車上不售票，上車前須先買票。週末假日有時候會減少車廂，該車班電子螢幕上會標示「kort tåg」，這時要盡量往中間月台候車。

地上的白色區塊是車門打開處

往南候車月台候車時間　通勤火車　往北候車月台候車時間　車班號碼和目的地　車班號碼和目的地　遊客中心

SL APP：Journey planner and tickets

◀Andorid 載點　◀iOS 載點

搭乘通勤火車步驟

以中央車站為例

Step 1 買票，進入搭乘車班月台

月台閘口旁有旅客服務處，可以在這裡買票或加值。

▶電子螢幕明列車班、時間和月台

Step 2 月台閘口過卡驗票

Step 3 月台等車，確認車班

通勤火車　目前時刻

預計進站時間　月台　Kort tåg　車廂較少　行駛的終點站名　路線號碼

Step 4 上車，注意車廂站名跑馬燈，到站準備下車

跑馬燈顯示即將到站的站名

渡輪(Pendelbåt / Commuter Ferry)

由無數的湖泊和島嶼組成的斯德哥爾摩，沿岸景色優美，只要持有SL通行票券(P.68)，即可搭乘80、82和89等渡輪路線，其中以82號往動物園島和船島的路線最熱門，自行車也可以上船。

▲ 搭82的Djurgårdsfärjan路線渡輪望向舊城區美景

必須按下面按鈕，行經Slussen和Djurgården時，渡輪才會到此站停車

要往Djurgården按此鈕

要往Slussen按此鈕

▲ 在船島停靠站等船，依照前往地點按鈕

SL通行票券可搭乘的渡輪路線

※以下資料時有更動，出發前請再上網確認，網址：sl.se/en。

■ 80(Sjövägen)渡輪路線

熱門上船地點：Nybroplan(皇家劇院前的碼頭)
起訖停靠站：Nybroplan→Frihamnen，約20～30分鐘一班

▲ Nybroplan(皇家劇院前的碼頭)

■ 82(Djurgårdsfärjan)渡輪路線   特別推薦

熱門上船地點：Slussen(搭2、53、57、76、96、190～195公車到Räntmästartrappan站，再往海岸碼頭)
起訖停靠站：Slussen→Skeppsholmen(船島)→Djurgården(動物園島)，約15～20分鐘一班，共停3站
船上失物招領電話：(0)8-6863694

▲ Slussen

交通篇

▲ 船島停靠站

▲ 動物園島停靠站

■ 89渡輪路線

熱門上船地點：Stadshuskajen(Klara Mälarstrand市政廳旁的碼頭)

起訖停靠站：Klara Mälarstrand→Lilla Essingen→Ekensberg→Kungshättan→Tappström，共5站，全程55分鐘

▲ 位於市政廳旁的Klara Malarstrand碼頭

觀光巴士／觀光船(Bus／Boat Sightseeing)

假如在斯德哥爾摩的停留時間有限，想以最快速便捷的方式盡覽城市水陸之美，觀光巴士和觀光船也許是個不錯的選項。

斯德哥爾摩觀光業結合水陸搭配多種旅遊服務，可隨上隨下搭巴士和船，其中以Strömma和Waxholmsbolaget兩家公司經營的觀光船路線最多，有皇家運河、歷史運河、皇后島宮等各種不同路線的海上之旅，不過大部分的路線因冬天湖水結冰，只有夏天營運；城市觀光巴士則停靠重點景點，如皇宮、船島、市政廳、瓦薩戰艦博物館和舊城區等，讓你在最短時間玩遍城市風光。

▲ Strömma的觀光巴士City Sightseeing

▲ Waxholmsbolaget觀光船很受遊客歡迎

▲ Ocean Bus造型特殊

▲ 在主要景點都有觀光巴士的站牌

各家觀光巴士／觀光船比較表

經營公司	路線	特色	備註
Strömma	City Sightseeing Hop On-Hop Off (紅車)	這3種路線大致分24和72小時有效票，也有水陸路線搭配方案，巴士有中文語音導覽，免費Wi-Fi	1. 持斯德哥爾摩通行卡(Stockholm Pass)可免費搭Hop On-Hop Off車和船 2. 網址：www.stromma.se
	Hop On-Hop Off(綠車)		
	Hop On-Hop Off(綠船)		
	Sightseeing by Boat	皇家運河之旅(Royal Canal Tour)，有中文語音導覽，5歲以下免費，6～15歲半價	1. 船上有mini bar，可在船上用餐 2. 網址：www.stromma.se
	PANORAMA	提供75分鐘巴士全程導覽，有中文語音導覽	1. 1～4月不營運 2. 網址：www.stromma.se
Red Sightseeing	Hop - On Hop - Off Bus	1. 觀光巴士有24、72小時票，全程20站；觀光船是24小時票，全程1.45小時 2. 可以搭配水陸路線的24、72小時票。0～12歲隨行有購票之成人，可享免費	1. 網址：www.redsightseeing.com
	Hop - On Hop - Off Boat		
Ocean Bus	Ocean Bus	這種水陸兩棲觀光巴士很特別，在皇家歌劇院旁的Strömgatan 附近搭車，全程75分鐘，可網路、車上購票	1. 冬季不營運 2. 網址：www.oceanbus.se
Waxholmsbo-laget	推出斯德哥爾摩各群島路線，有現代船以及蒸汽船(Storskär，5～9月營運)	推出單程或5、30天的有效期行程，6歲以下隨行購票成人免費，在國王花園前的Strömkajen碼頭上船	1. 和斯德哥爾摩地區的公共運輸SL公司合作，很多路線冬季不營運 2. 網址：www.waxholmsbolaget.se

※以上資料時有更動，出發前請再次確認。

行家密技　省錢小撇步：比比看，哪一種票卡最合適你？

比較斯德哥爾摩通行卡(Stockholm Pass)、斯德哥爾摩交通卡(Stockholm Travelcard)和iVenture卡，看看哪一種最符合你的需求。

票卡類別	成人價格(SEK)	通用範圍	備註
斯德哥爾摩通行卡 (Stockholm Pass)	669／1天 929／2天 1,129／3天 1,479／5天	1. 不包含市區交通票券，但可免費搭 City Sightseeing Hop-On Hop-Off觀光巴士和觀光船 2. 瓦薩戰艦博物館、皇宮、皇后島宮、米勒斯公園和諾貝爾博物館等免費	1. 6～15歲半價 2. 非旺季有促銷價 3. 部分博物館和機場巴士有優惠價 4. 網址：www.stockholmpass.com
斯德哥爾摩交通卡 (Stockholm Travelcard)	130／24小時 260／72小時	可搭乘SL(公車、地鐵、渡輪、電車、輕軌)和SJ通勤火車的交通網，詳見P.68	1. 只著重在交通，沒有結合其他觀光景點 2. 網址：sl.se/en
iVenture Card	545／1天 775／2天 895／3天 1,275／5天 1,745／7天	1. 可免費參觀約20個景點，如瓦薩戰艦博物館(Vasamuseet)、天空之景(Sky View)、攝影博物館(Fotografiska)等景點 2. 可免費無限搭乘Red Sightseeing 的Hop-On Hop-Off觀光巴士和觀光船 3. 可免費搭乘Sightseeing遊Royal Bridges、Canal Tour等行程	1. 1.4～15歲約半價 2. 市區只有中央火車站的遊客資訊中心有賣此卡 3. 網址：www.iventurecard.com

※以上資料時有更動，出發前請再次確認。

計程車(Taxi)

在瑞典搭計程車多以電話預約，或是在車站、機場和主要景點也有計程車招呼站，路上攔車的機率很低。

斯德哥爾摩最常見的計程車行有Taxi Stockholm、Taxi Kurir、Severigetaxi這3家。除了往返市區和機場，各家採車行設定的固定車費外，其他行程則依區分時段和是否假日而有不同的計費標準，會張貼在車窗上，大部分車上都接受現金或信用卡付費。

▲ 車站和主要景點的計程車招呼站

▲ 水上計程車比較少見

市政府推薦的3家計程車行

Taxi Stockholm
http www.taxistockholm.se

Taxi Kurir
http www.taxikurir.se

Severigetaxi
http www.severigetaxi.se

看懂計程車收費說明

※每家車行不同，此處以Severigetaxi為例

週一～五09:00～15:00

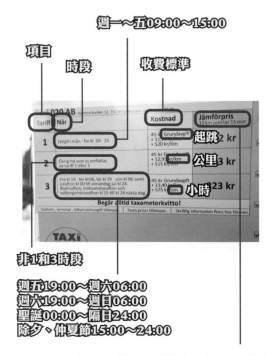

項目　時段　收費標準

起跳 2 kr
公里 3 kr
小時 23 kr

非1和3時段

週五19:00～週六06:00
週六19:00～週日06:00
聖誕00:00～隔日24:00
除夕、仲夏節15:00～24:00

搭乘15分鐘，行程約10公里的費用

租自行車(Bike Rental)

斯德哥爾摩是座重視環保的綠化城市，當地居民以自行車代步很普遍，甚至連郵差也是騎自行車或推車送信件。完善的自行車專用道有1公尺餘寬，路上標誌明顯，並且規定在車道上享有優先權，甚至行人都得讓行。斯德哥爾摩市政府在市區廣場或地鐵站附近共設有150個City Bikes租借點，供民眾隨時取用與歸還。

騎自行車可以遊覽公共交通工具無法到達的祕境，除了分布點最廣的City Bikes以外，還有不少自行車出租公司，有的甚至有專人導覽，詳情可查詢各家網址(P.83)。

租用說明

開放時間：4～10月(冬季天黑很早且雪地路滑，為避免危險，不開放出租)。

租用期限：每次借用以3小時為限，如需長時間使用，需在3小時內到任何一個停放點換車，若超過3小時會被記點，達3次就會被鎖卡。

租用方式：每天06:00～22:00，在任何出租點的電子感應器過卡，就可以從鐵架上取走一輛已打開電子鎖的腳踏車，最晚在01:00必須歸還。

租車卡費用：網路訂購4～10月250SEK。

購買租車卡：需上網訂購、註冊，並登錄所持有的SL Access儲值卡號碼，之後以此卡借用自行車。

▲橋上也能通過　　▲路上自行車標誌明顯

▲郵差送信專車　　▲人車分道

▲瑞典規定未滿16歲騎自行車要戴安全帽

▲City Bike租借服務點電子感應器

▲公廁附設免費輪胎打氣

短期自行車出租公司這裡查

City Bikes：www.citybikes.se
Bike Sweden：www.bikesweden.se
Stockholm Adventures：
www.stockholmadventures.com
Rent-a-bike：www.rentabike.se
Cykelstallet：www.cykelstallet.se
Bike Hike：www.bikehike.se
(以上皆有英文)

跨城市、鄰國交通

在瑞典跨城市、跨國旅遊，有多種交通工具可靈活運用

國內飛機(Airlines)

　　北歐航空(SAS)是瑞典最大的航空公司，和挪威航空(Norwegian Air Shuttle)在阿蘭達第四航廈飛國內航班，幾乎可以直飛瑞典所有內陸機場；此外，還有馬爾默航空(Malmö Aviation)在布魯馬(Bromma)機場服務國內航線。

　　歐洲航空公司為了精簡人力，多建議乘客自助Check-in登機(見P.50)，包括登機證、行李條碼一併處理，若有問題，地勤人員也會在一旁協助。

▲雖然以機器完成登機報到，地勤人員也會在一旁協助

長途火車(Intercity rail)

　　瑞典鐵路網發達，主要由 SJ 公司經營，列車設有一等和二等車廂，長途火車有分坐舖與臥舖車廂，也配有餐車，其中銀灰色車身的 X2000 特快車 (Snabbtåg)，以及在 2015 年由港鐵在瑞典新設立的 MTR Express 火車，主要往返於斯德哥爾摩和哥德堡 (Göteborg) 路線，兩車種時速皆可達 200 公里，是目前瑞典速度最快的火車。

▲一等和二等車廂標示

▲主跑斯德哥爾摩到哥德堡線路的MTR Express火車

購票及取票

　　瑞典的火車月台是自由進出搭乘，車上再驗票。火車票多從搭車日的90天前開賣，票價是浮動的，通常越早買會越便宜，因此若旅行計畫確定，最好提早訂票。想速查SJ火車優惠票價，建議用國鐵網站提供的網頁會標註哪些車次有特價票，也可比較不同日期的價差作選擇；不過，便宜票大多不能改(Non-rebookable)或不能退(Non-refundable)，下訂前要想清楚。

　　網路取票的方式有3種，一種是將網站提供的

票券PDF檔直接存進手機(Mobile phone ticket)，上車直接掃手機文件中的二維碼；另一種是自行列印(home printed e-ticket)；第三種是到車站SJ售票機輸入訂票號碼取票(collect tickets)。也可以臨櫃購票，先到序號機拿號碼，電子螢幕會顯示該號碼在哪個櫃檯辦理，但須加手續費。

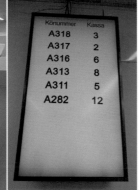

▲ 臨櫃購票，先到序號機拿號碼　　▲ 電子螢幕顯示號碼在哪個櫃檯辦理

鐵路資訊這裡查

瑞典國鐵官網：www.sj.se/en
MTR Express：mtrexpress.travel/en

看懂火車車班的電子看板

終點站

出發時間

車班號碼

備註／車種

SJ國鐵售票機購票步驟

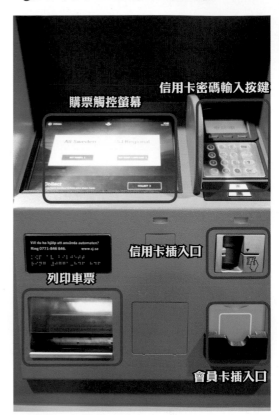

信用卡密碼輸入按鍵

購票觸控螢幕

信用卡插入口

列印車票

會員卡插入口

Step 1 選擇語言

英文、瑞典文切換鍵

Step 2 選擇起訖站

取票(已在線上購票者，按此取票)

買票

點「繼續」來選擇旅客條件和張數

選擇出發地點　選擇目的地

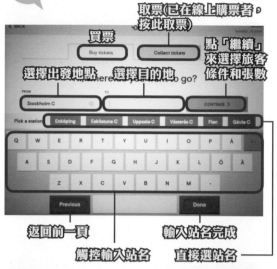

返回前一頁　　　輸入站名完成

觸控輸入站名　　直接選站名

確認起訖站名　　按「繼續」下一步驟

Step 3 選擇購買種類和張數

設定購票種類，如成人票、青年票等

按「繼續」下一步驟

Step 4 選擇車班時間和車等

往後的車班、時間

車程時間、車種

以觸控選擇車班時間和車等票價

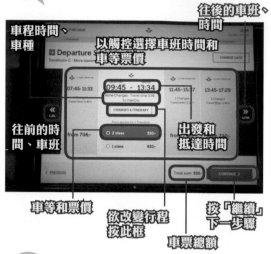

往前的時間、車班

出發和抵達時間

車等和票價　欲改變行程按此框　車票總額

按「繼續」下一步驟

Step 5 選擇預訂座位和座位需求

預訂座位　　不預訂座位　　按「繼續」下一步驟

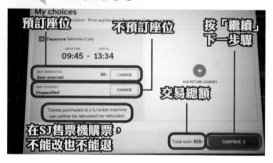

交易總額

在SJ售票機購票，不能改也不能退

Step 6 填寫旅客資料

填入名字　填入姓

按「繼續」填入第二位旅客資料

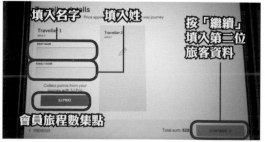

會員旅程數集點

交通篇

Step 7 確認交易款項

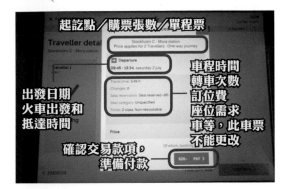

起訖點／購票張數／單程票

出發日期
火車出發和
抵達時間

車程時間
轉車次數
訂位費
座位需求
車等，此車票
不能更改

確認交易款項，
準備付款

Step 8 信用卡付款

Step 9 插入信用卡和輸入密碼

Step 10 插入信用卡和輸入密碼

交易完成、
並記得取票

車票出口

長途巴士(Intercity Bus)

從瑞典跨城或跨國旅遊，除了搭飛機和火車以外，搭長途巴士也是另一種選擇。

長途巴士通常提供免費Wi-Fi和電源供旅客充電，但行車時間長且被侷限在小空間，票價也未必比其他兩者便宜，搭乘前最好先做好比較。

斯德哥爾摩的巴士總站(City Terminalen)在火車站旁邊，1樓除了各家長途巴士的售票櫃檯和1～9號登車門外，還有旅客資訊中心、速食店、便利店、外幣匯

▲ 2樓登車門

兌、寄物櫃等；2樓則有10～19號登車門、寄物櫃和洗手間。

Swebus是瑞典最大的巴士公司，擁有國內和國際線數百個營運點，還有nettbuss(Bus4you)、Ybuss等巴士公司也行駛各城鎮；Swebus和Euroline的跨國巴士線較多，Bus4you也有開往挪威奧斯陸(Oslo)路線。

▲ 遊客中心

▲ Swebus是瑞典最大的巴士公司　▲ 各家長途巴士的售票櫃檯

▲ City Terminalen是一座採光明亮的現代建築

巴士公司這裡查

Swebus：www.swebus.se/SwebusExpress_com
nettbuss：www.nettbuss.se
Euroline：www.eurolines.de/en

租車(Car Rental)

在瑞典租車自駕可以隨興沿途探索大自然景觀，是最具彈性的出遊方式。瑞典有不錯的公路和高速公路網，可以從南到北駕車穿越全境，交通標誌方便辨認，沿途公路也不收費，路況通常不錯。

如果決定到瑞典租車，出國前別忘了去監理站換國際駕照，為了保險起見，最好連同台灣駕照一起帶來。瑞典有多家租車公司供選擇，其中以Avis、Sixt、Hertz和Europcar等分布點較多。

租車公司這裡查

Avis：www.avis.com
Sixt：www.sixt.com
Hertz：www.hertz.com
Europcar：www.europcar.com

開車規範與注意事項

瑞典跟台灣一樣都是左駕，前後座乘客都得繫安全帶，且行車全日要開頭燈。另外，瑞典對酒駕零容忍，請務必遵守。

除了從丹麥開車進瑞典需繳過橋費外，開車進斯德哥爾摩和哥德堡需額外付塞車費(Trängse-lavgift)。以斯德哥爾摩為例，近20個市區入口處都有裝設拍攝鏡頭，週一～五依不同時段，需付11～35SEK，且每次進出都會收費，一天收費以105SEK為上限，但下午18:30～隔天06:29、週末例假日和7月則免費。

■ 塞車費的鏡頭拍攝，上面顯示該時段的費用

■ 無交通號誌道路，行人優先

■ 有些道路規定冬胎車輛不能行駛

冬胎車輛禁
行右轉道路

右轉往市中心

■ 大部分的加油站是自助加油

　　瑞典加油站的油價會標示在電子看板，一般民眾多以信用卡自助加油，若沒有信用卡付費機器，則需到加油店的商店櫃檯結帳。

停車相關規定

　　瑞典的停車規定嚴，尤其在大城市路邊停車，不同地區收費標準和時間不一。以斯德哥爾摩為例，市中心有些地方是天天要收費的，而市區周邊則大部分週一～五依不同地區，每小時收費10～30SEK不等，當地居民一個月只要繳固定金額即能停在居住區域的規定時間內。

　　停好車要先看停車牌是屬於紅或藍票停車區(這只是用來分別地區，票本身都是白底黑字)，再找附近標註該顏色票區的計費器，按規定付費再取票放在前擋風玻璃的明顯位置；有些區域或賣場標示限時免費停車，必須將計時牌轉至目前停車時間，放在車內前擋風玻璃的明顯位置。瑞典違規停車會被處500SEK以上的罰金，要特別留意。

　　請注意！大部分的街道每週都有清掃時間，該時段不能停車，而週末、假日路邊停車除了有些市中心以外，通常是不收費。(星期的瑞典文請參P.43)

看懂免費停車標示

每天從08:00～22:00，
每次免費停車2小時

需使用計時牌

其他時間
禁止停車

停車行駛
方向

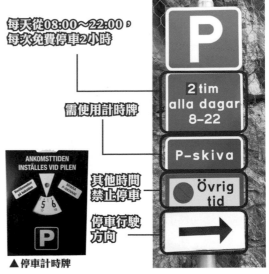

▲ 停車計時牌

看懂停車計費器

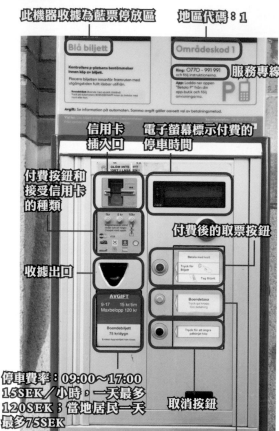

此機器收據為藍票停放區

地區代碼：1

服務專線

信用卡插入口

電子螢幕標示付費的停車時間

付費按鈕和接受信用卡的種類

付費後的取票按鈕

收據出口

停車費率：09:00～17:00 15SEK／小時，一天最多120SEK；當地居民一天最多75SEK

取消按鈕

當地居民付費後的取票按鈕

看懂路邊停車牌

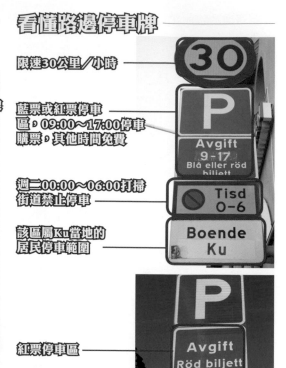

限速30公里／小時

藍票或紅票停車區，09:00～17:00停車購票，其他時間免費

週二00:00～06:00打掃街道禁止停車

該區屬Ku當地的居民停車範圍

紅票停車區

週一00:00～06:00打掃街道禁止停車

Sö當地居民停車時間：
平日22:00～07:00
週末22:00～10:00
假日22:00～10:00

遊輪(Cruise)

　　斯德哥爾摩港是瑞典最主要的波羅的海遊輪港口，船隻穿梭波羅的海上星羅棋布的群島到芬蘭、愛沙尼亞、拉脫維亞等沿岸國家，是當地物美價廉的國民旅遊，非常受歡迎。

　　波羅的海的海上行程緊湊，通常是下午搭船，可以欣賞海上落日與晨曦美景，第二天早上到達另一座城市登陸遊覽，也省下晚上住宿費。一般

▲巴士總站有接駁巴士到碼頭

▲船上欣賞海上落日、晨曦美景

▲沿途私人船隻穿梭島嶼，畫過平靜無波的海面

▲Viking在巴士總站的售票櫃檯

▲餐廳

▲船上的免稅店

靠窗和上層的艙房價格較高，所有的購票證明及船票要保管好，去、回程都用同張票，而且因回程也是住同一個房間，所以下船不須帶行李走，很輕鬆。

斯德哥爾摩主要有3家遊輪公司，詩麗雅航運(Silja Line)開往赫爾辛基、愛沙尼亞首都塔林(Tallin)和拉脫維亞首都里加(Riga)航線；維京航運(Viking Line)到赫爾辛基、土庫(Turku)和塔林航線；至於比爾卡遊輪(Birka cruise)則主打22小時航行波羅的海群島，船上有免稅商店、餐廳和夜總會等設施，現金和信用卡消費都可接受。

▲搭遊輪橫越波羅的海，在甲板欣賞海上美景非常快意

Silja Line和Viking Line遊輪除了在線上訂票，中央車站旁的巴士總站也有售票服務櫃檯(加收手續費)和接駁巴士到碼頭的班車。

遊輪公司這裡查

Silja Line：www.tallinksilja.com
Viking Line：www.vikingline.com
Birka Cruises：www.birka.se

住宿篇
Accommodations

在瑞典旅行，有哪些住宿選擇？

瑞典身為北歐知名旅遊國家，提供的住宿也求新求變，尤其近幾年正夯的特色旅館是
世界各地旅客最想嘗鮮的。介紹各種住宿類型，從頂級飯店到青年旅館應有盡有，讓
你玩得盡興也住得舒適。

必體驗特色旅館集錦

瑞典具現代簡約的設計風格是世界聞名的，這些也表現在各類旅館。舉凡天上飛的、海上划的、冰上鑿的、地下挖的……種類包羅萬象，讓人大呼過癮！

斯德哥爾摩

監獄旅館
STF Långholmen Hostel
由瑞典最大的監獄改裝而成

位在Långholmen島中央，皇家監獄建於1874年，曾是瑞典最大的監獄，占地6,000平方公里，有700間牢房，一直到1975年最後一位犯人離開監獄後才關閉。到了1989年搖身一變為一棟旅館，每個房間原本都是關閉犯人的牢房，並仍保存當時的大小。

▲ 由瑞典最大的監獄改裝而成

▲ 可愛的犯人座椅

這裡除了提供住宿，也有一間博物館，主要介紹這座擁有300年歷史的監獄，只要是旅館的房客，就可以免費參加導覽解說，參觀當時犯人在牢房裡的生活情形。

✉ Långholmsmuren 20, 117 33 Stockholm
☎ +46(0)8-7208500
💲 單人床位290SEK起，單人房680SEK起(不含早餐)，雙人房890SEK起(不含早餐)
@ info@langholmen.com
🌐 www.langholmen.com

斯德哥爾摩

遊艇旅館
Mälardrottningen Hotel
海灣美景伴你入眠

這間位於梅拉倫湖 (Lake Mälaren) 湖畔的遊艇旅館位在斯德哥爾摩騎士島，是市區精華地段，無論舊城區、市政廳等知名景點皆步行可達。

▲ 曾是柴油引擎的最大遊艇

這艘船是由來自紐約的富豪 C.K.G Billings 在1924 年所建造，是當時使用柴油引擎的最大遊艇，之後賣給英國皇家海軍，於 1950 年代期間，載送船客往返斯德哥爾摩和芬蘭之間，直到 1982 年停留在目前所看到的位置。

船上總共有 61 間房間，房內設有衛浴設備、電視和電話，旅館也提供免費的無線網路和桑拿浴，以及早餐服務。若在餐廳內用餐，可一邊觀賞湖畔美景，一邊品嘗美味佳肴，享受自在的慢活步調。

✉ Riddarholmskajen 4, 111 28 Stockholm
☎ +46(0)8-12090200
💲 單人房885SEK起，雙人房1,055SEK起
@ malardrottningen@uniquehotels.se
🌐 malardrottningen.se/sv

▼ 遊艇裝飾雅致

斯德哥爾摩
飛機旅館
Jumbo Stay
氣派十足的機艙住宿

這架波音747大型噴氣式客機於1976年首次啟航，2002年正式退役，到2009年1月時，又以旅館型態再次服務旅客，服務人員也穿著航空制服，讓旅客體驗在機艙內過夜的難得經驗，現在儼然已是阿蘭達機場的新地標。

2008年開始進行拆裝，機艙內部也大肆翻修，隔成33間房間和76張床位，其中，由駕駛艙改成的房間最具特色，能欣賞到窗外全景。旅館從凌晨3點就開始供應早餐，方便一早要趕搭飛機的旅客。

✉ Jumbovägen 4, 190 47 Stockholm-Arlanda
☎ +46(0)8-59360400
💲 單人床位400SEK起，單人房700SEK起，雙人房1,200SEK起
@ booking@jumbostay.com
🌐 www.jumbostay.com

▲ 飛機旅館儼然已成為阿　▲ 引擎室改裝後的臥房
蘭達機場新地標

▲ 機艙內的房間

瑞典中部－薩拉
地下礦旅館
Sala Silvermine Suite
享受二人浪漫的地底世界

住在地底下！相信大部分的人從未想過。瑞典有全球最深的Sala銀礦地下旅館，距離地面有155公尺深，只有1間能容納兩個人的套房。

地下旅館終年保持在大約攝氏2度的溫度，雖然套房內有暖氣，還是要多帶保暖衣物。且在地底下，手機是收不到訊號的，房客可以藉由對講機和地面的服務員溝通，廁所離套房約50公尺，衛浴設備也不在房間內。

Sala銀礦有400年的歷史，是瑞典最重要的銀礦

▲ 房間內別致的擺設（照片提供／Sala Silvergruva）

開採區。這裡也可以舉行婚禮，並在銀礦中宴客，再入住這間新婚套房，浪漫別致的夜晚，想必終生難忘！

✉ Drottning Christinas väg, 733 36 Sala
☎ +46(0)2-24677260
💲 雙人房5,995SEK
🌐 www.salasilvergruva.se

▲ Sala銀礦的地標，是以前運送銀礦和工人的主要出入口

瑞典北部－尤卡斯耶爾維

冰旅館

Ice Hotel
挑戰人生最冰的一夜

位於北極圈以南200公里的Jukkas-järvi小鎮，是世界最大的冰旅館。從1989年開始，每年迎接來自各地的遊客。是從瑞典最大河流之一的托爾納河(Torne River)引道取冰雪，也是全球首次使用冰雪蓋成的旅館，到了夏

▲ 到冰酒吧享受一杯冰製調酒

天，這些冰雪會融化並流回河中，因此每年都得重建一次。

旅館有150個鋪著舒適馴鹿皮的冰床，以及冰教堂、冰酒吧和冰雕大廳等設備，從旅館開放到現在，已有5百多位來自全球的藝術家在此展示不可思議的冰雕藝術。睡在旅館冰床上絕對是人生特別的一夜，而且旅館還會頒發證書給通過「冰床挑戰」的旅客。

✉ Marknadsvägen 63, 981 91 Jukkasjärvi
☎ +46(0)9-8066800
💲 暖房2,615SEK起，冷房5,705SEK起
@ info@icehotel.com
🌐 www.icehotel.com

▲ 冰旅館外觀

▲ 鋪著馴鹿皮的冰床

瑞典南部－科斯塔

水晶藝術旅館

Kosta Boda Art Hotel
體驗華麗的水晶藝術房

這間外觀看似不怎麼特別的旅館，卻是Kosta Boda水晶工作坊的一大亮點，曾獲得Trip Advisor的「最佳旅館」獎項。走進大廳便不自覺被一座超大型的玻璃藝術裝置吸引，這些都是水晶工作坊的藝術家所設計的作品，在這裡住一晚，彷彿經歷一場水晶藝術的洗禮。

旅館一共有102個藝術房間，有些房間的藝術裝飾花費甚至高達20萬SEK，還有游泳池、桑拿、酒吧跟餐廳，震撼的是，就連酒吧也是由大小形狀不一的水晶玻璃藝術品堆砌而成。

✉ Stora Vägen 75, 360 52 Kosta
☎ +46(0)4-7834830
💲 單人房1,720SEK起，雙人房2,540SEK起
@ info@kostabodaarthotel.se
🌐 www.kostabodaarthotel.se

▲ 簡約風格的水晶藝術旅館

▲ 旅館內的水晶藝術品

瑞典住宿指南

在訂房前，先找出符合自己住房需求的住宿類型

住房類型

精品酒店

價位：雙人房2,200SEK起

屬於較高檔的住宿選擇，通常坐落市區的心臟地帶，生活機能非常方便，住宿品質與服務也有保障，飯店內設有酒吧餐廳及其他優質設施供房客享用，部分酒店同時也提供接送服務。

連鎖飯店

價位：雙人房1,600SEK起

瑞典約有29間國際連鎖飯店，管理上較有規模，除了有各項服務外，會員還能享有住房優惠

價。這些連鎖飯店的位置多靠近市區或車站，很適合講求交通便利的旅客入住。

情境旅館

價位：雙人房1,100SEK起

瑞典為了吸引觀光客，將機艙、銀礦、監獄等改造成旅館，喜歡新奇有趣的遊客可以考慮在獨具特色的情境旅館住一晚嘗鮮。由於房位有限，最好提早預訂。

平價旅館

價位：雙人房860SEK起

預算有限的旅客可選擇平價旅館，不過交通可能不便利，服務和設施品質有時也不如預期，如房間隔音不佳、衛生條件不好、部分服務需另收取費用等，預訂前建議先瀏覽旅館評價。

公寓式B&B

價位：雙人房800SEK起

近幾年歐美新興的住宿方式，由當地人將設備齊全的公寓出租給旅客使用，讓遊客即使在外旅遊也能享有家一樣的感覺，不但有機會感受當地居民的生活，且住宿品質也不錯。

青年旅館

價位：雙人房600SEK起

適合預算有限的背包客入住，通常附有廚房，還可與他人共住，是互相交流旅遊情報的好機會；部分旅館不提供床單、被套或浴巾，但可租用。

住宿聰明撇步

提早預訂

瑞典飯店和旅館每年依不同季節調整房價，若已經確定旅遊時間，最好提早幾個月先訂好旅館，以免因無空房而壞了旅遊興致。

自備盥洗用品與室內拖

瑞典是個十分注重環保的國家，因此大部分的飯店和旅館都不提供牙刷、牙膏、浴巾、沐浴乳和室內拖鞋等用品，建議也帶一支小型摺疊吹風機，以備不時之需。

善用瑞典官方旅遊協會STF

STF(Svenska Tursitföreningen)是瑞典官方旅遊協會，提供各類型住房滿足遊客需求，目前有超過350間旅館及青年旅社在此註冊，約有25萬名會員使用，會員可享有住房優惠。

實用訂房網站

Booking.com：www.booking.com
Momondo：www.momondo.se
Hostels.com：www.hostels.com
Hostelworld：www.swedish.hostelworld.com
Airbnb：www.airbnb.com
Scandic Hotels：www.scandichotels.com/hotels/sweden

網路訂房步驟Step by Step

以飛機旅館Jumbo Stay官網為例

Step 1 選取訂房鍵

Step 2 選取入住日期及房型

Step 3 填寫基本資料

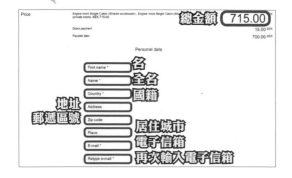

Step 4 完成付款手續

精選住宿推薦

類型很多，需花點時間尋找理想的房型和價格

斯德哥爾摩

Grand Hôtel Stockholm

▲ 房間陳設典雅

Grand Hôtel Stockholm是斯德哥爾摩著名的百年五星級飯店，在1926年音樂廳落成前，這裡也曾是諾貝爾獎頒獎地點，而諾貝爾獎的得獎人也多下榻於此。

飯店臨海濱、視野寬闊，與皇宮和舊城區隔海相對，一眼望去，景色非常優美壯觀。房間內部陳設典雅精緻，飯店附設的餐廳所提供的瑞典美食，都是以當季新鮮食材入菜，很受好評。

✉ Södra Blasieholmshamnen 8, 103 27 Stockholm
☎ +46(0)8-6793500
💲 依房型和日期有所不同，單人套房2,500SEK、雙人套房2,800SEK起
@ info@grandhotel.se
🌐 www.grandhotel.se

▲飯店臨海濱，視野寬闊

斯德哥爾摩

City Backpackers Hostel

▲ 服務櫃檯

距離中央車站僅500公尺的青年旅館，提供多種房型和女士專用房，也有設備齊全的公用廚房和咖啡室，供應免費的義大利麵(醬料需自備)、麵包、餅乾、冷熱飲，以及免費的高速Wi-Fi。

旅館還會舉辦收費平實的酒吧趴、瑞典肉丸烹飪等當地文化體驗活動，很適合喜歡在旅行中結交朋友的人。旅館全年開放，不設夜間歸宿時間，但是要自備床單和枕套，也可以付費租用(約50SEK)。

✉ Upplandsgatan 2a, 111 23 Stockholm
☎ +46(0)8-206920
💲 依房型和日期有所不同，單人床位220SEK起
@ info@citybackpackers.se
🌐 www.citybackpackers.org
ℹ 櫃檯服務週一～五07:00～23:00、週六、日08:00～23:00

旅館離中央車站不遠▶

斯德哥爾摩

Birka Hostel

　　這間青年旅館離市中心最熱鬧的乾草廣場不遠，隔壁還有一條通往東城名店街的Brunkeberg Tunnel隧道，要到哪裡都非常方便。有1～14人各類房型，提供免費Wi-Fi、設備齊全的廚房，且可隨意取用咖啡、茶和義大利麵條，很受背包客歡迎。

✉ Luntmakargatan 14-16,113 37 Stockholm
☎ +46(0)8-218418
$ 依房型和日期有所不同，單人床位150SEK起
@ info@birkahostel.se
http www.birkahostel.se
ℹ 櫃檯服務時間為每日10:00～21:00，14:00Check in，11:00Check out

斯德哥爾摩

Den Röda Båten Mälaren

　　位在南城臨湖有兩艘住宿船隻，面向國王、騎士島的房間看到的湖景頗佳。櫃檯24小時服務，提供1～4人的房型，可依個人預算選擇旅館式套房，或共用浴室的青年旅館房型，依房價不同有分是否含早餐，以及房間有無免費Wi-Fi、電視與毛巾等，訂房時要看清楚。

✉ Södermälarstrand kajplats 10, 118 20 Stockholm
☎ +46(0)8-6444385
$ 依房型和日期有所不同，單人床位310SEK起
@ info@theredboat.com
http www.theredboat.com

▲ 自已下廚可以節省旅費

▲ 服務櫃檯

▲ 旅館很受背包客歡迎

▲ 位在南城臨湖的住宿船隻

斯德哥爾摩
Generator Hostels

▲ 旅館地點方便

　這是離中央車站約10分鐘路程的全球連鎖旅館，旅館的設計簡潔新潮，有全天候櫃檯、免費Wi-Fi、酒吧、咖啡館和餐廳，提供1～6人與女士專用房，房間整潔舒適。

▲ 房間浴室舒適整潔

- ✉ Torsgatan 10, 111 23 Stockholm
- ☎ +46(0)8-50532370
- 💲 依房型和日期有所不同，單人床位300SEK起
- @ Stockholm@generatorhostels.com
- 🌐 generatorhostels.com

哥德堡
Göteborg City B&B

　這間占地200平方公尺的公寓建於18世紀，位於哥德堡市中心，交通位置便利，空間寬敞且裝潢舒適，還有廚房可烹飪，適合背包客、家庭和團體入宿。有雙人房、4人房與團體房，房價以人頭計，每個房間都有電視和無線網路。

▲ 雙人房

- ✉ Södra Larmgatan 18, 411 16 Göteborg
- ☎ +46(0)7-33858581
- 💲 一人250SEK起，兩人以上450SEK起
- @ gothenburgcitybb@hotmail.com
- 🌐 www.gothenburgcitybb.com

▼ 交誼廳

馬爾默
STF Malmö City Hostel

　馬爾默靠近火車站的住宿價格都較高，這間青年旅館雖然離車站遠一些，但是大部分的景點及市區都可步行到達，頗受背包客和商務人士喜愛。提供3～6人的團體房，也有雙人房間，環境乾淨舒適，交誼廳空間寬敞，還有早餐服務和無線網路。

▲ 服務櫃檯

- ✉ Rönngatan 1, 211 47 Malmö
- ☎ +46(0)4-06116220
- 💲 單人床位300SEK起，單人房650SEK起，雙人房715SEK起
- @ malmo.city@stfturist.se
- 🌐 www.svenskaturistforeningen.se

▼ 旅館外觀

馬爾默
Comfort Hotel Malmö

這間坐落在馬爾默中央車站北側的旅館是瑞典南部最大的旅館，一共有293個房間，離中央車站只有幾分鐘路程，交通方便。旅

▲ 旅館外觀典雅

館設有酒吧、餐廳、健身房和停車場等設備，也可以向櫃檯服務員借腳踏車環遊市區。

- ✉ Carlsgatan 10C, 211 20 Malmö
- ☎ +46(0)4-0330440
- 💲 單人房980SEK起，雙人房1,080SEK起
- @ co.malmo@choice.se
- 🌐 www.bookeasy.co/Hotel/Comfort_Hotel_Malmo.htm

哥特蘭島
Best Western Strand Hotel

這間國際四星級連鎖飯店位於維斯比舊城區，靠近海邊，不但地點好，環境也清幽，還有室內游泳池和蒸氣室，早餐也豐富美味。前身是舊酒廠，直到1982年才改建成住宿旅

▲ 飯店櫃檯

館，現在是維斯比最大的飯店之一，提供110個房間，無論到渡船港口或機場都十分便利。

- ✉ Strandgatan 34, 621 56, Visby
- ☎ +46(0)4-98258800
- 💲 單人房1,395SEK起，雙人房1,495SEK起
- @ info@strandhotel.se
- 🌐 www.strandhotel.se

▲1樓餐廳空間寬敞

▲1樓交誼廳

▲ 現代感十足的房間設計（照片提供／Comfort Hotel Malmö）

▲ 旅館位置靠海且交通便利

拉普蘭

STF Abisko Mountain Station

　若計畫在阿比斯庫國家公園看極光，最方便就是入住園內的這間飯店，只要連續住3晚，觀賞到極光的機率頗高。隔壁也有青年旅館。距離火車站僅約5分鐘路程，不過缺點是離最近的超市約2公里，稍感不方便。住宿環境優美，服務品質也令人滿意，建議提早3個月前訂房。飯店還提供極光團行程和攝影課程，如果你不想花大錢，運氣好的話，打開窗戶就能看到夢幻的極光！

✉ Abisko Turistation 1, 981 07 Abisko
☎ +46(0)9-8040200
$ 單人床位480SEK起，單人房1,025SEK起，雙人房1,420SEK起
@ fjallbokning@stfturist.se
http www.svenskaturistforeningen.se

◀寬敞舒適的用餐區

▲ 旅館位置靠近火車站，十分方便

指指點點瑞典語 ABC

常見單字

熱水瓶	varmvattenflaska	吹風機	hårtork
行李	baggage	牙刷	tandborste／tandkräm
單人房／雙人房	enkelrum／dubbelrum	衛生紙	toalettpapper
房間	rum	沐浴乳	duschgel
床	säng	洗髮乳	shampo
廚房	kök	洗手乳	handtvål
廁所	toalett	預訂	boka
洗衣間	tvättstuga	旅館／民宿	hotell／vandrarhem
置物櫃	skåp	地址	adress
浴室	badrum	電話號碼	telefonnummer
棉被	täcke		
床單	lakan		
枕頭	kudde		
毛巾／浴巾	handduk		

實用會話

有沒有吹風機？	Finns det en hårtork?
廁所在哪裡？	Var är toaletten?
何時 Check-out？	När är utcheckningen?

飲食購物篇
Gourmet & Shopping

準備好購物血拼了嗎？
知道哪些是必吃的美食料理嗎？

瑞典除了 H&M 和肉丸以外，還有什麼經典國菜和品牌？來這個高消費國
家，如何買得過癮又不需花大錢？本篇精選當地 Outlet 報你知！還有利用
折扣季撿便宜的聰明撇步都在其中！

瑞典飲食文化

一塊糕點配上咖啡，就是瑞典人經典的Fika

瑞典人傳統上一向以鹽來保存食物，所以飲食習慣偏鹹，家常菜也常見醃製食物。外食文化在瑞典並不像台灣那麼盛行，許多瑞典人喜歡在家自己烹飪，一方面外食貴，另一方面也希望有自己的用餐隱私。

一日飲食

▲ 各式派上都會淋上香草醬

早餐以起士、火腿和麵包為主，通常搭配黑咖啡或優格搭配麥片食用，上午11點～下午1點是午餐時間，冷熱食都有。

另外，Fika可說是瑞典人的生活重心，類似我們的下午茶。他們對咖啡的熱愛並不亞於義大利人，任何時段都會搭配一塊小點心或蛋糕，各式派上都喜歡淋些香草醬。到了晚餐，若吃瑞典傳統菜肴，大多會搭配酒一起享用。

▲ 經典的Fika搭配選擇

餐廳特色

中餐比晚餐便宜

通常餐廳在週一～五的午餐提供特餐，一種是自助餐吃到飽(Lanch Buffé)，另一種是當日特餐，一些餐廳也提供沙拉、冷熱飲或水果，十分划算。

瓶裝水另收費

在餐廳點水時要特別注意，瓶裝水是要另外付費的，不排斥喝自來水的人，跟服務員點餐的時候最好說明清楚。

速食店飲料沾醬自助

在速食店點餐結帳後，若有點飲料，店員會給你飲料杯自取，沾料也是無限量供應。

收據明列無線網路和廁所密碼

有些速食店、餐廳或咖啡店需要有密碼才能使用無線網路和洗手間，可以先找找看收據上是否有密碼，也可以直接詢問店員。

廁所密碼
TOALETTKOD: 1341

瑞典小費怎麼給？

在瑞典，給小費全憑客人意願，很隨興。當地人給小費多以信用卡支付，通常在比較正式的餐廳，若對服務或食物滿意，會給予消費金額10～15%不等的小費。一般來說，付小費有兩種方式：

1.結帳時，服務員先給客人看消費明細，之後拿刷卡機讓客人填上總金額，如此服務員便知道小

▲ 用刷卡機結帳

費金額，之後會給客人總金額收據。

Lunch
KORTBETALNING
Belastat bankkonto

Total : 1591 SEK

Extra/Tip: **小費金額** ⋯
Total : .. **總金額** ⋯⋯
****
D#1 BABS   201070
K-Nr:745662 Ref:0944820183
OTnumber : 715821
SPARA KVITTO

Kontant : 0 SEK

Totalbelopp:................
Rumsnummer:................
Org.Nr: 556030-0005
Välkommen Åter!
Signatur:..... **簽名** ......

2.服務員將一式兩張的消費明細給客人過目，若想給小費，則在小費欄填上金額並簽名確認，由服務員收走，另一張自行保留。

經典美食

開胃菜Förrätt

必吃

■北極蝦三明治Räksmörgås

在黑麥麵包或吐司上放生菜、切片水煮蛋、北極蝦、番茄、黃瓜和檸檬，最後再擠些美乃滋，就是最經典的組合。

■燻鮭魚Rökt lax

通常和馬鈴薯、水煮蛋、蒔蘿、魚子醬與其他醬料一起搭配，可做成開胃菜沙拉或義大利麵主食，在超市買得到已調味好的燻鮭魚片，可以直接食用。

主菜Huvudrätt

■瑞典肉丸Köttbullar

瑞典人做肉丸子大多使用豬絞肉或牛絞肉，再和洋蔥、胡椒粉及其他調味料攪拌而成。餐桌上常與沙拉、馬鈴薯泥一起食用，再搭配酸酸甜甜的越橘醬(P.119)，才是當地最道地的吃法。

■大雜燴Pyttipanna

過去瑞典人為了不浪費食物，通常在週五會將前幾天的剩菜與馬鈴薯塊混炒成大雜燴，如今演變成這道菜。現在每逢週末前，當地人習慣將馬鈴薯塊和切碎的各種肉類一起烹煮，再加上荷包蛋及甜菜片。

■楊森的誘惑Janssons frestelse 必吃

楊森(Pelle Janzon)是瑞典19世紀初著名的歌劇演員和美食家，這是他最愛的佳肴，因此取其名為菜名。這道菜乃是將馬鈴薯、鯷魚、洋蔥、奶油和麵包屑一層層鋪上，烤到表面呈現誘人的金黃色脆皮，香酥可口。食譜配方公布後，馬上成為瑞典聖誕節大餐的經典菜肴之一。

■香煎鯡魚Stekt strömming

將新鮮的鯡魚去頭尾後，用油煎至表面酥黃香脆，搭配馬鈴薯或馬鈴薯泥和越橘醬，營養又好吃。

■ 嫩煎比目魚Sotad hälleflundra

必吃

肉質鮮嫩的比目魚也是瑞典人愛吃的食物，常與馬鈴薯、四季豆、豌豆和辣根(Rödbetor)搭配，最後淋上少許檸檬汁，十分美味。

■ 鹽醃鯡魚Surströmming

必吃

比我們的臭豆腐還臭，當地人通常到戶外品嘗，以免室內瀰漫臭味。它的起源來自瑞典北部，人們使用鹽來醃製鯡魚，以防腐化，值得喜歡嘗鮮的朋友試試。

▲ Röda Ulven是經典品牌罐頭

▲ 瑞典北部人特別愛的臭魚三明治

■ 小龍蝦Kräftor

8月是小龍蝦盛產的季節，這也代表夏季即將結束。一般的吃法是直接剝殼食用，配上大蒜麵包和啤酒是最完美的組合。

湯品Soppa

必吃

■ 海鮮魚湯Fisksoppa

海鮮餐廳必備的招牌菜之一，味道濃郁又新鮮的魚湯料多實在，有大塊的魚肉、鮮蝦和蚌肉，再加上一匙大蒜蛋黃醬，是傳統的瑞典風味。

■豆泥濃湯Ärtsoppa

源於基督教中週五是禁食日的緣故，瑞典人在星期四吃得較豐盛，有喝豆泥濃湯的習慣。食材有黃豆、洋蔥、豬肉及少許芥末醬，再搭配煎餅、越橘醬和奶油，這道料理是中古世紀留下來的傳統美食。

甜點Efterrätt

必吃

■公主蛋糕Prinsesstårta

這道甜點因頗受皇室公主喜愛而得名，其中，鬆軟的蛋糕夾上果醬和鮮奶油，外裹一層綠色杏仁糖霜的是經典款。在瑞典各式慶典或聚會上，當地人普遍以公主蛋糕增添喜氣，若遇特殊節日，蛋糕店會擺上色彩繽紛的應景造型蛋糕。

■肉桂捲Kanelbulle

必吃

每年的10月4日為肉桂捲日。有著濃郁肉桂味和白糖霜的肉桂捲是黑咖啡的絕佳搭檔。

■豆蔻麵包Semla

這是復活節前吃的應節食物，瑞典人特別在「肥胖星期二」(P.34)吃這個帶有杏仁豆蔻香的小圓麵包，傳統的吃法是把麵包放在碗裡，倒入牛奶或咖啡沾著吃。

▲照片提供 / Athina Davidsson

■聖露西亞麵包捲Lussekatt

12月13日為瑞典聖露西亞節，市面上整個月都會販賣由番紅花與葡萄乾捲成S型的麵包捲，搭配薑餅和熱飲，是瑞典經典的傳統節慶美食。

推薦在地速食

Max Burgers

在瑞典，速食連鎖店應該是最經濟的消費，除了常見的麥當勞、漢堡王及必勝客之外，也有自創的Max Burgers。1968年創立於瑞典北部的一個小鎮，標榜新鮮天然，營養又健康。以五穀麵包和當地食材製作，強

▲ Max自助點餐機

調少油炸、低糖、低鹽及低卡，且不使用反式脂肪，也反對基因改造食品。如今，Max在瑞典已經打敗國際速食連鎖品牌麥當勞及漢堡王，是瑞典人最喜歡的速食連鎖店。

Max Burgers還有自助點餐機，如果不想在櫃檯前慢慢排隊點餐，自助點餐機操作方便且省時，最後只要拿著號碼牌到櫃檯領取餐點即可。

路上觀察 路邊餐車 Food truck

一如台灣的路邊攤販，這裡也常看到餐車。通常是以烤或水煮的熱狗淋上各種醬料，再放入麵包或餅皮，是瑞典人平常最便宜能快速填飽肚子的方法。

行家密技 素食哪裡找？

Vegitariskt是瑞典文的素食，瑞典的素食人口有逐年增加的趨勢，有吃到飽的素食餐廳，也有些飯館甚至特別提供素食餐。除了可以到遊客中心櫃檯詢問相關資訊外，超市的沙拉區提供的新鮮冷食生菜吧和素食冷藏專櫃，也為素食者提供另一種選擇。

Max自助點餐機Step by Step

Step 1 選擇語言

選擇語言

可支付的信用卡種類

瑞典語　英語

Step 3 選擇餐點，確認

餐點種類

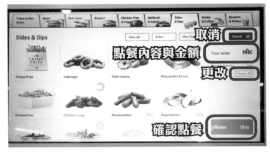

取消

點餐內容與金額

更改

確認點餐

Step 2 選擇內用或外帶

內用　外帶

對食物過敏者請與店員聯繫

Step 4 付款，領取號碼單

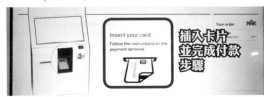

插入卡片並完成付款步驟

列印號碼單

Step 5 等候叫號，領取餐點

等候叫號並領取餐點

號碼單
1885
2016-10-16 15:09

多元異國料理

中國料理

中式餐廳提供的午餐多為自助餐吃到飽，晚餐則是單點，部分餐廳也提供簡單的日式料理，如壽司及味噌湯。炒麵、炒飯、各種肉類及海鮮魚類都是基本菜色，是瑞典人喜愛的異國菜肴之一。

日韓料理

生魚片是瑞典人口中的流行美食，市區隨處可見壽司店，大部分的亞洲餐館也提供新鮮生魚片和壽司。另外，韓式拌飯、烤肉和泡菜在瑞典也漸漸掀起熱潮。

泰國料理

泰國菜在瑞典也頗受歡迎，泰式連鎖飯館「Thai House Wok」的食物味美價廉，提供泰式椰奶咖哩及熱炒，還有各種肉類、豆腐、鮮蝦和花枝等多樣選擇。

義大利料理

這裡的披薩餅皮多為薄脆，跟我們常吃的起司厚皮不太一樣。瑞典人有時也喜歡去超市買食材，自己回家動手做披薩。除了義大利餐廳外，有時在咖啡店和路邊小吃店也有販售義大利美食。

中東料理

受歡迎程度僅次於Kebab的中東平價點心法拉費(Falafel)，是由豆泥混和各種香料做成的炸素丸子，最普遍的吃法是與沙拉一起裝入口袋麵包享用。

印度料理

瑞典有不少印度人，印式咖哩和薄餅同樣是受瑞典人喜愛的異國美食，在商場美食街的印度餐廳也不少。

瑞典超市指南

當地超市哪家最便宜？值得買些什麼？怎麼結帳？

常見超市

瑞典有幾家連鎖超級市場，除了賣生鮮冷凍食品外，熟食、雜糧、日常用品等應有盡有，想省伙食費的人也可以來這裡解決三餐；另外，部分超市也有郵局服務。

Hemköp

瑞典高品質超級市場的代表，因力求食材新鮮，整體而言售價較高，不過展店多位於市區，方便購買。

Coop

為瑞士連鎖超市，商品和食物的種類較多。Coop Nära、Coop Konsum、Coop Forum、Coop Extra都是旗下的超市。

ICA

是瑞典最大、布店最多的超市。根據地點和規模又分Maxi ICA、ICA Supermarket、ICA Nära、ICA Kvantum，其中，ICA Supermarket的價格最高。

Willys

瑞典的平價超市，物美價廉，比Hemköp、Coop、ICA這3家的售價更便宜。

LIDL

德國廉價超市，整體價格比其他超市更低，種類雖沒有Coop及ICA豐富，但基本的食材和民生用品都買得到。

超市特色

零錢箱

當地人多用信用卡消費，若以現金結帳，櫃檯人員不會將找零交到顧客手上，而是從零錢箱吐出錢幣，付零錢時也是將硬幣直接投入零錢箱。

購物塑膠袋

超市的購物塑膠袋和紙袋都需另外付錢購買，一個塑膠袋或紙袋約2SEK，建議重複使用或隨身攜帶購物袋。

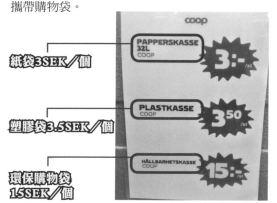

紙袋3SEK／個

塑膠袋3.5SEK／個

環保購物袋 15SEK／個

糖果區

瑞典人喜愛糖果的程度超乎想像，種類之多令人驚奇，甚至還有鹹口味。在當地，星期六是孩子的糖果日(Lördagsgodis)，通常家長會帶著小孩來採買喜愛的糖果。

熟食區

要先抽取序號條，服務人員會依序叫號，再告知想要的冷熱食，待秤重包裝好，再拿到櫃檯結帳。

在號碼機抽取序號 ▶

不賣高濃度酒精飲料

一般超市只銷售酒精濃度低於3.5%的飲料，若要買超過此濃度的酒類，就得到瑞典酒公賣局Systembolaget購買，消費者規定必須年滿20歲，結帳時店員有可能要求出示身分證明。

▲ 超市只賣低於3.5%酒精濃度的啤酒或蘋果酒

氣泡水與礦泉水

不習慣喝氣泡水的人在購買瓶裝水時要特別注意，印有STILLA字樣的才是無氣泡礦泉水。

STILLA

行家密技　到超市，這樣買最划算！

●把握各項折扣和優惠券

超市門口通常會擺放該週特價的廣告，也可留意有

些商品旁會掛著優惠券，以及快要到期的食品促銷，通常會有半價的折扣優惠。

●熟食搭配沙拉組合

熟食區的烤雞或烤肉搭配沙拉水果，是比較經濟實惠又顧全營養的組合。

●鮮奶比礦泉水便宜

當地1公升的鮮奶約台幣30元，優格種類也不少，搭配麵包吐司當早餐非常划算。

●肉類以雞肉最便宜

牛肉最貴，其次為魚肉和豬肉，雞肉最便宜，雞胸肉的價格則比雞翅和雞腿高。

超市結帳

瑞典人工貴，各超市多設置自助結帳掃描機，若不想浪費時間排隊等結帳，可以使用這種自助系統，大部分使用信用卡付款；若操作有問題，旁邊有服務人員可以詢問。

自助結帳掃描機Step by Step

Step 1　選擇語言

瑞典語　英語

Step 2　選擇「掃描商品」

掃描商品

Step 3　選擇購物袋

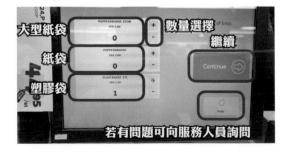

大型紙袋　　數量選擇
紙袋　　　　繼續
塑膠袋

若有問題可向服務人員詢問

Step 4 開始掃描商品

將商品條碼處對準掃描感應位置

Step 5 核對是否正確

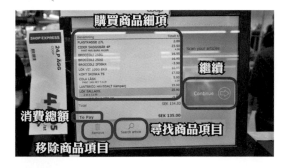

購買商品細項

繼續

消費總額

尋找商品項目

移除商品項目

Step 6 結帳

繼續

插入信用卡並完成付款程序

Step 7 領取收據，離開

領取收據，記得收好，離開時需感應條碼

將收據最下方的條碼對準出口感應處

路上觀察 | 超市的回收文化

　　瑞典人的環保意識強，幾乎是全球垃圾回收的典範。超市旁都有設置自助空瓶回收機，把寶特瓶和鋁箔罐投入機器，再持印有條碼的收據到超市內消費，也可以換現金。一個空罐或空瓶可換或抵1～2SEK現金。

商品可回收標誌

Step 1 將瓶罐投入洞口

寶特瓶及鋁箔罐回收處

投遞處

Step 2 按確認鍵

螢幕顯示可換取的購物金金額

按確認鍵

Step 3 領取購物金收據

取單處

伴手禮 & 紀念品

把瑞典特色帶回家，分享北歐氛圍給親朋好友

達拉納木馬Dalahäst

被視為瑞典象徵的達拉納木馬有各種尺寸，紅色是最經典的顏色，純手工製的木馬非常有質感，也可購買以達拉納木馬為圖案的周邊商品，種類非常豐富，絕對是遊客首選的特色紀念品。

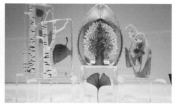

聖誕小精靈Jultomte

瑞典特有的聖誕老人Tomte是留著長鬍子、頭戴紅或黑帽的小矮人，也是守護每個家庭的小精靈。原本只在聖誕節期出現的商品，因為太受歡迎，現在隨時都被擺在紀念商品架上。也可買造型燭台，在家裡點上幾根蠟燭，感受北歐過節的氣氛。

水晶玻璃Kristallglas

古老的瑞典水晶玻璃藝品是世界知名的，Kosta Boda、Orrefors和Målerås等知名品牌在台灣的能見度也頗高，是送禮自用兩相宜的紀念品。

維京海盜像Vikingdocka

傳說中的北歐海盜戴著雙角頭盔、留著雜亂的鬍子和長髮，不過在紀念品專賣店看到的是可愛版，也是代表瑞典的紀念品之一。周邊商品樣式很多，有雙角頭盔、酒杯、馬克杯、磁鐵等。

麋鹿布偶Rendocka

瑞典最具代表性的伴手禮,幾乎每家紀念品店門口都擺放著大大小小的麋鹿布偶,鑰匙圈、冰箱貼、小書籤等相關商品,色彩繽紛且價格不貴。

水果紅茶 Kobbs

1809年創立於哥德堡的老字號茶葉品牌,至今已有兩百多年歷史,是歐盟認證的有機產品,有不同口味的

水果茶、紅茶和綠茶。超市常見繽紛可愛的茶葉包裝,很適合送給愛喝茶的朋友。

魚子醬和牙膏醬泥 Kaviar och tube

瑞典四面環海,魚產豐富,在超市有各種魚子醬以及一條條像牙膏狀的多種口味醬泥。瑞典人通常將魚子醬或醬泥擠在薄餅或麵包上,也適合和生菜沙拉或切片水煮蛋一起吃。

脆麵包Knäckebröd

這種經過烘烤而成的雜糧在瑞典已走過5世紀之久,是過去窮人家的主食,現今成為瑞典人每天不可缺少的糧食。當地人最普遍的吃法是塗一層奶油直接吃,也可以加上水煮蛋切片、火腿或乳酪一起吃。

越橘果醬Lingonsylt

無論是正餐還是點心,都少不了越橘果醬的搭配。不只瑞典肉丸,就連鬆餅、馬鈴薯、馴鹿肉和漢堡肉等,都會用這個酸酸甜甜的越橘果醬當配料,很開胃。

ANNAS 薑餅

1929年創立於斯德哥爾摩的薑餅品牌,薑汁和肉桂是最經典的口味,還有杏仁、香橙、香草、卡布奇諾等其他選擇,可與奶油、蛋糕或冰淇淋搭配作為甜點,也能與煙燻鮭魚或鹹食搭配,是一款味道獨特的聖誕節應景餅乾。

知名品牌商品

涉略瑞典當地品牌，就能瞭解瑞典設計的魅力所在

流行時尚

Acne Studios

創立於斯德哥爾摩，是瑞典知名的牛仔褲品牌，講求天然布料、舒適剪裁與簡約時尚，深受年輕人喜愛。

Fjällräven Kånken

在當地街上，常可看到學生族群或上班族都背著印有狐狸樣的四方背包，深受各年齡層的喜愛，舒適耐用又防水，是瑞典的國民背包。

Filippa K

瑞典的頂級設計師品牌，風格簡潔優雅又有質感，適合上班族穿著，不過價位偏高。

Gina Tricot

挪威、丹麥、芬蘭都有門市，價格較親民，風格舒適輕便，已成為北歐年輕女孩最喜愛的瑞典潮流時裝品牌之一。

H&M

瑞典物美價廉的流行服飾龍頭，台灣已有門市。由於推出新款的速度非常快，因此成為流動性和變化性高的前衛平價服裝公司，販售適合各年齡層的時尚服裝和飾品。

J. Lindeberg

創立於斯德哥爾摩，台灣也有幾間門市，專攻年輕時尚男裝，對剪裁和布料十分講究，力求表現出男性優雅的獨特魅力。

Lindex

知名服裝連鎖品牌之一，提供中低價位的流行女裝和童裝，品質普遍不錯，適合年輕與OL族群的女性消費者。

MQ

當地的服飾連鎖店，符合女性上班族和中年女性的流行選擇，走中高價位，以優雅高尚的風格著稱。

KappAhl

總部在哥德堡，專攻流行男女裝和童裝，力求每位顧客都能找到適合自己的風格和尺寸，使用有機棉材質提升服裝品質。

Odd Molly

屬於高級的服飾品牌，是瑞典皇室公主的最愛，多數產品為純棉的手工製作，刺繡繡花和民俗圖騰的特色，具有濃厚的瑞典傳統服飾風格。

Polarn O. Pyret

使用有機棉的超人氣國寶級童裝代表，質料好又耐穿，色彩和樣式充滿北歐風格，即使穿著參加戶外活動也適合。

Tiger of Sweden

頂級男裝品牌，魅力風靡歐美，剪裁合身也容易搭配，是男性上班族必備的服飾品牌，現在也加入女性系列服裝。

Vagabond

經典的鞋子品牌，備受年輕族群喜愛，走的是流行時尚的設計路線，十分重視細節設計，好穿又耐看。

生活設計與室內擺飾

Designtorget

瑞典常見的居家設計連鎖品牌，集結瑞典本土設計師的作品，具現代感又實用。(見P.138)

IKEA

知名的瑞典居家用品品牌，門市遍布全球各國，以現代感和北歐樸實簡約的風格聞名，售價合理。(見P.25)

Svenskt Tenn

瑞典老字號的居家設計品牌之一，歷史悠久，開創時以生產錫器為主，之後漸漸開發各類家居藝術精品。(見P.179)

郊區大型購物中心

在斯德哥爾摩，兩間超大型購物中心讓你逛個過癮

Mall of Scandinavia

這是2015年11月落成的北歐最大購物中心，共有3樓層，設有電影院、餐廳、咖啡館、保齡球館、超市和兩百多家店面，

▲ 入口處

幾乎北歐的品牌全包含在內，有流行服飾、體育用品、電訊配備、兒童玩具、美容保養、藥房等，寬敞舒適很好逛，各商家也提供免費Wi-Fi，甚至連洗手間旁也設置兒童遊戲和手機充電區。

✉ Stjärntorget 2, 169 79 Solna
☎ +46(0)8-40008000
🕐 商店10:00～21:00，餐廳10:00～22:00，超市10:00～23:00，遇假日開放時間會變動
➡ 搭往Märsta的41、42(X)號通勤火車，或往Uppsala C的40號通勤火車到Solna Station站，再走天橋抵達，路程約3分鐘
🌐 mallofscandinavia.se

▲ 流行服飾商家齊全

▲ 購物中心寬敞舒適

▲ 設有觸控機的資訊說明及路標指示方向

Stockholm Quality Outlet

這座斯德哥爾摩過季暢貨中心約有50間商店，品牌超過100種，區內提供免費Wi-Fi和停車場，離斯德哥爾摩市

▲ 在火車站轉乘公車

▲ 約有50間商店

中心車程約需30分鐘，若有興趣可抽出半天的時間到這裡逛逛，交通還滿方便的。

商品有30～70%的折扣，比市中心的百貨公司便宜，包含鞋子、衣服、美妝、運動用品、居家家具等種類繁多，如知名的ECCO、Levi's、HUGO BOSS、Nike、Timberland、Clarks、Samsonite等品牌，是撿便宜的好地方。逛累了還有餐廳、咖啡館與蛋糕甜點店可補充體力。購物時別忘了請店員開退稅單，在機場離境時可辦理退稅手續。

✉ Flyginfarten 4, 177 38 Järfälla
☎ +46(0)8-52218241
🕐 週一～五10:00～20:00，週六～日10:00～18:00，特殊假日開放時間會變動
➡ 搭往Bålsta或Kungsängen的43(X)、44通勤火車到Barkarby站，再轉乘550公車到Barkarby handelsplats站
http www.qualityoutlet.com

行家密技 注意冬夏折扣季 &關鍵字「REA」

當地冬夏折扣季各長達1個月之久，冬季從聖誕節過後開始，夏季則約從6月中開跑。這段期間

▲ REA代表折扣

所有商店多提供30～70%的折扣，有時像是H&M的部分服飾竟不到台幣50元。在瑞典看到「REA」這個字，就是代表折扣的意思。
請注意！在瑞典購物若物品保持完好未使用、並有保留標籤，通常在一個月內持收據可以退貨；但是若為折扣商品，有些商家會規定無法退貨，購買前須問清楚。

▲ 物超所值的折扣季

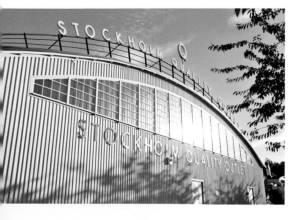

辦理退稅

大多數的紀念品專賣店都可退稅

大多數的紀念品專賣店都可辦理退稅，只要商家掛有免稅標誌。在同一間商店消費200SEK以上，記得向店員索取簽字的退稅單，並附上收據。辦理退稅前先將個人基本資料(護照)填妥後，到機場登機前完成退稅手續。

貼心 小提醒

退稅單從填寫當日起算3個月內有效，若瑞典是你離開歐盟的最後一個國家，可持退稅單和退稅物品到機場辦理退稅。

退稅單填寫步驟 Step by Step

Step 1 填寫個人基本資料

IDENTIFIER: 識別碼
PASSPORT/ID NO 護照號碼
FULL NAME: 英文全名
PERMANENT HOME ADDRESS 永久地址
ZIP/CITY: 郵遞區號和城市
COUNTRY 國家
EMAIL ADDRESS 電子信箱

Step 2 詳讀規則並簽名

CUSTOMER SIGNATURE 簽名

Step 3 選擇退稅方式

( ) CREDIT MY CREDIT CARD 信用卡退稅
CUSTOMER SIGNATURE 現金退稅

 簽名

Step 4 到機場退稅公司或海關蓋章

STAMP HERE 退稅公司或海關在此蓋章

Signature and date

RETAILER SIGNATURE 店家簽名

Goods Description

退稅金額

常見單字

早餐／午餐／晚餐	frukost ／ lunch ／ middag
小費	Dricks
飲料／果汁／咖啡／蛋糕	dryck ／ juice ／ kaffe ／ tårta
酒／啤酒	vin ／ öl
海鮮／魚／鯡魚／蝦	fisk och skaldjur ／ fisk ／ sill ／ räkor
牛肉／豬肉／雞肉	biff ／ fläsk ／ kykling
三明治／麵包／甜點／糖果	smörgås ／ bröd ／ efterrätt ／ godis
青菜／水果	grönsaker ／ frukt
素食	Vegitariskt
自來水／瓶裝水／氣泡水	kranvatten ／ flaskvatten ／ kolsyrat vatten
寶特瓶／玻璃瓶／鋁箔罐	plastflaska ／ glasflaska ／ aluminiumburk
熱水	Varmvatten
菜單	Meny
紙巾	Servett
刀子／叉子／湯匙／盤子	kniv ／ gaffel ／ sked ／ tallrik
熟食區／號碼牌	deli ／ nummerlapp
退稅／退稅單	tax free ／ tax freeformulär
打折	Rabatt ／ Rea
現金／信用卡	kontanter ／ kreditkort
克朗	Kronor
刷卡／付現	kortbetalning ／ kontantbetalning
金額	Summa ／ pengar
發票	kvitto
休息／營業時間	stängt ／ öppettider

實用會話

內用嗎？	Vill du ／ ni äta här?
一共多少錢？	Hur mycket kostar det?
我要刷卡	Jag vill betala med kort.
我想外帶	Jag vill ta med.
我吃素	Jag är vegitarian.
可以付現嗎？	Kan jag betala med kontanter?
預定／取消座位	Boka ／ avboka plats
還需要別的東西嗎？／就這樣嗎？	Behöver du något mer? ／ Är det bra så?
你 (你們) 要點餐了嗎？	Vill du(ni) beställa?

玩樂篇
Sightseeing

瑞典，哪裡最好玩？

瑞典南北狹長，玩樂的點子多，冬天到極圈看夢幻絢麗的極光，挑戰拉雪橇、住冰旅館的樂趣；夏季則有廣大的森林、湖泊和島嶼供你徜徉，無論是搭遊輪橫渡波羅的海，或是乘車跨越海峽大橋，瑞典鐵定令你難忘！

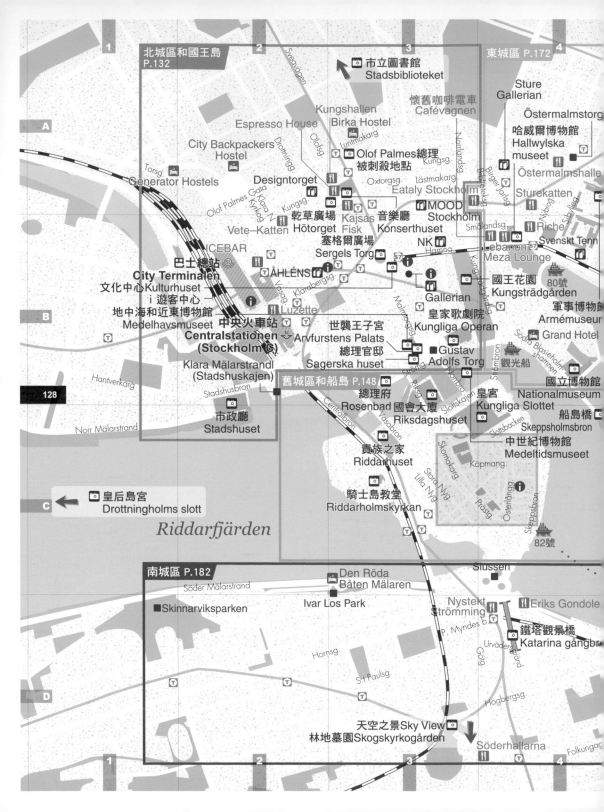

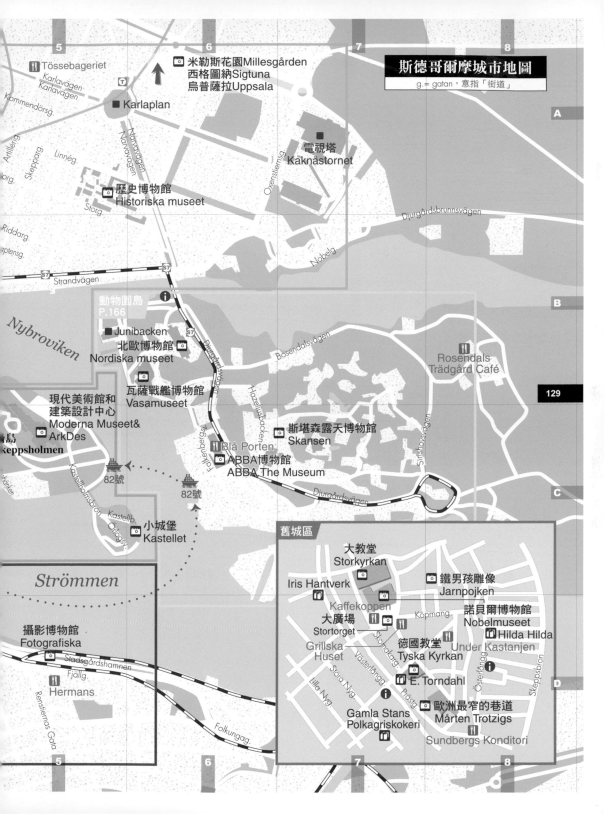

斯德哥爾摩城市地圖
g. = gatan，意指「街道」

Tössebageriet
Karlavägen
Karlavägen
Kommendörsg.
Karlaplan
Narvavägen
Narvavägen
Anillerig.
Skeppsarg.
Linnég.
Storg.

米勒斯花園Millesgården
西格圖納Sigtuna
烏普薩拉Uppsala

電視塔
Kaknästornet

歷史博物館
Historiska museet

Oxenstiernsg.
Nobelg.
Djurgårdsbrunnsvägen

Riddarg.
aptensg.
Strandvägen
S7

A

B

動物園島
P.166

Nybroviken

Junibacken
北歐博物館
Nordiska museet

Dürgårdsvägen
S7

Bosendalsvägen

Rosendals
Trädgård Café

129

瓦薩戰艦博物館
Vasamuseet

Hazeliusbacken

現代美術館和
建築設計中心
Moderna Museet&
ArkDes
島
keppsholmen

Falkenbergs.

Blå Porten
ABBA博物館
ABBA The Museum

斯堪森露天博物館
Skansen

Sirishovsvägen

Kastellholmsbron
Kastellb.
Otosg.

82號

82號

小城堡
Kastellet

Djurgårdsvägen

C

舊城區

大教堂
Storkyrkan

Iris Hantverk

鐵男孩雕像
Jarnpojken

Strömmen

Kaffekoppen

大廣場
Stortorget

Köpmang.

諾貝爾博物館
Nobelmuseet

Hilda Hilda

Skolndkrg.

Under Kastanjen

攝影博物館
Fotografiska

Grillska
Huset

德國教堂
Tyska Kyrkan

Sladsgårdshamnen

Västerlång.

Österlång.

Skeppsbron

Fjällg.
Hermans

Renstiernas Gata

Stora Nyg.

Prästg.

E. Torndahl

D

Lilla Nyg.

歐洲最窄的巷道
Mårten Trotzigs

Folkungag.

Gamla Stans
Polkagriskokeri

Sundbergs Konditori

斯德哥爾摩Stockholm

綠樹、湖泊和北歐建築交錯的瑞典第一大城

城市名稱是由 stock 和 holm 兩個字根組成的 Stockholm，其中 stock 是「木頭」、holm 為「島嶼」之意。傳說這是源自 13 世紀時，島上的居民飽受海盜入侵，於是用木頭建造城堡，也在島嶼外圍加上木柵欄來抵禦外侮，Stockholm 之名因而代代流傳下來。

綠樹、湖泊和北歐建築交錯的斯德哥爾摩，最早由舊城開始發跡，隨著城市的發展逐漸向外延伸為北東南 3 個城區，以及東西兩邊的動物園與國王兩大島，而且靠著四通八達的公車、電車、地鐵和船隻，往來穿梭在這座新舊交融的湖光水色，無論是白天或夜晚，不時散發出淡雅的浪漫風情，是一座值得你細細品味的水上之都。

斯德哥爾摩一年到頭藝文活動不斷

斯德哥爾摩行程規畫

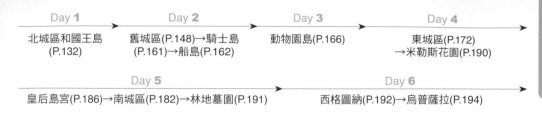

Day **1**　北城區和國王島 (P.132)

Day **2**　舊城區(P.148)→騎士島 (P.161)→船島(P.162)

Day **3**　動物園島(P.166)

Day **4**　東城區(P.172) →米勒斯花園(P.190)

Day **5**　皇后島宮(P.186)→南城區(P.182)→林地墓園(P.191)

Day **6**　西格圖納(P.192)→烏普薩拉(P.194)

玩樂篇

遊客中心哪裡找？

為了幫助遊客解決在旅遊上的各種問題，斯德哥爾摩在主要地區設有多處遊客資訊中心，不但可以購買各種旅遊交通票券，還可以搜尋玩樂、美食和購物等訊息。

■斯德哥爾摩遊客中心 (Stockholm Visitor Center)

這是市中心最大的遊客資訊中心，位在塞格爾廣場旁的文化中心1樓(P.137)，提供免費Wi-Fi。

地址　Kulturhuset, Sergels Torg 3-5, 103 27 Stockholm

電話　+46(0)8-50828508

時間　5/1～8/31週一～五09:00～19:00，週六09:00～16:00，週日10:00～16:00，其中7/1～8/19週六09:00～18:00；其他時間：週一～五09:00～18:00，週六09:00～16:00，週日10:00～16:00

公休　1/1、12/24～25

交通　搭乘地鐵到T-Centralen下車，往Drottninggatan出口再步行約2分鐘

網址　www.visitstockholm.com

■阿蘭達機場各航廈遊客中心 (Arlanda Visitor Center)

地址　Arlanda Airport, Terminal 5 and Terminal 2, 190 45 Stockholm - Arlanda

時間　每日06:00～23:45

■斯德哥爾摩中央火車站大廳 (Stockholm Info– Centralstationen)

地址　Central Station Stockholm, 111 20 Stockholm

時間　每日07:30～19:00

■Gallerian購物中心 (Stockholm Info - Gallerian)

地址　Hamngatan 37,111 53 Stockholm

時間　週一～五09:00～20:00，週六10:00～18:00，週日11:00～18:00

■舊城區1(Tours & Tickets – Old Town)

地址　Västerlånggatan 52, 111 29 Stockholm

時間　5/1～9/30週一～日10:00～17:00，10/1～4/30週三～日10:00～16:00

交通　搭地鐵綠線到Gamla Stan站，出站後沿Schönfeldts Gränd步行約3分鐘，右轉到Stora Nygatan走約1分鐘，到Tyska Brinken左轉再步行1分鐘到Västerlånggatan左轉

■舊城區2(Tourist Center – Old Town)

地址　Österlånggatan 35, 111 31 Stockholm

時間　週一～五10:00～17:00，12/27、12/28、12/29：10:00～13:00

交通　搭地鐵紅線13、14或綠線17、18、19至Gamla Stan站下車，步行約6分鐘

網址　www.guidestockholm.info

注意　不定期推出英、法、德等語言的徒步旅遊導覽，可先上網確認

■Åhléns City百貨公司2樓 (Tourist Information – Åhléns City)

地址　Klarabergsgatan 50,111 21 Stockholm

時間　週一～五10:00～21:00，週六10:00～19:00，週日11:00～19:00

交通　從火車站沿著Klarabergsgatan步行約5分鐘到達

※以上資料時有更動，出發前請上網確認：
www.visitstockholm.com/en。

北城區和國王島
Norrmalm & Kungsholmen

充滿活力的商業和行政中心

北城是 19 世紀以後才發展起來的新城區，有摩天大樓的繁華商業中心，也有市民最喜歡聚集的國王花園和熱鬧的傳統市場，在寬闊的街道旁交錯著典雅的歌劇院和現代水晶柱廣場，氣派又充滿活力。而有市政廳坐鎮的國王島，則是位於城市西邊臨梅拉倫湖 (Mälaren) 的島嶼，有美麗的濱湖步道和特色手工藝小店，最能貼近當地居民的生活寫照。

〔 One Day 一日行程表 〕

參觀時間	
上午	
市政廳	120 分鐘
塞格爾廣場和文化中心	60 分鐘
乾草廣場	90 分鐘
	傳統美食廣場吃午餐 (P.144)
下午	
國王花園	30 分鐘
皇家歌劇院	30 分鐘
地中海和近東博物館	60 分鐘
	Fika 一下再上路 (P.146)
中世紀博物館	40 分鐘
市立圖書館	30 分鐘

市政廳(Stadshuset)
突出國王島天際線的地標建築

特別推薦

斯德哥爾摩市政廳的原址，之前是一家成立於 1804 年的 Eldkvarn 麵粉廠，該麵粉廠在 1878 年曾經發生火災，後由瑞典建築師 Ragnar Östberg 設計，於 1911 ～ 1923 年間在麵粉廠舊址興建完成目前所看到的這座市政廳。

1

該建築主要規畫為兩座方形大庭院，分別是露天中庭和室內的「藍廳」(Blå Hallen)，約由 800 萬個紅磚塊築成，屬義大利文藝復興建築風格，目前是市議會開會、市政府辦公與宴會的地點。

1.1878年曾經發生火災的麵粉廠浮雕／2.3.市政廳面湖景花園／4.露天中庭

3

4

玩樂篇

斯德哥爾摩：北城區和國王島

✉ Hantverkargatan 1, 111 52 Stockholm

☎ +46(0)8-50829058

🕐 **市政廳**：6～8月，英文導覽09:00～16:00，每半小時1場，中文導覽10:00、10:30、11:30、14:30，每場約45分鐘；9～5月，英文導覽10:00～15:00每整點1場，沒有中文導覽；**塔樓**：5、9月09:10～15:50，6～8月09:10～17:10，每梯40分鐘1個梯次。09:00開始接受現場購票，每梯次最多30人，若該梯次額滿，會推遲到下一個時段；**花園**：06:00～23:00

💲 **市政廳**：4～10月，成人120SEK，學生(持國際學生證)和65歲以上100SEK，7～19歲40SEK，0～6歲免費；11～3月，成人90SEK，學生(持國際學生證)和65歲以上70SEK，7～19歲40SEK，0～6歲免費；**塔樓**：60SEK，0～11歲免費。以上0～19歲皆需有家長或監護人陪同

➡ 1.從中央車站步行過橋到市政廳約7分鐘

　 2.搭3、53公車到Stadshuset下車

🌐 stadshuset.stockholm
international.stockholm.se/the-city-hall(英文)

ℹ 1.購票櫃檯可以索取中、英等各國語言的簡介

　 2.市政廳內部只能透過導覽行程參觀，開放時間會因市政府活動而變更，行前最好事先確認

　 3.參觀市政廳的入口會因淡旺季改變，基本上夏季由購票櫃檯的大門進入，其餘時間則從禮品店的入口

🗺 P.128／B2

精采看點 **1** 花園臨湖廣場

◀ **斯德哥爾摩市旗與歐盟旗**｜進入市政廳參觀前，建議先到花園臨湖的廣場欣賞秀麗湖景。綠地上立著兩面旗子，右邊是斯德哥爾摩市旗，旗上為 12 世紀的瑞典君主埃里克九世 (Erik IX)，也是城市與國家守護神的象徵，如今被稱聖埃里克 (St. Erik)，左邊是歐盟旗幟。

▶ **瑞典 15 世紀的民族英雄**｜鄰歐盟旗的高柱上是瑞典 15 世紀的民族英雄 Engelbrekt Engelbrektsson(1390s ～ 1436) 的塑像。

▼ **城市創建人比爾格・雅爾鍍金像**｜往左邊爬上階梯，這裡有一尊 13 世紀斯德哥爾摩的創建人比爾格・雅爾 (Birger Jarl) 的鍍金雕像躺在石棺上，緬懷他將舊城修建為堅固的城堡以抵禦外來侵略。由此遙望對岸南城和騎士島的高聳尖塔，湖中帆船點點，碧波蕩漾，頓時讓人感覺悠閒自在。

◀ **沿岸的欄杆上雕像**｜沿岸欄杆上站著兩尊分別代表「唱歌」和「跳舞」的男女雕像，手舞足蹈像是與水共舞，點綴著眼前這幅迷人的景色。

▲**最適合穿禮服優雅走路的階梯高度**｜建築師Östberg在設計上也很注重細節，為了讓參加晚宴穿禮服的女賓客能優雅地
走階梯，特別請太太盛裝實際測試多次，終於找出最合適的13公分高度的階梯，轉角處的小講台是舉辦活動的主講台。

精采看點 2 藍廳

◀**名叫「藍廳」，但廳內四面都是磚紅牆**｜原本設計是以紅磚塗上藍彩為該廳的基調，但當建築師看到所砌出的紅磚牆相當典雅，遂決定不塗上藍彩，只是原有方案已經稱為藍廳，所以保留此名稱。2樓門上是建築師Ragnar Östberg的雕像。

▲**採光透亮的大廳**｜上方留了一排玻璃使採光明亮，地面和樓梯則特別選色澤和紋路像湖水的瑞典大理石，與廳外的湖景互為呼應。

▲**北歐著名的管風琴**｜廳內上方的管風琴約有1萬多支音管和138枚音栓，是北歐著名的管風琴。

▲**諾貝爾頒獎後的晚宴場地**｜藍廳是進入市政廳參觀首先看到的宴會廳，也是每年12月10日諾貝爾獎頒獎後舉行晚宴的場地。(照片提供／Monika Lionaite)

精采看點 3 議會廳

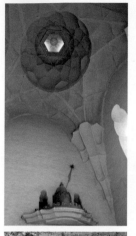

◀**屋頂像一艘倒立的維京船**｜議會屋頂像一艘倒立的維京船，船底仿造天窗畫上布滿星月的藍天，象徵所有議程都是打開天窗說亮話，沒有黑箱作業。

市議會的大家長

當出席正式場合，斯德哥爾摩市議會議長會戴上有議長表徵的金項鍊，若由副議長代理職務時，項鍊會改由副議長戴上。金項鍊最中央的圖案，即是市旗上的12世紀瑞典君主埃里克九世(P.133)。

◀**曾任議長的艾爾蘭德森‧史洛克(Eva-Louise Erlandsson Slorach)**

▲**斯德哥爾摩議會廳**｜上了階梯到議會廳，這是斯德哥爾摩 101 位民選市議員開會的地方，每個議員的座位上都有麥克風、表決器和名牌，兩邊階梯看台是市民和媒體的旁聽席。

▲**象徵100名議員的百拱廳**｜象徵100名議員的百拱廳(原本有100名市議員，為了避免提案表決票數相同，後來再增加1名)。旁邊有間掛滿17世紀法國壁毯的橢圓形房間，是週六下午開放市民公證結婚的會場。

精采看點 4 王子畫廊

◀**出自王子之手的湖景濕壁畫**｜舉行餐宴時，因考量背對景觀的賓客，於是在另一側牆面飾有出自皇室尤金王子 (Prins Eugen) 之手的湖景濕壁畫。

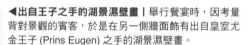

▶**細緻的藍柱宛如畫框**｜溼壁畫柔和的色調，搭配上成對宛如畫框的藍色柱子，顯現出低調細緻的美感。(照片提供 ／ Jenny Chen)

◀**質感精緻低調的王子畫廊**｜窗戶兩側以泥灰色浮雕點綴，王子畫廊是市政府另一個招待場所，畫廊外側可眺望美麗的湖景。

精采看點 **5** 金廳

▲**守護斯德哥爾摩的梅拉倫湖女神**｜正面為守護斯德哥爾摩的梅拉倫湖女神(Mälardrottningen)，左手拿皇冠、右手握權杖，左右兩邊各為東西方代表景物，如艾菲爾鐵塔、清真寺，象徵梅拉倫湖女神維護世界和平。這可說是瑞典當代最大的鑲嵌畫，不過據說剛落成時，市民普遍並不看好。

▲**諾貝爾晚宴餐具擺飾**｜參觀完金廳往出口走的時候，會經過諾貝爾獎章和整組晚宴餐具的展示玻璃櫃。

▲**兩面牆上刻畫著瑞典的著名人物**｜金廳的牆壁使用超過 1,900 萬片彩色和包覆金箔玻璃的鑲嵌畫，兩面牆上刻畫瑞典名家和歷史人物。

▲**金碧輝煌的金廳**｜金廳(Gyllene Sallen)是諾貝爾獎晚宴後舉行舞會的場地，與藍廳都開放給民眾租用。

貼心 小提醒

　　貼在衣服上的門票貼紙，管理單位希望遊客離開前取下，並貼在出口的木板上，以維護環境整潔。

↑離開前請將門票貼紙貼在出口的木板

路上觀察 去頭的鑲嵌畫

　　金廳大門牆上靠近屋簷的鑲嵌畫，由於當時拼貼師傅趕進度沒測量好，導致一幅騎馬人像的頭部沒空間拼貼，於是就成了這幅沒頭部的騎馬圖案了！

精采看點 **6** 塔樓

▶**塔樓入口**｜登塔可以選擇全走樓梯，有 365 階，也可以先搭一段電梯再接著走階梯，電梯出口是個小型藝術博物館，展出許多市政廳的雕像原作和模型。

◀**登塔考驗：越來越窄的通道**｜繼續走通道繞圈往上升，越往頂端的樓梯越窄，最後幾乎只容一人通過。到達塔頂一眼望去，寬闊的視野讓整個城市映入眼簾，眼前城裡往來的火車、汽車和船隻好比玩具一般迷你可愛。

▲**塔樓俯瞰城市全景**｜登上106公尺高的塔樓，就能俯瞰整個斯德哥爾摩的景色，塔頂上的金色「三王冠」是瑞典的象徵。你也許會納悶，為什麼是106公尺高呢？原來瑞典曾被丹麥統治，而丹麥哥本哈根市政廳塔高105公尺，所以一定得比對方高1公尺。若要拍市區美景，建議下午前往，可避免逆光，效果較好。

塞格爾廣場和文化中心(Sergels Torg & Kulturhuset)
以6萬片水晶玻璃打造的璀璨夜景

特別推薦

位在斯德哥爾摩市中心的塞格爾廣場有上下兩層露天平台，為紀念18世紀雕塑家塞格爾(Johan Tobias Sergel)而命名，當時他的工作室就在廣場附近。而廣場東側圓環中央一座高37公尺、以6萬多片水晶玻璃製成的直立水晶柱(Kristallvertikalaccent)，是藝術家Edvin Öhrström在1967年的名作，當夜晚亮燈，映照廣場北面5座高18層樓、20世紀中葉建造的摩天大樓，是斯德哥爾摩最亮眼的夜景。

廣場南面是玻璃建築文化中心(Kulturehuset)，高7層樓，囊括電影院、劇院、藝廊、圖書館、咖啡館和餐廳，斯德哥爾摩旅客資訊中心也在文化中心的地面樓，不但提供旅遊服務，還是歇腳和解渴的好去處。

✉ Sergels Torg 7, 111 57 Stockholm
☏ +46(0)8-50620200
🕐 週一～五11:00～19:00，週六、日11:00～17:00
➡ 搭地鐵於T-Centralen站往Drottninggatan出口再步行約2分鐘
🌐 www.kulturhusetstadsteatern.se
🗺 P.128／B3

1.下層步行區的購物街，通往國王花園和北歐百貨公司／2.有不少好吃的餐廳／3.夜晚的直立水晶柱與節慶水晶造景

塞格爾廣場推薦商家

Gallerian
🗺 P.128／B3

✉ Hamngatan 37, 111 53 Stockholm
☏ +46(0)72-2004549
🕐 週一～五10:00～20:00，週六10:00～18:00，週日11:00～18:00
➡ 搭地鐵至T-Centralen站，朝塞格爾廣場的水晶柱或從文化中心下層通道走約3分鐘
🌐 gallerian.se

緊鄰塞格爾廣場前文化中心，是斯德哥爾摩市區首家最大的購物中心，入駐北歐平價休閒服、咖啡館、餐廳，是年輕人的最愛。入口很多，雨天或下雪時可直接從旅客中心地下通道抵達，十分方便。

ÅHLÉNS CITY
🗺 P.128／B2

✉ Klarabergsgatan 50, 111 21 Stockholm
☏ +46(0)8-6766450
🕐 週一～五10:00～21:00，週六10:00～19:00，週日11:00～19:00
➡ 旗艦店：搭地鐵於T-Centralen站往Drottninggatan出口
🌐 www.ahlens.se；DHS：designhousestockholm.com
ℹ 廁所位於百貨公司2樓旅客資訊中心旁，需付10SEK，可刷卡；有寄物櫃

瑞典布點最多的一家連鎖百貨公司，斯德哥爾摩旗艦店位置近中央車站，地面樓有化妝品和皮革品，樓上以室內裝飾和服飾為主，推薦Design House Stockholm(DHS)室內裝飾品牌，美觀大方，由插畫家Elsa Beskow筆下的童話故事繪製成的馬克杯是人氣商品。

乾草廣場(Hötorget)
熱鬧的露天市集和音樂中心

特別推薦

這座廣場顧名思義在過去是買賣乾草、雜貨的露天市集，而現在週一～六擺滿販賣各種花卉蔬果小攤，到了週日則為跳蚤市場，而緊鄰廣場南邊的 Hötorgshallen 大樓，樓上是電影院，地下街則有鮮果蔬菜、果乾、魚肉、麵包等傳統市場和美食攤位，很值得逛。

✉ **音樂廳購票處**：Hötorget ,11157 Stockholm；Sveavägen和Kungsgatan交叉口

☎ **音樂廳**：+46(0)8-50667788

🕐 **音樂廳售票**：週一～五11:00～18:00，週六11:00～15:00，週日休；**Hötorgshallen傳統市場**：週一～四10:00～18:00，週五10:00～19:00，週六10:00～16:00，週日、假日休

➡ 1.搭乘地鐵綠線17、18、19到Hötorget站，往Konserthuset或Hötorget出口再走2分鐘
　2.搭1號公車到Hötorget站

🌐 www.konserthuset.se

ℹ 音樂廳在表演前2小時售票截止

🗺 P.128／A3

┃乾草廣場周邊推薦商家┃

🌿 Designtorget
🗺 P.128／A2

✉ Kungsgatan 52, 111 35 Stockholm

☎ +46(0)8-6623515

🕐 週一～五10:00～19:00，週六10:00～18:00，週日10:00～17:00

🌐 www.designtorget.se

乾草廣場附近的皇后街徒步區商店林立，除了瑞典當地品牌以外，也有許多國際知名品牌，包含服飾、鞋店、家用等。其中，推薦這間瑞典家用設計名店Designtorget，在皇后街和國王街交叉口也有分店。有世界知名設計師的創意商品，兼具美觀與實用，是實惠的伴手禮，廣受年輕人喜愛。

1.每年的6、7月是歐洲莓果的盛產期場／2.音樂廳夜景／3.Hötorgshallen傳統市場入口／4.Hötorgshallen地下街有美食廣

散·步·延·伸

MAP P.128／A3

紀念奧洛夫·帕爾梅總理被刺殺地點

奧洛夫·帕爾梅(Olof Palmes)是歐洲當時最年輕的總理，在1986年2月28日偕夫人看完電影被槍手刺殺，總理從背後被近距離槍殺身亡，兇手逃逸無蹤，迄今仍未破案。為了紀念這位傑出的首相，斯德哥爾摩市議會已將帕爾梅遇難的那條街改為他的名字，槍殺地點也有銅牌鑲在地上，每年2月28日民眾會放花緬懷追思。

▲紀念銅牌鑲在地上

Konserthuset音樂廳

位於乾草廣場東側，帶有新古典主義風格的藍色外牆建築，是由建築師伊瓦·克魯格(Ivar Tengbom)在1923～1926年間仿造希臘神殿廊柱的建築。目前除了是瑞典皇家愛樂交響樂團演出場地，也是每年諾貝爾獎頒獎典禮的會場。

廊柱旁由米勒斯(Carl Milles)雕塑的奧菲斯群雕(Orfeusgruppen)噴泉非常醒目，奧菲斯是希臘神話中的豎琴聖手，據說他彈奏的樂曲連鳥獸草木也會感動。音樂廳在7～8月有英文講解的諾貝爾之旅(Nobel Tour)，可以一覽宏偉的門廳、頒獎過程和歷史的照片。

▲米勒斯雕塑的奧菲斯群雕像

國王花園
(Kungsträdgården)

節慶活動的熱門地點

特別推薦

原是皇家御用庭園的國王花園，在18世紀末期，國王古斯塔夫三世(Gustav III)將此處開放民眾參觀。公

▲巨型西洋棋

園中央豎立瑞典國王卡爾十三世(Karl XIII)的雕像和4隻銅獅子，後方有一座露天拱形舞台，是舉行音樂會和節慶活動表演的地方。

公園西側有一座從16世紀開始建造的聖雅各布教堂(Sankt Jacobs kyrka)，磚紅牆搭配綠屋頂的外觀很顯眼，直到19世紀才完工。南面有一座手握長劍的卡爾十二世(Karl XII) 國王雕像，他在18世紀初曾帶兵四處征戰，最後在挪威陣亡。

公園四周餐廳、噴泉林立，尤其以春天的櫻花盛開季節最美，吸引人潮賞花拍照，櫻樹花下也有巨型西洋棋讓民眾娛樂；到了冬天，卡爾十三

世雕像四周又成了市民的溜冰場。

✉ Kungsträdgården 111 47 Stockholm

➡ 1.搭地鐵藍線10、11到Kungsträdgården站出口走到國王花園，往右方走約5分鐘；2.從中央車站搭54、69、191號公車或7號電車到Kungsträdgården站

MAP P.128／B3

1.櫻花盛開美景／2.教堂的拱頂樣式／3.16世紀開始建造的聖雅各布教堂

| 國王花園推薦商家 |

NK(Nordiska Kompaniet)

 MAP P.128／B3

- Hamngatan 18-20, 111 47 Stockholm
- +46(0)8-7628000
- 週一～五10:00～20:00，週六10:00～18:00，週日11:00～17:00
- 1.搭地鐵藍線10、11到Kungsträdgården站出口走到國王花園，朝右方走約5分鐘
  2.從中央車站搭54、69號公車到Kungsträdgården站
  3.從動物園島搭7號電車到Kungsträdgården站
- www.nk.se
- 提供免費Wi-Fi，廁所設在4樓和地下樓超市內，需付10SEK；設有Global Blue退稅服務

面對國王花園的北歐百貨在1902年開幕，原為皇室御用，有寬敞挑高的大廳和中庭，氣派典雅，是瑞典最具歷史的百貨公司，含地下樓一共有6層樓。每年的聖誕櫥窗設計是注目焦點，無論大小朋友總是翹首盼望，一旦布置完成，櫥窗前總是擠滿人潮。

MOOD Stockholm

MAP P.128／A3

- Regeringsgatan 48,111 47 Stockholm
- +46(0)8-6962533
- 週一～五10:00～19:00，週六10:00～18:00，週日11:00～17:00
- 搭地鐵綠線17、18、19到Hötorget站，再走約7分鐘
- www.moodstockholm.se
- 提供免費Wi-Fi

2012年開幕，位在NK百貨的後方，與NK百貨1樓女裝有通道相連，標榜集結40家個性化商品的購物中心，有北歐一貫簡單明亮的3層樓空間，除了流行時尚，還有生活居家、餐廳、美容按摩等進駐，甚至連免費的洗手間也有藝術品味。

↑入口的塑像

皇家歌劇院(Kungliga Operan)
融合新古典主義和洛可可風的精緻典雅

皇家歌劇院位在古斯塔夫·阿道夫廣場(Gustav Adolfs Torg)右側，廣場中央騎馬雕像即是建造瓦薩戰艦的國王古斯塔夫二世(Gustav II Adolf)。劇院由19世紀末期的建築師Axel Anderberg將原為古斯塔夫三世時期的劇院遺址拆除，揉合新古典主義和洛可可建築風格重建，外觀和不遠的皇宮建築也互相輝映。

一進入大廳簡潔明亮，櫃檯旁擺著節目單和當晚演出劇碼的相關資料，中央大理石階梯鋪著飾有豎琴圖案的紅色地毯，搭配兩旁的金色雕像和屋頂的精緻裝飾，更凸顯劇院的典雅氛圍。2樓表演廳外，設有寄放衣物服務、洗手間、重要演

出的紀念照片與服飾展示櫃，以及中場休息的金色大廳；目前劇院主要上演歌劇與芭蕾舞劇，可以容納千名觀眾。

斯德哥爾摩：北城區和國王島

✉ Gustav Adolfs torg 2, 103 22 Stockholm
☎ +46(0)8-7914400(週一～五12:00～14:00)
🕐 售票：週一～五15:00～18:00，週六12:00～15:00，
週日不售票；**參觀歌劇院英文導覽(Guided tour in
English)**：每週六12:30
💲 門票依表演而定，參觀歌劇院英文導覽95SEK
➡ 1.搭地鐵藍線10、11到Kungsträdgården站出口走到國
王花園，朝左方走約4分鐘
2.搭公車57、65號到Gustav Adolfs torg站
3.搭公車2、55、76到Karl XII:s torg站
@ biljett@operan.se
http www.operan.se
ℹ 節目演出前30分鐘開放入場
MAP P.128／B3

1.古斯塔夫・阿道夫廣場／
2.中場休息的金色大廳／3.大
廳簡潔明亮／4.往樓上廂房與
金廳的樓梯／5.皇家歌劇院外
觀／6.富麗堂皇的舞台和皇家
包廂(照片提供／李玉英)

🚶 散・步・延・伸   MAP P.128／B3

紀念外交官勞爾・瓦倫堡的銅雕

皇家歌劇院與現為瑞
典外交部的世襲王子宮
(Arvfurstens Palats)相
望，在外交部正門旁有
一張大理石椅，上面擺
著刻有「RW」的公事
包銅雕，紀念瑞典外交
官勞爾・瓦倫堡(Raoul

▲紀念RW外交官石椅

Wallenberg)在1944年外派匈牙利的布達佩斯，第二次
世界大戰時，發簽證拯救數千名匈牙利猶太人，最後
行蹤成謎的事蹟，在東城區的軍事博物館(P.177)也闢
有專室解說。

▲瑞典外交部

中世紀博物館
(Medeltidsmuseet)
展示1530年代的斯德哥爾摩城牆

　　皇家歌劇院南側為北急流河(Norrström)，上面有座北橋(Norrbro)通往舊城區的皇宮。橋下有間中世紀博物館(Medeltidsmuseet)，裡面展示一座1530年代的斯德哥爾摩城牆，以及一艘在騎士島灣被發現的1520年代的船隻。

✉ Strömparterren 3, 111 30 Stockholm(北橋階梯下)
📞 +46(0)8-50831620
🕐 週二、四～日12:00～17:00，週三12:00～20:00，週一休
💲 免費，英文語音導覽20SEK
➡ 同皇家歌劇院(P.140)
🌐 medeltidsmuseet.stockholm.se
ℹ 有免費洗手間
🗺 P.128／B3

1.在騎士島灣發現約1520年代的船隻／2.中世紀博物館

市立圖書館(Stadsbiblioteket)
360度被書環繞的弧形設計

特別推薦

　　建於1928年的斯德哥爾摩市立圖書館，由現代主義建築師古納‧阿斯普倫德(Gunnar Asplund)設計，是瑞典最著名的圖書館之一，對往後北歐的建築產生滿重要的影響。

　　圖書館位在兩條大馬路交叉點，以上圓下方的幾何形體建構而成，正面入口為緩坡階梯設計，進大門後右側設有便餐咖啡店供民眾休息用餐，正面再走一小段樓梯進入擺滿書籍的巨大圓形空間，屋頂有一盞圓形掛燈，加上圓柱上方的長條窗注入的自然光源，照亮有3層樓高的環狀開架式書籍，你可以爬上階梯，到每層約1公尺寬的走道取閱，非常方便。除了圓形空間外，四周還延伸出各主題閱覽室，如童書、世界地理、園藝等閱覽室，規畫實用周到。

玩樂篇

斯德哥爾摩：北城區和國王島

地中海和近東博物館 (Medelhavsmuseet)
收藏埃及和希臘古文物

外交部旁隔著Fredsgatan街的地中海和近東博物館(Medelhavsmuseet)，收藏著埃及、希臘等文物，附設餐廳四周有古物展示櫃，往外看皇宮的視野佳。

- ✉ Fredsgatan 2,111 52 Stockholm
- ☎ +46(0)10-4561200
- ⏰ 週二～五11:00～20:00，週六～日11:00～17:00，週一休
- 休 週一
- $ 免費
- ➡ 同皇家歌劇院(P.140)
- http www.varldskulturmuseerna.se/en/medelhavsmuseet
- ℹ 有免費洗手間　MAP P.128／B3

1.3.館內展示的古物／**2.**坐在古物旁用餐的感覺滿特別的

- ✉ Sveavägen 73,113 80 Stockholm
- ☎ +46(0)8-50830900(週一～五09:00～13:00)
- ⏰ 週一～四10:00～21:00，週五10:00～19:00，週六、日11:00～17:00，開放時間隨季節更動
- $ 免費
- ➡ 搭地鐵綠線17、18、19到Rådmansgatan站，再沿Sveavägen往北走約5分鐘
- http biblioteket.stockholm.se/bibliotek/stadsbiblioteket(有中文)
- MAP P.128／A3

1.環狀藏書架的走道寬敞／**2.**博物館外觀

美食
精選推薦

Dine
Kajsas Fisk
番茄魚湯料鮮實在

乾草廣場旁邊的Hötorgshallen地下街傳統市場，裡面賣的東西五花八門，有乾貨、海鮮、肉鋪、蔬果、麵包等一應俱全。其中特別推薦一家Kajsas Fisk海鮮小館，該店的魚湯(Fisksoppa)料多味美，清甜的番茄湯頭內，有魚、蝦、貝類等新鮮食材，最後再加上蒜味鮮奶油(也可要求不加)，店家更無限供應生菜沙拉、水和麵包，而且可以免費續半碗分量。大受當地人和遊客的喜愛，尤其在用餐時間，經常大排長龍。

✉ Hötorgshallen 3-6, 111 57 Stockholm(Hötorgshallen地下1樓)

📞 +46(0)8-207262

🕐 週一～四10:00～18:00，週五10:00～19:00，週六10:00～16:00，週日、假日休

💲 一碗魚湯約120SEK

➡ 1.搭地鐵綠線17、18、19到Hötorget站往Hötorget出口再走3分鐘
2.搭1號公車到Hötorget站

🌐 kajsasfisk.se

🗺 P.128／A3

1.用餐區經常滿座／2.用餐時間的排隊人潮不少／3.海鮮料給得很豪邁／4.點餐無限供應沙拉和麵包

玩樂篇

斯德哥爾摩：北城區和國王島

Kungshallen
16 家異國料理任你選

包括中國菜、日本料理、泰國菜、印度菜等16家異國風味餐廳，提供近800個座位，不必擔心看不懂菜單，櫃檯菜色價目圖文標示清楚，屬於大眾口味的自助平價餐點。

✉ Kungsgatan 44, 111 35 Stockholm
🕐 週一～五09:00～23:00，週六11:00～23:00，週日11:00～22:00
💲 一份主餐約100SEK
➡ 搭地鐵綠線17、18、19到Hötorget站往Konserthuset出口，再走2分鐘
🌐 www.kungshallen.eu
ℹ 廁所密碼可以問店家
🅼 P.128／A3

1.提供異國料理的Kungshallen／2.菜色價位一目了然

Luzette
以燒烤聞名的法國風味菜

以燒烤法國風味為主的Luzette餐廳就位在中央車站內，燈飾裝潢典雅，用餐環境舒適，提供早餐、早午餐、午餐和晚餐，也提供外帶服務，對等待搭車的遊客來說非常方便。推薦烤雞和肉質鮮嫩多汁的烤牛排，雞隻是用玉米飼養的，頗受當地人和遊客喜愛。

1.Luzette是位在中央車站的法國風味餐館／2.烤牛排鮮嫩多汁／3.用玉米養成的烤雞頗受歡迎

✉ Centralplan 25, 111 20 Stockholm
📞 +46 (0)8-51931600
🕐 週一07:30～22:00，週二～五07:30～23:00，週六11:00～23:00，週日11:00～20:00(打烊前一個小時廚房收工)
💲 早餐約100SEK，午餐約200SEK，晚餐約300～350SEK
➡ 位於中央車站內，臨Vasagatan路也有一個入口
🌐 www.luzette.se
🅼 P.128／B2

Vete–Katten

Fika 北歐冠軍糕點主廚

從1928年開店至今，是當地人很推薦的下午茶名店。店內餐點標榜沒有任何不該有的添加物，並針對過敏體質的客人提供不含乳糖和麥麩的糕點，主廚Johan Sandelin曾參加歐洲錦標賽，並贏得北歐冠軍，他的糕點外形漂亮又美味。

櫃檯分外帶和內用，外帶從機器抽序號，內用則到另一邊排隊。推薦肉桂捲和公主蛋糕，肉桂香濃恰到好處，配上一杯無限暢飲的美式咖啡很過癮！

- ✉ Kungsgatan 55, 111 22Stockholm
- ☎ +46(0)8-208405
- ◷ 週一～五07:30～20:00，週末、假日09:30～19:00
- $ 一杯咖啡約35SEK，一份蛋糕約45SEK
- ➜ 1.搭地鐵線線17、18、19到Hötorget地鐵站往Hötorget出口約步行約5分鐘
  2.搭1號公車在Vasagatan或Hötorget站下車，走約4分鐘
- http www.vetekatten.se
- MAP P.128／B2

1.外帶要抽序號機／2.Vate-Katten的甜點很受當地人喜愛／3.雅致的用餐環境／4.好吃的肉桂捲

ICEBAR Stockholm by ICEHOTEL

Fika 全世界第一家冰酒吧

ICEBAR by ICEHOTEL Stockholm是世界上第一家「冰酒吧」，位於Nordic C Hotel的1樓後面。到冰酒吧必須先穿上保暖的雪衣斗蓬和手套，再經過雙層門進入冰吧，裡面溫度維持在負5度。這裡無論桌子、吧檯、杯子、座椅都是用冰製成的，冰雕主題也會更新，置身晶瑩剔透的冰世界肯定令你難忘。

- ✉ Vasaplan 4, 111 20 Stockholm(Nordic C Hotel一樓)
- ☎ +46(0)8-50563520
- ◷ 週日～四15:00～00:00(最後入場 23:15)，週五～六15:00～01:00(最後入場 00:15)；旺季(5～9月)週日～四11:15～00:00，週五～六11:15～01:00
- $ 成人215SEK(網路預約199SEK)，3～17歲99SEK，Nordic C Hotel旅館客人170SEK；票價包含一杯伏特加調酒，用同個杯子續杯99SEK；若成人點不含酒精的飲料170SEK
- ➜ 在中央車站搭往阿蘭達機場的快線火車(Arland Express)櫃檯的外面，從Östra Järnvägsgatan街12號進入
- http www.icebarstockholm.se
- ⓘ 每個時段約45分鐘，限60人進場，最好提前網路預約
- MAP P.128／B2

1.正門入口／2.由Torne River河水製成冰杯的五彩調酒／3.要穿上藍色保暖斗蓬才能進入ICEBAR喔

玩樂篇

斯德哥爾摩：北城區和國王島

Fika Espresso House (Konserthuset)
比星巴克更受歡迎的連鎖咖啡店

比起星巴克，當地人對Espresso House更加喜愛，全瑞典有120家。一幅大型壁畫、整面牆的書櫃和柔和的鹿角燈飾，打造出北歐風格的舒適環境，讓你可以放鬆心情享受香醇咖啡和餐點，其中音樂廳和NK百貨地下樓的Espresso House是逛累休息的好去處。

✉ Kungsgatan 43, 111 56 Stockholm
📞 +46(0)76-5219270
🕐 週一～四07:00～23:00，週五07:00～00:00，週六08:00～00:00，週日08:00～23:00
💲 一杯咖啡約40～50SEK，一份蛋糕約35SEK，北極蝦沙拉95SEK
➡ 搭乘地鐵綠線17、18、19到Hötorget地鐵站往Konserthuset出口，再走2分鐘
http www.espressohouse.com
ℹ 提供免費Wi-Fi、充電和洗手間，Wi-Fi和洗手間密碼寫在點餐收據上
MAP P.128／A3

1.音樂廳的這家Espresso House燈光柔和／2.NK百貨地下樓的Espresso House有北歐風的鹿角燈飾／3.北極蝦沙拉分量大／4.設在音樂廳旁的Espresso House／5.店家每天提供多種新鮮簡餐

精采看點4 皇宮北側展覽館

古斯塔夫三世執政時，除了熱衷戲劇和歌劇創作外，也收藏大量藝術文物。皇宮北側有古斯塔夫三世文物博物館(Gustav III:s Antikmuseum)和三皇冠博物館(Museum Tre Kronor)。

三皇冠博物館(Museum Tre Kronor)因位在地下免被燒毀，展示在中世紀未被燒毀的玻璃水晶製品等皇宮文物。

▲以上是古斯塔夫文物博物館雕像集錦

路上觀察 鐵男孩雕像(Jarnpojken)

只有15公分高的這尊抱膝小男孩雕像，是瑞典最小的公共藝術，為藝術家埃里克森(Liss Eriksson)的作品，於1967年起，放在芬蘭教堂(Finska Kyrkan)的內側中庭花園。

男孩抬頭望著遠方的月亮，據說靈感來自藝術家回憶童年睡前的景象，所以雕像又被稱為「望月小男孩」；有趣的是，當天冷時，遊客會為他戴上毛帽圍巾，夏季則擺上花朵和糖果，聽說摸摸男孩頭頂和給些零錢會帶來好運，這也正是他頭部發亮的原因。

✉ Slottsbacken 2 B-C, 111 30 Stockholm
➡ 位於Slottsbacken廣場旁，從芬蘭教堂右邊巷道進入內側中庭花園
🗺 P.149／A3

↑從芬蘭教堂右邊巷道進入

大廣場(Stortorget)
斯德哥爾摩最美的廣場

特別推薦

被幾棟山牆、屋頂、窗框、色彩互異樓房環繞的大廣場，從中世紀即為此區的中心位置，廣場上曾經有一口井，據說是斯德哥爾摩最早能飲用的淡水井，如今乾涸水井原址增設水管流出可喝的水，而四周仍保留過去以職業命名的原街道名，如牧師街(Prästgatan)、鞋匠街(Skomakargatan)和商人街(Köpmangatan)等，很有意思。

很難想像這個閒適浪漫的廣場在4百多年前竟是行刑砍頭示眾的地方。這是發生在1520年，丹麥國王克里斯蒂安二世(Christian II)率軍隊占領斯德哥爾摩，當時包括古斯塔夫·瓦薩(Gustav Vasa)的父親在內，有八十多名反抗丹麥統治的貴族在此廣場遭處決，這就是著名的斯德哥爾摩大屠殺(Stockholms blodbad)，也因此激起古斯塔夫·瓦薩在隔年帶領民眾脫離卡爾馬聯盟(Kalmarunionen)，最後被推舉為瑞典國王，後來被追封為古斯塔夫一世(Gustav I)。

熱鬧的廣場四周有數家餐廳和咖

路上觀察 特色招牌和櫥窗集錦

舊城區巷道有許多溫馨小巧的手工藝品和文具禮品店，每家店的櫥窗或招牌都獨具巧思和創意，甚至藥房和圖書館的招牌設計也不遑多讓喔！

1.藥房招牌／2.圖書館招牌／3.4.以動物融入招牌也很討喜／5.溫馨小巧的櫥窗

啡館，夏天坐在露天咖啡座喝著咖啡，嗅著歷經數百年的建築氣息，別有一番滋味；冬季時，廣場就成了聖誕市集(Julmarknad)，一些北歐原始風味的手工飾品、聖誕節應景糕點任你選擇。

✉ Stortorget, 111 29 Stockholm
➡ 1.搭2、55、57、76號公車到Slottsbacken站再步行5分鐘
2.搭地鐵紅線13、14或綠線17、18、19至Gamla Stan朝Gamla Stan出口，步行約7分鐘
3.從市中心沿Drottninggatan街往南直接走Riksgatan街，經過Riksbron橋，再穿過議會大廈拱門，約15分鐘
🗺 P.149／B3

1.最具代表性的紀念品／2.廣場在原乾涸水井增設可飲用的水／3.大廣場是斯德哥爾摩最美的廣場／4.廣場旁的鞋匠街

諾貝爾博物館(Nobelmuseet)
諾貝爾獎的完整紀錄

博物館於2001年落成於大廣場北側的原證券交易所(Börsen)1樓，這是一棟中世紀的建築，也是古斯塔夫三世在1786年創立的瑞典學院(Svenska Akademien)院址，自1901年以來，瑞典學院每年頒布諾貝爾文學獎。

推門進去的購票櫃檯後方，地上列出諾貝爾獎六大領域的各種語言，並立著電子看板介紹今年的得獎者，而天花板上隨著軌道移動的說明卡，將歷年得獎者的資料掛在弧形纜線上；位於說明卡下方，則是幾台互動式的「電子博物館」機器，提供各年代不同類別得主的完整紀錄，有興趣的人可透過得獎者的姓名搜尋查閱。

博物館內還展示得獎者捐贈給諾貝爾基金會的紀念品，捐贈的物品五花八門，同時附上得獎者的說明，參觀結束前若想買一張歷年得獎者的照片、禮品或相關書籍，博物館的紀念品店有很多商品可選購。

3.博物館的紀念品店

1.語音導覽點／2.位於大廣場的諾貝爾博物館／3.博物館的紀念品店／4.天花板上的軌道移動說明卡／5.互動式的「電子博物館」機器

✉ Stortorget 2, Gamla Stan, 111 29 Stockholm
☏ +46(0)8-53481800
◷ 6～8月每日09:00～20:00；9～5月週二～四11:00～17:00，週五11:00～20:00，週六、日11:00～18:00，週一休
$ 成人120SEK，學生、65歲以上80SEK，未滿18歲免費
➡ 1.搭地鐵紅線13、14或綠線17、18、19至Gamla Stan下車，步行約7分鐘
2.搭2、55、57、76號公車到Slottsbacken站再步行5分鐘
🌐 www.nobelmuseum.se(有中文)
ℹ 1.9～5月每週五17:00～20:00免費
2.持斯德哥爾摩通行卡免費入場參觀
3.手機可下載語音導覽，提供多國語言(含中文)：audio.nobelcenter.se
🗺 P.149／A3

斯德哥爾摩：舊城區和船島

1.兩排哥德式磚砌柱非常醒目／**2.**皇家寶座的仿絨布帷幕雕刻逼真／**3.**生動細膩的聖喬治屠龍木雕／**4.**大教堂面向皇宮的立面

大教堂(Storkyrkan)
斯德哥爾摩最古老的教堂

　　位在皇宮旁的大教堂始建於13世紀，其正式名稱為聖尼古拉教堂(Sankt Nikolai kyrka)，是斯德哥爾摩最古老的教堂，也是皇室舉行婚禮和受洗等重大儀式的熱門地點，位於舊城區最高處，無論從任何角度都看得到它高聳的身影。

　　一進入教堂，兩排哥德式磚砌多角柱非常醒目，一對上方頂著金色皇冠、仿絨布帷幕雕刻逼真的「皇家寶座」，這是特別為皇室成員參加大教堂慶典時準備的座位，而正前方有一座在1650年由瑞典議員捐贈教堂的銀祭壇。祭壇左側則有最受矚目的《聖喬治屠龍木雕》(Sankt Göran och draken／

St. George and the Dragon)，生動細膩，這是藝術家Berndt Notke在1483～1489年間以橡木和鹿角的創作，蘊含瑞典在1471年擊退丹麥的寓意，為至今北歐最大的一座木雕像。

✉ Trångsund 1, 111 29 Stockholm
☎ +46(0)8-7233000
🕐 10～3月09:00～16:00，4～5月、9月09:00～17:00，6～8月09:00～18:00
💲 成人60SEK，65歲以上50SEK，未滿18歲免費
➡ **1.**搭地鐵紅線13、14或綠線17、18、19至Gamla Stan下車，步行約7分鐘
　　2.搭2、55、57、76號公車到Slottsbacken站再步行5分鐘
🌐 www.svenskakyrkan.se/stockholmsdomkyrkoforsamling/storkyrkan
ℹ 持斯德哥爾摩通行卡免費入場參觀
🗺 P.149／A3

德國教堂(Tyska Kyrkan)
受國王特許為德國境外教區管轄

最早由德國商會捐贈興建，後來經過多次改建，到19世紀完成現今所呈現的尖塔外觀；雖然教堂位在此地，卻受瑞典國王特許為德國的境外教區管轄。

教堂內部運用大量的彩繪玻璃，以突顯白色拱頂，左側以金黃和綠色組合的皇室包廂以及黑檀木八角證道台，非常顯眼，這些都是出自德國的設計師和藝術家之手。

1.皇室包廂和黑檀木證道台很顯眼／2.教堂外觀／3.教堂內部有大量的彩繪玻璃／4.進入教堂的其中一個入口

路上觀察 歐洲最窄的巷道
Mårten Trotzigs P.149／B3

斯德哥爾摩沒有受到兩次世界大戰的波及，所以整個舊城區得以保存中古世紀狹小彎曲街道和建築，其中位在德國教堂附近的西長街81號Mårten Trotzigs小巷，最窄的寬度只有90公分，僅容兩人側身而過，有點像鹿港的摸乳巷，堪稱歐洲最窄的巷道。

- ✉ Svartmangatan 16A, 111 29 Stockholm
- ☎ +46(0)8-4111188
- ⏰ 週五、六11:00～15:00，週日12:30～16:00，其他時間休
- 💲 成人30SEK，學生20SEK，10歲以下免費
- ➡ 搭地鐵紅線13、14或綠線17、18、19至Gamla Stan下車，步行約5分鐘
- 🌐 www.svenskakyrkan.se/deutschegemeinde
- 🗺 P.149／B3

| 舊城區推薦商家 |

舊城區的西長街(Västerlånggatan)、東長街(Österlånggatan)和商人街(Köpmangatan)是最有名的購物街，很多獨具巧思設計的北歐風格紀念品、骨董和個性小鋪。

Gamla Stans Polkagriskokeri

MAP P.149／B3

- ✉ Stora Nygatan 44, 111 27 Stockholm
- ☎ +46(0)8-107182
- 🕙 每日10:00～18:00
- ➡ 搭地鐵紅線13、14或綠線17、18、19至Gemla Stan下車，步行約2分鐘
- http www.gamlastanspolkagriskokeri.se

很難想像一家手工糖果店能夠走過150年仍堅持傳統的做法，這間150年的手工糖果屋，店裡還有現場公開製作過程和給客人品嘗，糖果的種類和口味非常多，是滿有特色的伴手禮。

Hilda Hilda

MAP P.149／B3

- ✉ Österlånggatan 21, 111 31 Stockholm
- ☎ +46(0) 8-6413680
- 🕙 週一～五11:00～18:00、週六、日11:00～16:00
- ➡ 搭地鐵紅線13、14或綠線17、18、19至Gemla Stan下車，步行約5分鐘
- http www.hildahilda.se

用環保材質，並以獨特編織設計而成的布料，做成各種可愛的手工藝品，展現北歐簡約樸實的風格，例如4張合起來可成一條魚或臘腸狗的桌墊、有可愛熱狗或荷包蛋圖案的餐盒提袋，就連翻開布料內裡，也有很別致的圖案，令人愛不釋手。

 Iris Hantverk

MAP P.149／B2

- ✉ Västerlånggatan 24, 111 29 Stockholm
- ☎ +46(0)8-6980973
- 🕙 週一～五10:00～18:00，週六11:00～16:00，週日12:00～16:00
- ➡ 地鐵紅線13、14或綠線17、18、19至Gemla Stan下車，步行約5分鐘
- http www.irishantverk.se

以天然材質和純手工製作日常生活紡織和木製品，如各種不同尺寸和形狀的刷子、奶油刀、烹飪勺子和浴室用品等，結合可愛的北歐造型設計，簡單質樸卻有質感。

1.位在聖靈島的國會大廈／2.天花板飾有各個城市徽章／3.委員會的會議室

國會大廈(Riksdagshuset)
隨導覽免費參觀國會

特別推薦

　　位在聖靈島(Helgeandsholmen)上的國會大廈是國家的立法機構，委由阿倫‧詹森(Aron Johansson)設計，在1905年落成啟用，而且還開放市民和遊客隨導覽免費參觀，一次導覽時間大約45分鐘，不但能在議會頂樓俯瞰城市美景，還能透過導覽解說瞭解瑞典的政治運作，非常推薦參加。

　　除了參觀議會大廳，導覽還會帶我們到專門委員會的會議室及舊的兩院議會，其中有面牆上掛著歷代國會議長的畫像，天花板飾有各個省區徽章的大廳令人印象深刻；結束前到鋪滿墨綠色地毯的國會正門，呼應四周淺綠色調，脫俗雅致。

✉ Riksgatan 1, 100 12 Stockholm，入口在Riksgatan3
☎ +46(0)8-7864000(總機)，+46(0)20-349000
◎ 6月下旬～8月中旬週一～五每天有4場英語導覽12:00、13:00、14:00、15:00，5場瑞典語導覽11:30、12:30、13:30、14:30、15:30；9月中旬～6月議會開會期間，週六、日13:30有英語導覽。聖誕節～新年期間休
$ 免費
➡ 1.搭3、53號公車到Riddarhustorget站再步行5分鐘
　 2.搭地鐵紅線13、14或綠線17、18、19至Gamla Stan下車，步行約10分鐘
　 3.從中央車站步行約12分鐘
http www.riksdagen.se
ℹ 1.每梯次限28人，無法事前預約，請提前現場排隊
　 2.最好攜帶護照，隨身背包有時會安檢，背包、圍巾、外套一律放置物箱(押金10SEK，現場有換幣機)
MAP P.149／A2

排隊入口

排隊入口處

🚶 散‧步‧延‧伸

MAP P.149／A2

總理官邸和總理府

　　與國會隔湖相望有兩棟房子，一是新巴洛克式的米色房子「薩格爾府」(Sagerska huset)，是瑞典的總理官邸，不但沒有駐警和圍牆，河岸邊還有人垂釣，真是奇觀；而經過狐狸雕像往前走約1分鐘的「玫瑰浴」(Rosenbad)大樓，是政府和總理府的辦公室。

1.總理府／2.總理官邸前有人在河岸邊釣魚

騎士島教堂(Riddarholmskyrkan)
皇室成員的長眠之地

位在舊城區西側的騎士島(Riddarsholmen)上的騎士島教堂,始自13世紀晚期由天主教方濟會修道院興建,當初沒有尖塔,後來經歷宗教改革,1527年原修道院關閉,整修改建為新教教堂,16世紀增建尖塔,但是1835年又被燒毀,後來改以黑色鏤空鑄鐵尖塔鐘樓,即是目前所看到的外觀。

自1634年古斯塔夫二世葬在這裡以來,瑞典的皇室也多依循安葬在此,儼然成為皇家長眠的紀念教堂。這座哥德式風格的磚造教堂內部可分三大殿,在祭壇兩側牆壁和立柱有眾多的騎士團徽章,當該騎士過世,其徽章即懸掛在這座教堂,當中也屬騎士團一員的蔣介石前總統,其中華民國玉璽章也列於此。

✉ Birger Jarls Torg,111 28 Stockholm
📞 +46(0)8-4026100
🕐 5～9月中每日10:00～17:00,9月中～11月週六、日10:00～16:00,其他時間休
💲 成人50SEK,7～17歲和學生25SEK;與參觀皇宮聯票200SEK,7～17歲、學生100SEK,有效期7天,只接受信用卡
➡ 1.搭地鐵紅線13、14或綠線17、18、19至Gamla Stan往Riddarholmen出口再步行約5分鐘
　2.搭3、53號公車到Riddarhustorget站再步行約2分鐘
🌐 www.riddarholmskyrkan.se
ℹ 1.持斯德哥爾摩通行卡免費入場參觀
　2.教堂開放期間內每天11:30有英語導覽
　3.教堂內拍照禁閃光燈和使用自拍器
📍 P.149／B2

1.教堂內部可分三大殿／2.鏤空鑄鐵尖塔鐘樓的騎士島教堂／3.代表蔣中正的中華民國玉璽章(照片提供／馮孝民)

路上觀察 **遠眺國王島和北城,絕佳攝影地點**

幾世紀來,騎士島向來是瑞典貴族聚居的地方,所以島上沒有商店和人潮喧嘩,沿岸的視野非常寬闊。湖邊立著瑞典著名的現代詩人兼音樂家愛佛特·陶布(Evert Taube,1890～1976)拿琴的塑像,他的許多文學作品和歌曲至今仍流傳,在舊城區的鐵廣場也有他拿樂譜的雕像,可見他在瑞典人心目中所占的分量。

1.湖邊立著手拿琴的雕像是瑞典著名的音樂家Evert Taube／2.騎士島過去是瑞典貴族聚居的地方

貴族之家(Riddarhuset)
被譽為歐洲最美建築之一

青銅色屋頂的貴族之家建於17世紀中期，由Simon de la Vallée等多名建築師參與設計完成的荷蘭巴洛克建築風格，1870年增建兩邊側翼，被譽為歐洲最美的建築之一。

這裡曾經是貴族舉行第一場會議的場所，裡面陳列了2千多個貴族的家族紋章，正門前方豎立著唯一被國會封為「大帝」的瑞典國王古斯塔夫二世銅像，這是以卡爾十二世在1700年打敗俄軍奪來的大炮改鑄而成，後院則有輔佐古斯塔夫二世的大臣阿克薩(Axel Oxenstierna)雕像；目前每3年瑞典貴族仍在這裡舉行會議。

✉ Riddarhustorget 10, 111 28 Stockholm
☎ +46(0)8-7233990
🕐 週一～五11:00～12:00，12月底～5月底不開放
💲 成人60SEK，學生40SEK
➡ 1.搭乘3、53號公車到Riddarhustorget站
　2.搭地鐵紅線13、14或綠線17、18、19至Gemla Stan下車，步行約7分鐘
🌐 www.riddarhuset.se
ⓘ 持斯德哥爾摩通行卡免費入場參觀
🗺 P.149／A2

1.古斯塔夫二世銅像／2.貴族之家後院／3.兩邊側翼是後來增建的

現代美術館和建築設計中心(Moderna Museet&ArkDes)
創意十足的現代藝術

特別推薦

現代美術館由受到普立茲克獎(Pritzker Architecture Prize)肯定的西班牙當代建築師Rafael Moneo設計，館前的露天大型公共雕塑是20世紀法國藝術家，妮基‧桑法勒(Niki de Saint Phalle)與尚‧丁格利(Jean Tinguely)的傑作，正門前則立著美國雕塑家Alexander Calder 在1962年的創作《四元素》(The Four Elements)，非常醒目。

館內分常設和臨時主題展，常設展覽從20世紀到現今傑出的藝術家，包含西班牙的畢卡索(Pablo Picasso)、當代藝術野獸派鼻祖馬蒂斯(Henri Matisse)、法國立體主義的布拉克(Georges Braque)，以及以強烈線條表現手法的挪威孟克(Edvard Munch)等名家作品齊聚。

建築設計中心位在美術館禮品店旁，主要展示瑞典現代建築設計及城市規畫。結束參觀後，還有很受歡迎的附設景觀餐廳和紀念商品可逛。

玩樂篇

斯德哥爾摩：舊城區和船島

✉ Exercisplan 4, Skeppsholmen 111 49 Stockholm

☎ +46(0)8-52023500

🕐 週二、五10:00～20:00，週三、四10:00～18:00，週六、日11:00～18:00，週一休

💲 免費；部分特展成人100～120SEK，學生、65歲以上80～100SEK，未滿18歲免費

➡ 1.搭往動物園島82號渡輪到skeppsholmen站(見P.78)
  2.搭地鐵藍線10、11到Kungsträdgården站，步行過船島橋走15分鐘
  3.搭公車65號到Moderna Museet下車

🌐 現代美術館：www.modernamuseet.se
  建築設計中心：www.arkdes.se

ℹ 拍攝禁閃光燈和使用自拍器

🗺 P.129／C5

1.人車分道的船島橋／2.大門前的《四元素》公共雕塑／3.孟克晚期作品色彩豐富，減少抒發苦悶題材／4.建築設計中心／5.大型公共雕塑／6.畢卡索作品

散·步·延·伸 🗺 P.128／C4

船島橋(Skeppsholmsbron)

位在舊城區右側的船島(Skeppsholmen)，自17世紀以來因地理位置的關係為海軍基地，島上建築多為海軍設備，直到20世紀海軍撤走後，這裡便發展成藝術中心。經過人車分道的船島橋，橋上有美麗的皇冠裝飾，望向對岸的皇宮特別有意境。

小城堡(Kastellet) 🗺 P.129／C6

🌐 www.kastelletstockholm.se

由船島經城堡島橋(Kastellholmsbron)通往綠意盎然的城堡島(Kastellholmen)，從橋上遠望舊城區的天際線或是南城區的港灣，景色都相當美，岸邊還有免費Wi-Fi的英語導覽，可以邊聽導覽邊欣賞眼前的美景。

島上有一座19世紀中重建的紅磚城堡，城堡附設咖啡館只有夏季週三～週日11:00～17:00開放平台露天咖啡座，只要在開放時都可免費入內參觀，建議你爬螺旋梯到圓形塔頂遠眺這座海上璇宮。

1.紅磚城堡在開放時可以免費參觀／2.咖啡館入口

美食
精選推薦

1.北極蝦三明治／**2.**無限取用的沙拉、麵包和飲料／**3.**蘑菇濃湯

Grillska Huset
Dine 做公益又能享受有機美食

這是位在大廣場，由市政府管轄的Stadsmission公益團體所經營的餐廳、熟食外帶和麵包店，無論是當季新鮮熱食或是三明治與糕點的輕食，都是取自有機食材認證的美味餐點，每天更換

菜單。個人特別推薦不到100SEK的蘑菇濃湯(Skogssvampsoppa)，還可以無限取用有機沙拉、自製麵包和咖啡、茶等飲料，除了可以在店內和店前露天咖啡座用餐外，在春、夏、秋季還開放花園中庭的用餐區，享受難得的悠閒時刻。

- ✉ Stortorget 3,111 29 Stockholm
- ☎ +46(0)8-68423364
- ⏰ 週一10:00～19:00，週二～六10:00～20:00，週日11:00～19:00
- 💲 週間午餐含沙拉飲料主餐約100SEK，一塊蛋糕約45SEK
- ➡ 搭地鐵紅線13、14或綠線17、18、19至Gamla Stan下車，步行約5分鐘
- 🌐 grillska.gastrogate.com
- 🗺 P.149／B3

Under Kastanjen
Dine 價格實在的舊城區熱門餐廳

因門前有一棵栗子樹，所以店名取為「栗子樹下」，是舊城區非常受歡迎的餐廳，每天會推出特餐、各式沙拉、濃湯，每週四還會有傳統的豆泥湯和薄餅，一客多為100SEK上下，環境雅致、服務親切且價格實在，難怪雖然座位不少依然經常客滿。

- ✉ Kindstugatan 1,111 31 Stockholm
- ☎ +46(0)8-215004
- ⏰ 週一～五08:00～23:00，週六09:00～23:00，週日09:00～21:00
- 💲 週一～五午餐含飲料主餐約100SEK，一份蛋糕約45SEK
- ➡ 搭地鐵紅線13、14或綠線17、18、19至Gemla Stan下車，步行約8分鐘
- 🌐 www.underkastanjen.se
- 🗺 P.149／B3

1.2.點個餐即可無限自取麵包和咖啡／**3.**Under Kastanjen的入口／**4.**地下樓座位

Kaffekoppen
最美麗的 17 世紀建築咖啡館

這家名為「咖啡杯」的地標名店，是大廣場上最美麗的建築，室內仍維持17世紀的酒窖氛圍。若天候不錯，坐在店前的露天座椅，一邊欣賞廣場四周優美景致，一邊享用美味的咖啡和甜點。

下午茶推薦搭配咖啡的肉桂捲、藍莓派或蘋果派；若想吃鹹味的簡餐，也有各式三明治，鮭魚菠菜鹹派也很適合，每天會提供當日特製湯品。

- ✉ Stortorget 20, 111 29 Stockholm
- ☎ +46(0)8-203170
- ◷ 週一～四09:00～22:00 ，週五09:00～23:00 ，週六08:00～23:00，週日08:00～22:00
- 💲 一份冷熱飲約40SEK，一份甜點約60SEK，鹹派約100SEK
- ➡ 搭地鐵紅線13、14或綠線17、18、19至Gamla Stan下車，步行約4分鐘
- http www.cafekaffekoppen.se
- MAP P.149／B3

1.甜而不膩的蘋果派很適合搭配咖啡／**2.**坐在美麗的建築前享受放鬆的時光

Sundbergs Konditori
斯德哥爾摩最老的咖啡館

- ✉ Järntorget 83, 111 29 Stockholm
- ☎ +46(0)8-106735
- ◷ 週一～五09:00～20:00，週六、日10:00～20:00
- 💲 一杯冷熱飲約45SEK，一份蛋糕約45SEK
- ➡ 搭地鐵紅線13、14或綠線17、18、19至Gemla Stan下車，步行約5分鐘
- MAP P.149／B3

位在過去曾為金融中心的鐵廣場(Järntorget)上，自1785年創店至今，可以稱得上是斯德哥爾摩最古老的咖啡點心店，過去還是銀行家們的小聯誼據點。店內空間雖然不大，但是裝潢古典不落俗套，特別推薦該店的蘋果派。

咖啡館掛著皇室家族的照片，顯得貴氣

Sundbergs Konditori是老牌的咖啡點心店

每日提供可口的甜點

動物園島
Djurgården

最佳休閒踏青的城市綠地，樂享沿岸海景風光

擁有大片森林綠地、蜿蜒海岸和田園小徑的動物園島，島上有不少著名的博物館和遊樂設施，是民眾假日休閒踏青的好去處，如今也成了遊客到斯德哥爾摩必訪之地，交通四通八達，無論渡輪、電車、公車或租腳踏車，甚至沿著海岸悠閒散步到島上，迎著海風盡情享受海天一色的北歐風情。

〔 One Day 一日行程表 〕

參觀時間	
上午	
斯堪森露天博物館	120 分鐘
	Rosendals Trädgårdskafé 吃午餐 (P.170)
下午	
ABBA 博物館	40 分鐘
北歐博物館	60 分鐘
瓦薩戰艦博物館	80 分鐘
搭懷舊咖啡電車 (週末)	30 分鐘
	Fika 一下再上路 (P.171)

斯堪森露天博物館(Skansen)
世界上首座露天博物館

特別推薦

展示整個瑞典縮影的斯堪森博物館是由哈茲里烏斯 (Artur Hazelius)於1891年創立，這位瑞典學者有感於國家因工業化發展過程，瑞典傳統建築和文化漸漸凋零，所以費盡心思從瑞典各地尋找160座不同時期的傳統屋舍、商店、倉庫、農場、作坊、郵局和教堂等建築，拆

卸後在斯堪森重建。到博物館走一回，就像遊歷一趟從北到南的瑞典小旅行，這些帶有歷史文化的建築所承載的懷舊氛圍將讓你深受感動，還有許多穿著傳統服飾的鐵匠、木工和麵包師傅帶你穿越時空，體驗過去各行業的工藝，空氣中不時

1.從各地搬遷重建的傳統建築／2.Skansen露天博物館入口／3.4.動物園／5.老奶奶現場生火烘焙麵包(照片提供／甯廷芳)／6.夏季也可以搭纜車入園

飄來現烤肉桂捲的香氣和打鐵聲響，宛如重現一幅動人的中世紀畫卷。

假如剛好遇到節日慶祝活動就更熱鬧了，如仲夏節、露西亞節和耶誕節，大家載歌載舞表演瑞典傳統歌舞和節慶市集，簡直置身在烏托邦世界裡的莊園。

斯堪森裡還有斯德哥爾摩唯一的動物園，除了一般家禽動物，另有熊、山貓、馴鹿、獾、狼等北歐動物，很適合親子共遊。

✉ Djurgårdsslätten49-51，115 21 Stockholm
☎ +46(0)8-4428000
🕐 1～3月、10～12月10:00～15:00，4月10:00～16:00，5～6、9月10:00～18:00，6/25～8月10:00～20:00，國定假日開放時間會變動
💲 依季節不同，成人140～240SEK，65歲以上、學生120～220SEK ，4～15歲60～110SEK，3歲以下免費；另有團體優待
➡ 7、7N號電車(即地圖標示S7)或67號公車到Skansen站
🌐 www.skansen.se(有中文)、館內地圖：www.skansen.se/sites/default/files/gratiskartan_2012_eng_till_hemsidan.pdf
ℹ 夏季開放從Hazeliusporten入口搭纜車抵達博物館
🗺 P.129／C7

ABBA博物館(ABBA The Museum)
近距離接觸瑞典流行樂偶像

瑞典知名ABBA合唱團雖然在1982年宣告解散，但是仍然有許多樂迷難忘他們的經典名曲，現在這些樂迷有福了，在2013年成立的ABBA博物館，舉凡和ABBA合唱團相關的音樂、服飾、音樂劇等一應俱全，樂迷還可以在錄音室錄下和ABBA一起合唱的經典歌曲影片，體驗和瑞典流行歌曲偶像近距離的接觸。

ABBA人立牌很受歡迎

✉ Djurgårdsslätten 68，115 21 Stockholm
☎ +46(0)8-12132860
🕐 開放時間因季節略有不同，大致為週一、二、五～日10:00～18:00，週三～四10:00～20:00，6～8月開放時間會提早
💲 網路訂票成人250SEK，學生175SEK，7～15歲95SEK，語音導覽(有中文)20SEK；現場購票需加手續費
➡ 7、7N號電車或67號公車到Liljevaljchs/Gröna Lund站
🌐 www.abbathemuseum.com
ℹ 館內無鈔化，只接受刷卡購票
🗺 P.129／C6

可愛的兒童木雞搖椅

北歐博物館(Nordiska museet)
500年瑞典演進歷史全在這裡

　　由創建斯堪森博物館的哈茲里烏斯(Artur Hazelius)在1873年設立，委由19世紀著名的建築師Isak Gustaf Claso設計為北歐文藝復興風格的博物館。裡面館藏分3個樓層、超過150萬件的展示品，舉凡瑞典人一生中所經歷的傳統節慶，還有日常生活物品，如服飾、家具、擺飾、童玩等無所不包，分門別類展示從16世紀到現代，500年來的演進，是瞭解瑞典人生活最好的入門。

　　一進博物館的大廳，正中央圓頂下巨型木雕像是瑞典國王古斯塔夫一世，這是極負盛名的米勒斯(Carl Mills)雕塑作品，旁邊設有餐廳和咖啡館，地下室則有圖書館和洗手間。

- ✉ Djurgårdsvägen 6-16，115 93 Stockholm
- ☎ +46(0)8-51954600
- ◉ 6～8月每日09:00～18:00，9～5月週一、二、週四～日10:00～17:00、週三10:00～20:00
- 💲 成人、學生140SEK，65歲以上120SEK，未滿18歲免費；9～5月週二13:00～17:00免費參觀
- ➡ 搭乘7、7N號電車或67號公車到Nordiska museet/Vasamuseet站
- 🌐 www.nordiskamuseet.se(有中文)
- ℹ 1.持斯德哥爾摩通行卡可免費參觀
  2.可使用中文語音導覽(含在票價內)
  3.6～8月每週五、日12:00有中文導遊解說，時間時有變動，請先上網確認
- 📍 P.129／B6

1.服飾演進／**2.**米勒斯的作品／**3.**文藝復興風格的北歐博物館／**4.**雕刻細緻的家具／**5.**傳統節慶

行家密技 便利的皇家動物園島遊客中心

位在北歐博物館附近的皇家動物園島遊客中心(Royal Djurgården Visitor Center)，不但可以購買公(電)車票、旅遊各類卡、詢問旅遊相關資訊和免費Wi-Fi，而且地下樓還有廁所提供旅客使用，一旁也有景觀餐廳，很方便。

- ✉ Djurgårdsvägen 2,115 21 Stockholm
- ☎ +46(0)8-6677701
- ◉ 5月平日09:00～17:00，週末09:00～19:00；6～8月09:00～19:00；9～4月09:00～17:00
- ➡ 搭7、7N號電車到Nordiska museet/Vasamuseet下車往回走到橋邊約1分鐘
- 🌐 royaldjurgarden.se
- 📍 P.129／B6

瓦薩戰艦博物館(Vasamuseet)
重現17世紀的巨型戰艦

這艘以瓦薩王朝的創始人古斯塔夫·瓦薩命名的戰艦，是瑞典國王古斯塔夫二世在1625年下令興建，召集了木工、縫帆工、鐵匠和雕塑家等各行業共4百多人，歷時2年才完成。1628年8月10日，瓦薩戰艦在民眾的歡呼聲中揚帆啟航，豈料才航行1,300公尺，突然一陣風吹來，瓦薩號竟翻覆沉沒在現在的動物園島附近。

至於瓦薩號為什麼會翻覆？原因眾說紛紜，不過有一個很重要的因素，原來當時瑞典和波蘭發生戰事，國王為了戰爭需要容納更多的火砲而更改設計為雙層火砲門，導致船身嚴重腳輕。經過

333年不斷嘗試打撈，這艘在水底沉睡3個世紀的戰艦終於浮出水面，更重要的是，由於波羅的海水鹹度不高，喜歡鹹水海域的蛀船蟲沒有大量繁殖，使得瓦薩號得以保存完整。

為了保存瓦薩號，政府於1991年在海軍造船廠原址設立瓦薩戰艦博物館，如今已成為瑞典最受歡迎的博物館。外形像一艘船的博物館有7層走廊，包圍長69公尺、高52.5公尺的巨船，氣勢雄偉；船的四周還分設10個展示區，呈現戰艦模型、建造背景、船員生活情形、各種打撈器具、修復過程等，甚至還依據船員的遺骸

1.戰艦模型／2.復原船尾的雕刻和裝飾光彩奪目／3.當時和波蘭人戰爭，所以錨架下壓個象徵屈服的波蘭人／4.炮門開啟有猙獰的獅子頭朝向敵人／5.外形像一艘船的瓦薩戰艦博物館／6.復原後的瓦薩戰艦依然雄偉

還原面貌，其中船尾的雕刻和裝飾光彩奪目，令人讚歎。

- ✉ Galärvarvsvägen 14, 115 21 Stockholm
- ☎ +46(0)8-51954880
- ⏱ 6～8月每日08:30～18:00，9～5月週一、二、週四～日10:00～17:00、週三10:00～20:00
- 💲 成人150SEK，未滿18歲免費(網路預購票90天效期)
- ➡ 搭7、7N號電車到Nordiska museet/Vasamuseet下車走約5分鐘
- 🌐 www.vasamuseet.se(有中文)
- ℹ 1.持斯德哥爾摩通行卡可免費入場參觀
  2.推出銀卡250SEK、金卡350SEK在1年內免費參觀，金卡享有餐廳、購物9折等優待
- 🗺 P.129／B6

美食
精選推薦

1.自家溫室採收的蔬果／2.健康的手工餅乾

Dine

Rosendals Trädgårdskafé
以自家溫室採收蔬果香料入菜

位在動物園島Rosendals花園的Rosendals Trädgårdskafé，除了販賣花圃的花卉、香草、有機農產品和日常配件外，還以自家溫室採收的有機蔬果和香料提供餐點，午餐時段推出養生特餐，所提供的糕點、麵包，都是師傅在石窯用樺木燒烤製成的，很值得品嘗。

假如還有時間，旁邊為國王卡爾十四世·約翰(Karl XIV Johan)於1823～1827年建造的別館「羅森達爾宮」(Rosendals slott)，在夏季開放時間可隨導覽參觀。

✉ Rosendalsterrassen 12,115 21 Stockholm
☎ +46(0)8-54581270
🕐 4～10月11:00～17:00，11～3月11:00～16:00
💲 主餐135～165SEK，有機蔬菜湯110SEK
➡ 搭7號電車到Bellmansro站，過馬路往樹林步道走8分鐘
🌐 www.rosendalstradgard.se

羅森達爾宮(Rosendals slott)
🕐 6～8月週二～日12:00、13:00、14：00、15:00隨導覽參觀45分鐘
💲 成人100SEK、學生和7～17歲50SEK，持斯德哥爾摩通行卡可免費入場
🌐 www.kungligaslotten.se/english/royal-palaces-and-sites/rosendal-palace.html
🗺 P.129／B8

3.一片綠地的羅森達爾宮／4.溫室花圃／5.選購相關有機產品／6.水果園露天用餐區

Dine Blå Porten
羊肉丸混合根莖蔬菜很受歡迎

1.羊肉丸毫無腥味／2.鹹派配上豐富的生菜沙拉／3.夏季花園中庭用餐區

　　位於ABBA博物館附近，空間大，有不少美食供選擇，夏季開放戶外中庭花園用餐，很舒適。

　　進大門穿過迴廊，先到室內用餐區自助取餐，從排隊、拿餐盤、點餐、取餐、拿飲料和醬料一氣呵成。排隊前頭有當日菜單，如果菜單上沒有想要吃的餐點，一樣要先排隊，會經過一桌桌的三明治和甜點，左手邊還有冰飲櫃，皆可自取放在餐盤上。到了收銀台前，服務員會問你點什麼餐或要喝的熱飲，然後結帳。

　　結完帳拿取收據，若有點餐就到櫃檯旁邊的候餐區，等待領餐，櫃檯前方有多種麵包，麵包右邊有個

　　開放式的各式醬料雪櫃，都可自取，如果點熱飲，咖啡可以自助續杯或開放式茶包回沖。

　　該店的羊肉丸混合根莖蔬菜毫無腥味，很受歡迎，附上幾顆水煮馬鈴薯，口感Q彈很好吃，還有香煎鯡魚、鹹派和藍莓派都很美味；此外，該店還會配合節慶推出復活節、聖誕節大餐。

✉ Djurgårdsvägen 64, 115 21 Stockholm
☎ +46(0)8-6638759
🕐 週一～四、日11:00～19:00，週五～六11:00～20:00
💲 主餐約100～150SEK
➡ 搭7、7N電車到Liljevalc/Gröna Lund站下，步行1分鐘
http www.blaporten.com
ℹ 整修中，出發前請上網確認
MAP P.129／C6

Fika 懷舊咖啡電車 (Cafévagnen)
邊喝咖啡邊賞街道美景

1.7N懷舊電車咖啡車廂／2.在咖啡電車上喝下午茶是滿特別的體驗

　　這輛加掛在7N懷舊電車的咖啡車廂，穿梭於斯德哥爾摩市中心，帶領你經過著名的博物館和美術館，途中可邊欣賞街道美景邊品嘗瑞典的簡單下午茶。車廂位子不多，內部以小巧可愛的檯燈散發出懷舊情調，讓這趟旅程成為一種愜意的享受。

　　7N懷舊電車從Norrmalmstorg廣場到Djurgården單趟車程約15分鐘，每12～18分鐘一班，只要不下

車，就可跟著它來回在街上跑。若雙腳走累了，它是你最佳的歇腳選擇。基本上，電車從起點啟程後會重複繞行同一段路線，可即興下車，隨興開展旅程。

✉ 從Norrmalmstorg廣場起駛，終點是斯堪森露天博物館，全程約20～30分鐘，不限搭乘時間
🕐 4～12月中旬週六、日11:00～17:00(每小時約2班)
💲 成人35SEK，7～19、65歲以上20SEK，7歲以下免費，飲料及點心另計
➡ 搭地鐵紅線13、14至Östermalmstorg站，往Birger Jarlsgatan出口左轉走3分鐘，再走Smålandsgatan街約2分鐘，電車站牌在左手邊第一個路口
http www.djurgardslinjen.se/en/the-cafe-tram
ℹ 1.交通卡不含此乘車費用，可在車上付現或刷卡
　2.行駛時間或有變動，建議先上網查詢行駛資訊
MAP P.128／B4

東城區
Östermalm

斯德哥爾摩的高級住宅區，典雅豪宅建築林立，氣派非凡

面向皇家戲劇院 (Dramatiskateatern) 往東看濱海大道 (Strandvägen)，沿路 19 世紀末～ 20 世紀初的典雅建築氣派非凡，和前面蔚藍的水色與成排船桅，形成一幅美麗的景致，這裡也是斯德哥爾摩的高級住宅區。如果喜歡北歐的設計，那絕對要到這區走一趟。這裡聚集不少國際品牌，同時也有當地高級設計師的名店，而偏好室內設計則不能錯過 Svenskt Tenn 的擺飾；當然，這裡也有不少博物館可挖寶，以及紅磚建築的東城傳統市集 (Östermalmshallen) 等你來品嘗瑞典獨特的美食。

〔 One Day 一日行程表 〕

參觀時間	
上午	
國立博物館	90 分鐘 在博物館附設餐廳或 Östermalmshallen 午餐 (P.180)
下午	
歷史博物館	60 分鐘
軍事博物館	40 分鐘
哈爾威博物館	30 分鐘 Fika 一下再上路 (P.181)
Svenskt Tenn、名店街	60 分鐘 Shopping(P.179)

1.宏偉的皇家戲劇院／2.歷史博物館的戶外維京遊戲區／3.Svenskt Tenn居家精品

國立博物館 (Nationalmuseum)
瑞典規模最大的藝術博物館

特別推薦

1.處處充滿北歐設計亮點的餐廳／2.一樓中庭展示的雕塑／3.整修5年、耗資10億重新開放的國立博物館

斯德哥爾摩：東城區

與皇宮隔海相望的國立博物館，是瑞典最大的藝術與設計博物館，館藏多由18世紀瑞典的國王古斯塔夫三世(Gustav III)，以及卡爾·古斯塔夫·特森(Carl Gustaf Tessin)出任瑞典駐法國大使期間收藏所捐贈。本館在1792年以「皇家博物館」(Konglig Museum)為名創立，現今所看到的博物館是於1866年啟用，並在同年更名為「國立博物館」，是歐洲最古老的藝術博物館之一。

該館一共有4層樓，地下一樓有置物櫃、洗手間等設備，入口的地面樓有餐廳、咖啡館和禮品部，重新整修後，處處充滿北歐的設計亮點。二樓以上是展區，展覽依年代劃分，包括繪畫、素

描、版畫、陶瓷、雕塑等藝術品，館藏每年也會依照不同的主題重整陳列。

- ✉ Södra Blasieholmshamnen 2, 111 48 Stockholm
- ☎ +46 (0)8-51954300
- ⏰ 週二、三、六、日11:00～17:00，週四11:00～21:00，週五11:00～19:00，週一、萬聖節前夕與當日(即第44週的週五、六)、聖誕節前夕與當日、除夕夜休
- 💲 免費。特展成人150SEK，65歲以上和學生120SEK，未滿20歲免費
- ➡ 1.搭地鐵藍線10、11到Kungsträdgården站出口走到國王花園，朝左方走約4分鐘。2.搭公車65到Nationalmuseum。3.搭公車2、55、76到Karl XII:s torg站再步行約3分鐘
- 🌐 www.nationalmuseum.se
- ℹ 1.參觀時可先下載Nationalmuseum Visitor Guide APP幫助導覽。2.全館無鈔化，可網路訂票或現場刷卡購票
- 🗺 P.128／B4

精采看點 1　19世紀～現代的畫作

←卡爾‧拉森的
《仲冬犧牲》
大壁畫

→左恩的知
名畫作《仲
夏舞》，輕
快活潑

一上二樓看到的大壁畫，是卡爾‧拉森(Carl Larsson)在1915年完成的油畫作品《仲冬犧牲》(Midvinterblot)，描繪北歐的神話傳說。傳說中為了安撫眾神，瑞典國王多馬德(Domald)犧牲自己以結束多年的飢荒，這也是拉森自認最傑出的一幅畫作。

二樓收藏以19世紀到現代的畫作為主，其中包含不少瑞典19世紀的兩位知名畫家，卡爾‧拉森和安德斯‧左恩(Anders Zorn)的作品，兩人也有深厚的友誼。拉森的水彩畫作相當出名，主要以家庭生活為素材，妻子和8個孩子的日常起居是他創作的泉源；廣受喜愛的《仲夏舞》(Midsommardans)是左恩最著名的作品，生動呈現仲夏節歡愉跳舞的情景。

精采看點 2　16～18世紀繪畫

走到三樓，巨幅壁畫《1523年古斯塔夫‧瓦薩進入斯德哥爾摩》(Gustav Vasas intåg i Stockholm 1523)呈現眼前，這也是卡爾‧拉森的作品，在1908年完成。畫中描繪穿著盔甲的古斯塔夫‧瓦薩騎著一匹駿馬，在1523年的仲夏節從丹麥人手中收復了斯德哥爾摩，畫中左側的人群交出城市鑰匙表示臣服，右側則是舉著旌旗的軍隊。

三樓主要展示16～18世紀的繪畫，包括擅長光影繪畫技巧、17世紀荷蘭最偉大的畫家林布蘭(Rembrandt Harmenszoon van Rijn)，他的自畫像栩栩如生。在常態展區的四周也有手工藝、陶瓷玻璃、家具和雕塑等藝品展示，此部分是免費參觀。

另外在三樓另闢有不定期特展區，展示館藏以及從世界其他博物館借展的各主題藝術品，這部分需購票參觀。

←（左一）除了畫作，博物館也有其他藝術品展示／（左二）林布蘭24歲的自畫像

歷史博物館(Historiska museet)
維京文物藏品豐富

特別推薦

收藏從石器時代到近代超過萬年的歷史藏品，細分有瑞典歷史文物、維京、黃金屋和中世紀藝術等區。

- ✉ Narvavägen 13-17, 114 84 Stockholm
- ☎ +46(0)8-51955620
- ◉ 9～5月週二、四～日11:00～17:00，週三17:00～20:00，週一休館；6～8月每日10:00～17:00
- 💲 免費，租語音導覽30SEK
- ➡ 1.搭67號公車到Historiska museet站
  2.搭公車69、76或7、7N號電車到Djurgårdsbron站，再沿Narvavägen走3分鐘
- http historiska.se
- ℹ 背包必須先到1樓洗手間旁的置物櫃投入1SEK寄放，取回物品會退回
- MAP P.129／A5

1.歷史博物館入口／2.3.服務台和餐廳

精采看點 1　黃金屋

▲地下室收藏大量金銀文物的黃金屋(Guldrummet)｜館內著名的展館，包含重達52公斤黃金和200公斤的白銀，有維京時代的純銀吊飾、金項圈、中世紀的宗教禮器，其中綴有寶石裝飾的12世紀禮器最為亮眼。

↑ 綴有寶石的12世紀禮器

精采看點 2　維京符文石

▶地面樓的維京館｜展示維京時期的生活器具和穿著、婚葬禮習俗，也以維京時期的一個依水而建、外圍有防禦工事的Birka聚落影音說明，另有大量的維京符文石陳列，擁有世界上維京文物最豐富的藏品。

精采看點 ③
鍍金聖母木雕

▼樓上的瑞典歷史文物收藏也很廣泛，無論皇室金縷衣、作戰盔甲等，是在哥特蘭島 Viklau 教堂發現的，至今仍保存完好。

↑皇室
金縷衣

↑ 作戰盔甲

←12世紀初的鍍金聖母木雕，這是瑞典最有名的中世紀雕塑作品之一

精采看點 ④
體驗維京人生活

▲在夏季，博物館中庭還會設置仿維京廚房、房間、射箭練習場和各種遊戲區，可以實地體驗維京人的生活，很有趣。

路上觀察 全球最長的藝廊——地鐵岩石藝術

　　斯德哥爾摩地鐵多由地下岩石開鑿出來，再利用岩石不規則表面，設計成各站的主題彩繪與裝飾，長達110公里，號稱世界最長的公共藝術，只要1張有效票期的交通卡就可以隨意搭乘參觀，其中以藍、紅線地鐵的彩繪藝術最多，推薦幾處頗具特色的地鐵站：

■藍線Tensta
充滿童趣的大地彩繪

■藍線Solna centrum
火紅天空裡的綠森林田野

■藍線Kungsträdgården
結合許多圖騰和羅馬帝國文明

軍事博物館(Armémuseum)
瑞典的武器大觀

特別推薦

占地極廣的軍事博物館共有3層樓的展示，除了前庭陳列大型武器外，一進博物館底層有服務台、餐廳、禮品店和洗手間，1、2樓依年代展示16～20世紀的武器演進、瑞典軍隊歷史、重現戰地實況影音以及實際上戰場的槍劍大砲，其中，瑞典外交官Raoul Wallenberg，因發簽證給猶太人而導致最後行蹤成謎的事蹟(P.141)，也有闢專室解說，是值得武器迷參觀的一座博物館。

✉ Riddargatan 13, 114 51 Stockholm
☎ +46(0)8-51956301
🕐 9～5月週二11:00～20:00，週三～日11:00～17:00；6～8月每日10:00～17:00
💲 免費
➡ 1.搭地鐵紅線13、14到Östermalmstorg站往Sibyllegatan出口，走約2分鐘
　 2.搭公車69、54、76或7、7N電車到Nybroplan站，再走約3分鐘
🌐 www.armemuseum.se
🗺 P.128／A4

1.占地極廣的軍事博物館／2.瑞典外交官Raoul Wallenberg為了拯救猶太人導致最後行蹤成謎的專室解說／3.依年代展示瑞典武器演進

■藍線
Sundbybergs
Centrum
以維京船代表曾經掌控海上航權的時代

■藍線T-Centralen(中央車站)
藍白交錯的枝葉攀藤而上，有如置身原始洞穴

■藍線Rinkeby
黃金馬賽克圖案搭配古代埃及元素

■紅線Tekniska högskolan
風起雲湧的詭譎氛圍與炫目電梯

■紅線Stadion
走入空中彩虹和拼花的世界

哈威爾博物館(Hallwylska museet)
19 世紀貴族生活的原貌

　　這棟淡粉色外觀的豪宅於1893～1898年間由著名的建築師Isak Gustaf Clason設計建成，原為瑞士裔軍官、後成為瑞典國會議員的Walther von Hallwyl所有，1920年由其夫人捐給政府希望保持原貌成立博物館，1938年正式開放，裡面包含多間各具特色的房間、兵器、瓷器、服飾、娛樂等收藏，可以藉此瞭解19世紀貴族生活的原貌。

　　進博物館大門，背包必須先放右側寄物櫃，之後到左側櫃檯領票上樓參觀，洗手間位於地下室，中庭的咖啡館只有在夏天營業。

✉ Hamngatan 4, 111 47Stockholm

☎ +46(0)8-4023099

🕐 9～6月週二、四、五12:00～16:00，週三12:00～19:00，週六、日11:00～17:00；7～8月週二～日10:00～19:00。週一休館

💲 免費，隨導覽參觀所有樓層80SEK(19歲以下免費)，租語音導覽40SEK

➡ 1.搭乘地鐵藍線10、11到Kungsträdgården站，朝Norrmalmstorg廣場走約3～5分鐘

　 2.搭乘公車54、69、76，或7號電車到Nybroplan站再走2分鐘

🌐 www.hallwylskamuseet.se(有中文)

🗺 P.128／B4

1.貴族服飾／2.哈威爾博物館入口／3.夏天營業的中庭咖啡館／4.具特色的房間／5.19世紀撞球台／6.瓷器收藏

| 東城區推薦商家 |

Birger Jarlsgatan、Biblioteksgatan 名店街區

匯集國際精品和瑞典高檔品牌

Eataly Stockholm複合式美食購物廣場

✉ Biblioteksgatan 5, 111 46 Stockholm

☎ +46(0)8-40017500

🕐 週一～四10:00～22:00 ，週五～六10:00～00:00 ，週日11:00～20:00

🌐 www.eataly.se

有LV、BURBERRY、CHANEL、Gucci等國際精品，以及瑞典高檔品牌如ACEN Studios、FilippaK、COS，由此可連到Mäster Samuelsgatan，也是逛街好去處。若有時間，推薦由知名戲院RödaKvarn改建的複合式廣場Eataly Stockholm。Eataly據點遍布全球，講求融合當地飲食特色來推廣義大利美食，包含餐廳、農產品、甜點和烹飪學校等。內部陳設還留有原戲院的舞台和巨型水晶燈，十分耀眼。

Sturegallerian購物中心

高貴雅致的挑高設計空間   🗺 P.128／A4

✉ Stureplan 4, 114 35 Stockholm

☎ +46(0)8-6114606

🕐 週一～五10:00～19:00，週六10:00～17:00，週日12:00～17:00

➡ 搭地鐵紅線13、14到Östermalmstorg站往Stureplan出口，或搭2、55、96號公車到Stureplan站再步行2分鐘

🌐 www.sturegallerian.se

Sturegallerian購物商城介於北城和東城之間，大門面對過去斯德哥爾摩著名的約會地點Stureplan廣場。整體設計高貴雅致，除了一進門的幾家蔬果、魚肉攤位外，裡面是時尚精品專櫃和知名的餐廳及咖啡館。

Svenskt Tenn

經典家居設計精品店   🗺 P.128／B4

✉ Strandvägen 5, 114 51 Stockholm

☎ +46(0)8-6701600、 +46(0)8-6701670

🕐 週一～五10:00～18:30，週六10:00～17:00，週日11:00～16:00，復活節休

➡ **1.** 搭地鐵紅線13、14到Östermalmstorg站再走4分鐘
    2. 搭公車69、 54、76或7、7N電車到Nybroplan站再走約2分鐘

🌐 www.svenskttenn.se

1924年由錫製品設計師Estrid Ericson創立於斯德哥爾摩，在北歐僅此一家，是瑞典經典家居設計精品店，充滿色彩繽紛的圖案和設計的巧思，顛覆北歐向來給人冷色調的印象。

Svenskt Tenny在瑞典文意指「瑞典錫製品」，所以品牌開創之初，設計產品以錫器為主，後來網羅創意、用色大膽的奧地利設計師Josef Frank，以取自大自然的花草和動物靈感的布料花色，製作包括抱枕、燈罩、布料家具、餐具，甚至也運用到手提包，還有各式獨特的印染花色布料供顧客裁剪，很受好評。

美食精選推薦

1.點心名店Vete- Katten也在此設攤位／2.各類攤位

Dine

Östermalmshallen
食材新鮮且價格合理的當地美食

這是斯德哥爾摩首座室內傳統市場，建於1888年，是由名建築師Isak Gustaf Claso設計的紅磚建築。經過兩年時間整修，2020年3月重新開放，整體煥然一新。走進市場，沒有一般傳統市場的異味，寬敞的走道兩邊是排列整齊的熟食與食材攤位，有各類蔬果、異國香料、新鮮海產、各類三明治簡餐、現烤麵包和吸引人的甜點，應有盡有，食材新鮮且價格合理，也很適合外帶到戶外野餐。

✉ Humlegårdsgatan 1 ,114 46Stockholm
🕐 店面週一～五09:30～19:00，週六09:30～17:00；餐廳週一～二11:00～22:00，週三～六11:00～23:00，週日休
➡ 搭地鐵紅線13、14到Östermalmstorg往Nybrogatan出口
🌐 www.ostermalmshallen.se
🗺 P.128／A4

Dine

Riche
愉悅的氛圍中享受美食

自1893年開業，已經走過百年的Riche絲毫不顯老氣，以酒吧結合北歐和法式餐點的特色，打造出熱鬧的氛圍吸引年輕人，而老客戶也非常死忠，所以餐廳幾乎天天客滿，最好事先訂位。

每點一道主菜，會附上小菜以及讓你沾特製奶油的多種麵包與茴香薄餅，個人推薦香煎鮭魚、菲力牛排，若想吃得清淡點，清蒸鱈魚也很合適。

✉ Birger Jarlsgatan 4, 114 34 Stockholm
📞 +46(0)8-54503560
🕐 週一07:30～00:00，週二07:30～01:00，週三～五07:30～02:00，週六11:00～02:00，週日12:00～00:00，7月中下旬休
💲 主餐約300～400SEK
➡ 搭公車69、54、76或7、7N電車到Nybroplan站，再走2分鐘
🌐 riche.se
🗺 P.128／B4

1.如此簡單呈現鮭魚，必須極為新鮮／2.以特色小卡送來帳單／3.餐廳內景／4.若多人點餐，附餐的小菜可以共享／5.附新鮮芥末提味的清蒸鱈魚

Lebanon Meza Lounge
Dine 吃到飽的中東菜

　　位於哈威爾博物館隔壁的這家黎巴嫩餐廳，在週一～五11:00～15:00推出吃到飽自助午餐，提供數種熱食主菜、十來種冷盤沙拉、中東米飯和餅、兩種甜點與當季水果以及咖啡、茶。入座先到櫃檯買單，然後自助取餐，目前一客135SEK，是市中心滿划算的餐點了。

1.中東風味佳肴／2.內部用餐區／3.以檸檬葉入菜很特別

- ✉ Hamngatan 6 ,114 47Stockholm
- ☎ +46(0)8-6114095
- ⏰ 週一～四11:00～00:00，週五11:00～01:00，週六12:00～01:00，週日12:00～22:00
- 💲 週一～五午餐自助吃到飽一客135SEK
- ➡ 1.搭地鐵藍線10、11到Kungsträdgården站，朝Norrmalmstorg廣場走約3～5分鐘
  　2.搭公車54、69、76，或7號電車到Nybroplan站再走2分鐘
- 🌐 www.lebanonml.com
- 🗺 P.128／B4

Sturekatten
Fika 溫馨恬靜的咖啡點心店

　　Sturekatten咖啡館位在一棟18世紀的古老建築，要走一段狹窄不平的樓梯，但是一進到店裡會驚豔四周雅致的骨董家具擺飾和壁紙，角落也收藏各姿態的貓咪瓷器，來呼應以貓為店名和標誌。這裡提供三明治簡餐、糕點和冷熱飲，夏季還開放中庭花園，很適合逛累了找個舒適的角落喝茶休息。

- ✉ Riddargatan 4, 114 35 Stockholm
- ☎ +46(0)8-6111612
- ⏰ 週一～五09:00～19:00，週六10:00～18:00，週日11:00～18:00
- 💲 主餐約120SEK，下午茶(咖啡+蛋糕)約90SEK
- ➡ 搭地鐵紅線13、14於Östermalmstorg站往Stureplan出口走約2分鐘
- 🌐 www.sturekatten.se
- 🗺 P.128／A4

1.門口立著一隻貓的招牌旗子／2.陳列的點心

Tössebageriet
Fika 製作皇室婚禮蛋糕店

　　自1920年即在現址開業的Tössebageriet，不但是百年的糕點名店，更以製作皇家結婚蛋糕馳名。這裡烘焙出來的糕點不過甜，推薦經典的公主(Prinsess)蛋糕和布達佩斯(Budapest)蛋糕，綿密的蛋糕和微甜鮮奶油入口即化，牆上也掛著被評為最佳復活節傳統點心Semla的烘焙店。

1.百年糕點名店／2.公主和布達佩斯兩款經典蛋糕

- ✉ Karlavägen 77, 114 49 Stockholm
- ☎ +46(0)8-6622430
- ⏰ 週一～五07:00～18:00，週六09:00～17:00，週日09:00～16:00
- 💲 一杯咖啡約35SEK，一份蛋糕約45SEK
- ➡ 1.搭地鐵紅線13到Karlaplan站，朝Karlavägen出口走約5分鐘
  　2.搭67號公車到Skeppargatan站再走2分鐘
- 🌐 www.tosse.se
- 🗺 P.129／A5

南城區
Södermalm

擁有醉人美景的SOFO區

南城區是斯德哥爾摩最大的島嶼，以北端的 Slussen 為起點，右海岸的 Stadsgårdshamnen 銜接 Fjallgatan 街，沿途對岸動物園島的兒童樂園、船島的古堡與舊城區的教堂塔樓等美景一字排開；左岸面騎士灣 (Riddarfjärden) 的南梅拉倫湖賞景步道 (Söder Mälarstrand) 和靠近 Ivar Los Park 公園的Monteliusvägen賞景步道，以及制高點 Skinnarviksparken 公園，都是遠眺對岸國王島、市政廳和騎士島教堂尖頂景色的絕佳地點。

南城在過去是勞工階層的生活區，近來則有不少藝術家入住，有斯德哥爾摩 SOHO 區之稱，走在迷宮般的小巷道，享受特有的波西米亞氛圍，輕鬆自在。

〔 One Day 一日行程表 〕

參觀時間	
上午	
攝影博物館	60 分鐘
鐵塔觀景橋	30 分鐘
	Eriks Gondolen 午餐 (P.184)
下午	
天空之景	60 分鐘
林地墓園 (P.191)	50 分鐘

攝影博物館(Fotografiska)
集當代攝影作品大成

位於一棟原為海關監管貨倉的百年歷史紅磚建築，外觀與內部現代感陳設的展覽有很大的對比。

博物館每年舉行各主題展覽與新銳攝影師作品展外，在這裡還可以欣賞音樂會、學習攝影，樓上還有大片落地窗的景觀餐廳，都很值得細細品味。

- ✉ Stadsgårdshamnen 22,116 45 Stockholm
- ☎ +46(0)8-50900500
- ◎ 週日～三09:00～23:00，週四～六09:00～01:00
- 💲 成人165SEK，學生和65歲以上135SEK，12歲以下免費
- ➡ 搭地鐵紅線13、14或綠線17、18、19到Slussen站出口右轉，沿海岸走約15分鐘
- 🌐 www.fotografiska.eu/en
- ℹ 1.持斯德哥爾摩通行卡免費入場參觀
  2.全館無鈔化
- 🗺 P.129／D5

1.禮品店／2.由貨倉改建的攝影博物館

鐵塔觀景橋 (Katarina gångbro)
居高臨下遠眺美景

特別推薦

建造於1880年代的這座免費鐵塔觀景台，原是搭觀景電梯(Katarinahissen)直接上去，但是目前該電梯關閉，必須從Eriks Gondolen餐廳(P.184)的電梯上去；假如餐廳關閉時，則可由主街道Götgatan街9號銜接Urvädersgränd街13號抵達。從長長的觀景橋往下看，整個南城碼頭、交錯的街道和對岸的舊城區全部盡收眼底。

✉ Urvädersgränd 13,116 46 Stockholm
MAP P.128／D4

1.由Urvädersgränd街直走即可到達／2.觀景橋的視野很棒／3.無論白天或黑夜都有迷人景色

天空之景(Sky View)
登高摩天輪

像顆大高爾夫球的愛立信體育館(Ericsson Globe)，球體外圍有兩座沿球面軌道上升到130公尺高的摩天輪，一次能搭載16人，全程約20分鐘。球體電梯升空時會先看一段場館簡介的影片，升到頂端俯瞰整個斯德哥爾摩市區。一旁的Globen購物中心也有不少商店可逛。

球體外圍有兩座上升的摩天輪

✉ Globentorget 2, 121 77 Stockholm
☎ +46(0)771-310000(預約，週一～五09:00～16:00)
🕐 週一～五10:00～18:00，週六、日10:00～16:00(夏季延後1小時)；Globen購物中心：週一～五10:00～19:00，週六10:00～17:00，週日11:00～17:00
💰 成人160SEK，5～12歲、65歲以上120SEK
🚇 搭地鐵綠線19到Globen站出口沿指標走約3分鐘
🌐 www.stockholmlive.com/skyview/om-skyview
ℹ 持斯德哥爾摩通行卡在12:00前免費入場，下午要付費30SEK
MAP P.128／D3

行家密技　免費觀光導覽團

北歐物價高，假如預算有限，也可以考慮參加斯德哥爾摩當地的免費英文觀光導覽團，還有機會認識來自世界各地的玩家。觀光導覽通常規畫北城的市中心、舊城區和南城區3個路線，若覺得導遊稱職，請不吝給些小費。

時間和集合地點可查各家網址：

🌐 www.stockholmfreetour.com
🌐 freetourstockholm.com

美食
精選推薦

1.主廚Erik Lallerstedt出食譜,也自創醬汁品牌／2.露天餐區盡覽美景／3.白酒清蒸鱈魚非常爽口／4.視野極佳的高塔景觀餐廳

Dine
Eriks Gondolen
餐點美味的空中景觀餐廳

於1979開業至今享有高名氣,入選瑞典權威美食指南「White Guide」。該餐廳自1994年起,由極負盛名、自創Eriks såser醬汁品牌的Erik Lallerstedt主廚接手,Erik也會一一和客人聊天,藉以瞭解客源以及對菜色的喜好。

餐點有牛肉、鹿肉、羊肉等軟嫩多汁的各種肉類,以及新鮮到味的海鮮和甜點,服務親切,夏季也開放觀景露天餐區,是當地頗負盛名的空中景觀餐廳。

📧 Stadsgården 6, 104 65 Stockholm.
📞 +46(0)8-6417090
🕐 **午餐**:週一～五11:30～14:30;**晚餐**:週一17:00～23:00、週二～週五17:00～01:00、週六16:00～01:00;**酒吧**:週一11:30～23:00、週二～五11:30～01:00,週六16:00～01:00,週日休
💲 週一～五午餐一份約135SEK,晚餐套餐500～600SEK、單點250～350SEK
➡️ 搭乘地鐵紅線13、14或綠線17、18、19至Slussen站下車,往Södermalstorg出口方向走,步行約2分鐘
🌐 www.eriks.se/gondolen
ℹ️ 建議事先電話預約,以免向隅
🗺️ P.128／D4

Dine
Nystekt Strömming
物美價廉的香酥鯡魚排

被美國時代雜誌(Times)推薦到瑞典必做的10件事情裡,排名第一的竟是到寫著黃色魚形看板的Nystekt Strömming點炸鯡魚。

若胃口小可點Skåning,這是裸麥薄麵包上鋪著一大片香煎鯡魚,淋上特調蜂蜜芥末醬汁,再以切片紅洋蔥、小茴香點綴,吃起來魚肉鮮嫩、醬汁甜、裸麥香;胃口中等的可點特餐(Special),

有炸鯡魚、馬鈴薯泥和醃黃瓜;若想分量更多,Nystekt Strömming med Hemlagat Potatismos就能滿足你,不但有更多的炸鯡魚、馬鈴薯泥、黑麥麵包,還可任選3種生菜沙拉搭配,餐車也提供免費的水解渴。

📧 Södermalmstorg,Södermalm, 116 45 Stockholm
🕐 夏季10:00～21:00,冬季10:00～19:00
💲 40～80SEK
➡️ 搭乘地鐵紅線13、14或綠線17、18、19到Slussen站出口前的小廣場
ℹ️ 由於Slussen附近馬路施工,攤位暫時遷至舊城區的Kornhamnstorg廣場(P.149／B3)
🗺️ P.128／D4

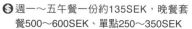

1.Nystekt Strömming專賣炸鯡魚／2.天氣好時也會排座位／3.分量較小的Skåning餐／4.分量中等的Special餐

Dine Hermans
提供多樣素食的景觀餐廳

以「給豆子一個機會」為訴求的這家素食餐廳位於攝影博物館上方，入口雖不太起眼，但是室內和戶外都有不錯的海景景觀座位，而且自助素食吃到飽的菜色不少，約有十來種涼拌前菜、5種含麵、飯等季節熟食，以及提供各類茶包與咖啡，若天氣好還會開放戶外燒烤區。

- ✉ Fjällgatan 23B, 116 28 Stockholm
- ☎ +46(0)8-6439480
- ◎ 平日午餐11:00～15:00，晚餐15:00～21:00，週六、日11:00～21:00
- ⑤ 週一～五午餐自助吃到飽140SEK，晚餐220SEK、學生140SEK；週六、日220SEK、學生140SEK；若有戶外BBQ260SEK、學生200SEK，14歲以下另有優惠
- ➡ 搭地鐵紅線13、14或綠線17、18、19到Slussen站出口右轉，沿Stadsgårdsleden走約15分鐘轉Fjällgatan街
- http www.hermans.se

ⓘ 學生須出示有效期內的瑞典或國際學生證，14歲以下另提供優惠價

MAP P.129／D5

1.櫃檯旁的甜點要另外購買／2.自助吧／3.戶外景觀座位

Dine Söderhallarna
價格實在的生鮮和熟食

斯德哥爾摩在居民主要生活區域多設置室內傳統市場，南城區也不例外。離Medborgarplatsen地鐵站不遠的Söderhallarna，自1992年開幕至今，一直是居民採買魚、肉、新鮮蔬果、乾貨的地方，場地乾淨且價格實在，裡面還有幾家咖啡館和異國風味的餐廳，提供多樣的餐點選擇。

1.Söderhallarna室內傳統市場／2.傳統市場的各類攤位／3.地鐵站往南端還看得到愛立信球體體育館

- ✉ Medborgarplatsen 3, 118 72 Stockholm
- ◎ 週一～五10:00～19:00，週六10:00～16:00，週日休
- ➡ 搭地鐵綠線17、18、19到Medborgarplatsen站出口走約3分鐘
- http www.soderhallarna.se MAP P.128／D4

斯德哥爾摩近郊

尋幽訪勝北歐自然風光

(照片提供／馮孝民)

斯德哥爾摩不但有迷人的城市景觀，還有不少頗具特色的群島、城堡和中世紀城鎮等郊區景點，有的甚至被聯合國教科文組織(UNESCO)列入世界文化遺產，很適合不趕行程的人利用一、兩天時間尋幽訪勝。由於位處

穿傳統服參加慶典

高緯度，冬夏日落時間相差大，會影響開放時間，出發前最好再次確認。

皇后島宮在冬天一片白雪皚皚，又是另一番風景

皇后島宮
(Drottningholms slott)
瑞典首座世界文化遺產

特別推薦

　　斯德哥爾摩有兩座皇宮，一座在舊城區，另一座是斯德哥爾摩西郊臨梅拉倫湖Lovön島上的皇后島宮。皇后島宮始於1576年，瑞典國王約翰三世(Johan III)為Katarina Jagellonica皇后建造，直到1661年，由年僅24歲的卡爾十世國王遺孀愛麗歐諾拉皇后(Hedvig Eleonora)購入，卻於該年年底被大火燒毀，於是皇后聘請瑞典建築師泰辛(Nicodemus Tessin)父子重建。

　　皇后島周圍還有宮廷劇院(Slottsteater)、中國宮(Kina slott)和花園，因具有歷史與人文價值，所以1991年被列入世界文化遺產，也是瑞典首座世界文化遺產。

✉ Drottningholms Slott, 178 02 Stockholm

☎ +46(0)8-4026280

🕐 1～3、11月週六、日10:00～16:00，4、10月每日
11:00～16:00，5～9月每日10:00～17:00，其他時間休

💲 成人130SEK，學生、7～17歲65SEK，6歲以下免費；
**劇院：成人110SEK，學生70SEK，18歲以下免費；夏
季中國宮：成人100SEK，學生、7～17歲50SEK**；另有
各參觀點的聯票優惠價

➡ 1.搭地鐵綠線17、19到Brommaplan站，再轉搭177、
301、302、322、396(夜間)公車到Drottningholm
2.4～10月在市政廳旁的Stadshuskajen(Klara
Mälarstrand)碼頭，搭Strömma Turism觀光船前往

🌐 www.kungligaslotten.se(點選Drottningholms slott)、
www.stromma.se(觀光船)

ℹ 1.持斯德哥爾摩通行卡可免費搭觀光船和參觀皇后島宮
所有景點
2.大型背包必須放櫃檯託管
3.英文導覽：1～5月、9～12月週六、日11:30，6～8月
每日10:30、11:30、15:30，每人費用30SEK。時間時
有變動，請先上網確認

🗺 P.128／C1

玩樂篇

斯德哥爾摩近郊

1.4.皇后島宮／**2.**購票櫃檯／**3.**夏季還可以搭觀光船抵達

精采看點 **1** 融合瑞典與法國巴洛克風格的皇宮

皇宮經過多次改建，尤其1744年瑞典王儲阿道夫‧腓特烈(Adolf Fredrik)迎娶普魯士公主烏爾莉卡(Lovisa Ulrika)時，將皇宮送給王妃當結婚禮物，她將皇宮內部重新裝飾、蒐集大量藝術品和成立圖書館。

至於宮殿前修剪整齊的幾何圖形大花園，花園噴泉上矗立著大力士海克利斯(Herkules)銅像，是荷蘭著名雕塑家亞德里安‧德福里斯(Adriaen de Vrie)的作品，這是卡爾十世於1659年從丹麥腓特烈堡(Frederiksborg)奪取的戰利品。

這座淡鵝黃色法式宮殿自1981年起，除了皇宮南側房間為當今皇室居所外，其他部分房間、大廳和花園全年開放。

▲淡鵝黃色的宮殿很像童話城堡

◀噴泉上的這座海克利斯雕像是戰利品

▲愛麗歐諾拉皇后臥房的畫像　▲烏爾莉卡皇后將皇宮重新裝飾　▲此圖書館已成為瑞典近代科學史的寶庫

◀掛著 19 世紀各國君主畫像的國家大廳

▲修剪整齊的巴洛克風格的大花園

精采看點 2　維持250年原樣的宮廷劇院

位於皇宮左側的宮廷劇院因祝融而於1766年重建，喜愛藝文的斯塔夫三世在位時是劇院最興盛的時代，不過劇院也隨1792年古斯塔夫三世遇刺身亡後日漸式微，改作倉庫用途，一直到1922年整修，依百年前使用的各種道具、設備和古典劇目原樣重新演出而獲重生，是至今歐洲保存最好的18世紀劇院。

參觀劇院必須買聯票跟著導覽參觀，劇院旁有個禮品店，裡面販賣劇院相關的面具、玩偶、衣飾、文具等商品。

▲已經有 250 年歷史的宮廷劇院

▲參觀劇院必須跟著導覽進入

◀劇院旁的禮品店

精采看點 3　異國風情的中國宮

▲中國宮只有夏季開放

▲中國宮內陳設

▲建築加上中國元素

18世紀歐洲風行中國熱，腓特烈國王在1753年也建了一座中國宮(Kina slott)送給皇后烏爾莉卡當生日禮物。

建築以洛可可風帶有如龍等中國元素，裡面有屏風、瓷花瓶、瓷器人偶、文房四寶和茶具等陳設，牆壁也掛著中國山水畫。前方兩側有中式涼亭，周圍花園不再以之前幾何圖形的嚴謹造景，改種植栗子樹的林蔭大道，讓視線無限延伸。

中國宮只有夏季開放，宮殿旁有咖啡館和以流蘇裝飾的守衛帳篷(Vakttältet)，於18世紀後期所興建，夏季會開放帳篷給遊客野餐。

▲守衛帳篷

▲兩側中國亭冬季風情

米勒斯花園(Millesgården)
瑞典最著名的雕塑花園

特別推薦

這是瑞典雕刻大師米勒斯(Carl Milles，1875～1955)曾經住過的花園，位於斯德哥爾摩東北郊Lidingö島的石坡上，面向波羅的海，還可眺望對岸的碼頭遊輪，景色宜人，1936年捐給政府成立博物館。

米勒斯曾旅居法國，雕塑以強調線條力與美的神話人物和動物為主，在斯德哥爾摩的音樂廳、北歐博物館都有巨幅的公共藝術雕像展示，而這座庭園依地勢高低，和米勒斯的著名作品相互輝映，如《海神》(Poseidon)、《天使的音樂家》(Flöjtspelande ängel／Angel musician)、《上帝之手》(Guds hand／God's hand)、《彩虹上的上帝》(Gud Fader på regnbågen／God the Father on the Rainbow)等，將花園點綴得生動有趣。

除了戶外花園，室內還陳列米勒斯收藏2百多件古希臘和羅馬藝術品的藝廊和工作室，以及定期更換主題的臨時展覽室。

✉ Herserudsvägen 32, 181 50 Lidingö
📞 +46(0)8-4467590
🕐 5～9月每日10:00～17:00，10～4月週二～日11:00～17:00
💲 成人150SEK，學生120SEK，18歲以下免費
🚇 搭地鐵紅線13到Ropsten站，再轉搭201、205、211、221到Torsvikstorg站(過橋即按下車鈴，只經過一站)，再步行約10分鐘
🌐 www.millesgarden.se
ℹ️ 持斯德哥爾摩通行卡可免費入場參觀
🗺 P.129／A6

1.米勒斯雕塑強調力與美／2.天使的音樂家雕像／3.海神雕像／4.上帝之手雕像

玩樂篇

林地墓園
(Skogskyrkogården)
瑞典現代建築與地景的墓園傑作

斯德哥爾摩近郊

　　位於斯德哥爾摩往南郊區的林地墓園是1915年
政府向全球徵集設計，由瑞典設計師阿斯普倫德
(Gunnar Asplund)和勞倫茲(Sigurd Lewerentz)巧
妙結合自然和建築景觀的作品入選，歷經3年於
1920竣工。

　　一到墓園入口，映入眼簾的是一片綠草覆蓋的
平緩山丘，和遠處矗立的巨型花崗岩十字架，明
朗光亮，沒有一般墓地的陰沉感。順著石板鋪面
走道往前走，在十字架旁依序排列著線條俐落的
告別儀式禮堂和火葬場等實用建築，高低起伏的
自然地景，散發一股莊嚴的美感。

　　這裡還設有遊客中心和咖啡館可歇腳，也有循
環巴士代步。由於對全世界的墓地設計有深刻的
影響，1994年林地墓園入選聯合國教科文組織世
界文化遺產。

✉ Sockenvägen 492, 122 33 Stockholm
☎ +46(0)8-50831730(遊客中心)
🕐 11:00～16:00，6～9月每週日10:30推出英語導覽，
　 全程約90～120分鐘；遊客中心：5～9月、10月週末
　 11:00～16:00
💲 英語導覽每人150SEK，可到各市立博物館購票，或上
　 網報名 (etjanster.stockholm.se/BokningOchBiljett)
➡ 搭地鐵綠線18到林地墓園站出口，往右依指標走約3分鐘
🌐 skogskyrkogarden.stockholm.se　🅼🅰🅿 P.128／D3

1.花崗岩十字架矗立草地上／**2.**以平緩山丘造景／**3.4.**線條俐落的告別儀式禮堂和雕像

西格圖納(Sigtuna)
瑞典最古老的城鎮

特別
推薦

位於斯德哥爾摩北郊40公里的西格圖納，由勝利者埃里克國王(Erik Segersäll)於西元970年建立，是瑞典最古老的城鎮，至今仍保留18世紀的街道、中世紀教堂、遺址、維京符文石和近300年的市政廳。遊客中心位在Stora Gatan主街道上的「龍廳」(Drakegården)，提供中文的旅遊簡介和免費洗手間。街道兩旁有不少設計藝品店，由街道往左彎，是一片寬闊的臨湖美景，不妨坐在木桌椅野餐，享受靜謐和閒適。

市政廳

◎ 6～8月12:00～16:00

遊客中心

✉ Stora Gatan 33, 193 23 Sigtuna
☎ +46(0)8-59480650
◎ 週一～五10:00～17:00(夏季～18:00)，週六11:00～16:00，週日12:00～16:00
➡ 搭通勤火車(Pendeltåg)41、42(X)到終點站Märsta，再轉搭往Sigtuna的570、575公車，車程共約60分鐘
🌐 destinationsigtuna.se/en
ℹ 有免費洗手間
MAP P.129／A6

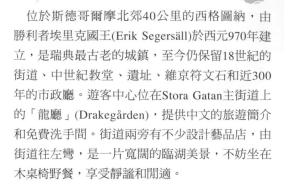

1.遊客中心也賣紀念品／2.小鎮公園花木扶疏／3.在市政廳前舉辦慶祝活動

| 西格圖納推薦餐廳 |

Tant Brun Kaffestuga

✉ Laurentii Gränd 3, 193 30 Sigtuna
☎ +46(0)8-59250934
◎ 週一～五10:00～17:00，週六、日10:00～18:00
💲 一杯飲料約30SEK，一塊蛋糕約50SEK
🌐 www.tantbrun-sigtuna.se

入口立著穿褐色服人偶的這間咖啡館，店名即為「褐姑媽咖啡屋」，無論是17世紀的建築物，或是室內擺設和穿褐色傳統服的服務員，營造一股濃厚的傳統氛圍。夏季開放中庭花園用餐，提供各式三明治、麵包、甜點和冷熱飲。

↑ 提供各式美味點心　↑ 中庭花園用餐區

玩樂篇

斯德哥爾摩近郊

北歐最小的市政廳

市政廳(Rådhus)坐落在小鎮中心,1737年西格圖納的市長Erik Kihlman親自重新設計,改建了原來的市政廳,這也是至今北歐最小的市政廳,是很受當地歡迎的結婚地點。

目前廳內左側展示著18世紀市長的辦公文具,並販售相關禮品,還有一間牆上掛著國王和皇后畫像的會議廳,裡面的桌椅家具和其中5幅畫像是Kihlman市長當初所選購布置的。

▲北歐最小的市政廳

◀改建市政廳的 Erik Kihlman 市長

▲18世紀市長的辦公文具　　▲會議廳

瑪麗亞教堂和中世紀教堂遺址

市政廳往北走有一座瑪麗亞教堂(Mariakyrkan),是典型的紅磚哥德式建築,1247年由天主教道明會修士興建的修道院,到了1530年被古斯塔夫·瓦薩國王改為新教教堂,這座教堂也是西格圖納唯一仍使用中的中世紀教堂。位在瑪麗亞教堂的西側,還有瑞典第一座由木造改

▲瑪麗亞教堂內部

▲聖烏羅夫教堂

為石頭堆砌的聖烏羅夫教堂遺址(S:t Olofs kyrkoruin),建於1080年;此外,仍殘留中央塔的聖彼得教堂遺址(S:t Pers kyrkoruin),則是12世紀所興建,如今已成斷壁殘垣。

▲瑪麗亞教堂是城鎮最古老的磚造建築

▲聖彼得教堂　　▲瑪麗亞教堂旁的符文石

烏普薩拉(Uppsala)
北歐最具歷史的大學城

特別推薦

　　烏普薩拉位於斯德哥爾摩北方，因1477年創建烏普薩拉大學而發展起來的大學城，市區被菲里斯河(Fyrisån)貫穿，後流入梅拉倫湖，有肥沃的田野和茂密的森林，是目前瑞典第四大城，也是瑞典的宗教聖地。遊客中心就位在火車站對街，可以拿免費地圖和旅遊資料，非常方便。

◎ **大教堂**：每日08:00～18:00；**Gustavianum博物館**：9～5月週二～日11:00～16:00，6～8月週二～日10:00～16:00；**城堡博物館**：6～8月週二～日10:00～18:00，週一休

➡ 1.從斯德哥爾摩搭通勤火車(Pendeltåg)40、45號，全票116SEK，150分鐘內有效；若持交通卡要另補差價99SEK(來回票182SEK)；學生、未滿20歲、65歲以上優待票73SEK，持交通卡要另補差價60SEK(來回票112SEK)，車程約55分鐘
2.搭國鐵(SJ Regional)往烏普薩拉，依時段、車廂等級和是否劃位票價不等，全票約75～105SEK以上，車程約40分鐘，比搭通勤火車划算

🌐 **大教堂**：www.uppsaladomkyrka.se
Gustavianum博物館：www.gustavianum.uu.se
城堡：www.uppsalaslott.com/en、konstmuseum.uppsala.se

🗺 P.129／A6

1.3.大學城有股恬靜的美感／2.烏普薩拉大學是瑞典最古老的大學

精采看點 **1** 烏普薩拉大教堂

　　烏普薩拉有不少歷史悠久的建築景觀，其中1287年興建的這座哥德式的烏普薩拉大教堂(Uppsala Domkyrkan)，原是天主教的主教座堂，是北歐最早的天主教堂，而兩座高聳入雲的尖塔近119公尺，不但是北歐最高的教堂，更是瑞典唯一有兩座高塔的教堂。

　　教堂因火災於19世紀末重建，且自從宗教改革後，這裡已屬於瑞典信義會，目前為該會總主教管轄教堂，堂內也是瑞典君主和名人如國王古斯塔夫一世、著名的瑞典植物分類學家林奈安葬之所。

▲北歐最高的教堂

▲教堂內部

精采看點 2 Gustavianum博物館

▲瑞典最大的圖書館

◀Gustavianum博物館原為大學主建物

大教堂旁有一棟烏普薩拉大學最老的Gustavianum建築,是古斯塔夫二世下令興建,於1625年完成,因此以其名命名,現在則用來展示北歐、埃及古代博物館和學校文化史展覽;而往南不遠的烏普薩拉大學圖書館(Carolina Rediviva)為19世紀建築,內有5百多萬冊藏書,是瑞典最大的圖書館。

精采看點 3 烏普薩拉城堡和植物園

▲古斯塔夫·瓦薩國王興建的城堡

▲堡壘上的砲台竟是朝向大教堂

▲法式林園的烏普薩拉植物園

▲城堡大火後留下這面牆

　　由圖書館往南走,不遠處有個小山丘,上面有一座烏普薩拉城堡(Uppsala slott),由瑞典國王古斯塔夫·瓦薩下令建造,弔詭的是,堡壘上的砲台竟朝向大教堂!原來國王將瑞典從天主教國家變為基督新教國家,因此想藉大砲控制主教,城堡曾在1702年毀於大火後又重建,城堡內部也設有博物館,於夏季對外開放。城堡西側的法式林園——烏普薩拉植物園(Uppsala botaniska trädgård),是18世紀古斯塔夫三世國王捐贈給大學的植物園。由於古堡的地勢,是遠眺烏普薩拉市景的絕佳地點,目前古堡除了是省長官邸外,還有不少藏品展示的美術館。

行家密技 年度重頭戲——漂流節!

　　每年4月30日是瑞典的篝火節(Valborg),在夜晚空地堆柴,點起熊熊大火以驅趕漫漫長冬、迎接春天的來臨。在烏普薩拉除了晚上的慶典,白天還有由烏普薩拉大學工程與科學學生會主辦的「漂流節」(Forsränningen),可說是該城狂歡的嘉年華。

　　組隊的學生發揮創意,以塑料浮板做出有趣的造型小船,順著市中心的菲里斯河漂流而下,抵達終點前,必須穿過一段小激流,因為水位的高低落差,往往導致人仰船翻,甚至整艘小船當場摔散解體,趣味橫生!

▲ 組隊學生發揮創意做出有趣的造型小船(照片提供/Lillian Chen)

哥德堡Göteborg

Volvo 汽車發源地的瑞典第二大城

▲哥德堡中央車站 (Göteborgs Centralstation) ｜瑞典第二大火車站,旁邊是通往其他城市的長途巴士總站,同時也是往返機場巴士的終點站。

因技術創新而聞名世界,也是主辦各國際大型活動理想地點的哥德堡,於1611 年被丹麥人燒毀,1621 年經國王古斯塔夫二世 (Gustav II Adolf) 重建。在古斯塔夫阿道夫廣場上豎立有古斯塔夫二世騎在馬上的雕像。

由於緊鄰北海,這裡有瑞典種類最多的海鮮和美食,鮮美食材也造就許多米其林餐館和頂級主廚。

哥德堡行程規畫

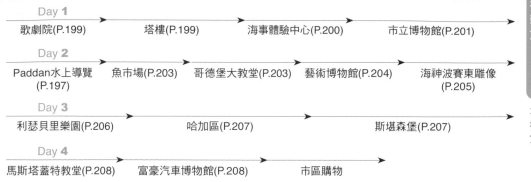

Day 1
歌劇院(P.199) → 塔樓(P.199) → 海事體驗中心(P.200) → 市立博物館(P.201)

Day 2
Paddan水上導覽 → 魚市場(P.203) → 哥德堡大教堂(P.203) → 藝術博物館(P.204) → 海神波賽東雕像
(P.197) (P.205)

Day 3
利瑟貝里樂園(P.206) → 哈加區(P.207) → 斯堪森堡(P.207)

Day 4
馬斯塔蓋特教堂(P.208) → 富豪汽車博物館(P.208) → 市區購物

交通串聯

從斯德哥爾摩中央車站搭乘國鐵X2000特快列車(Snabbtåg)或港鐵MTR Ex-press至哥德堡中央車站,全程約3.5小時;或搭飛機至哥德堡Landvetter機場,再轉乘機場巴士(Flygbussarna airport coach)到哥德堡中央車站,全程約1.5小時。
請注意!巴士車票可在網站上、售票機及車上購買,但不接受現金交易。

■Paddan水上導覽

Paddan水上導覽是十分受歡迎且經典的觀光交通船,由Strömma觀光船公司於1939年開始營業至今。船上的導覽解說員會帶領遊客穿越17世紀建造的城濠和運河,遍覽著名的旅遊景點。導覽時間約50分鐘。曾獲TripAdvisor的旅遊卓越獎。

地址	Kungsportsplatsen, 411 10 Göteborg
時間	4月中旬～10月中旬每日10:30～20:00,11月～3月不開放,多依季節日落時間而更動
電話	+46(0)31-609670
票價	成人190SEK,6～15歲95SEK,5歲以下免費,持哥德堡旅遊卡免費搭乘
交通	從中央車站步行約10分鐘,或搭3、4、5、7、10號電車至Kungsportsplatsen站。乘船處在Kungsportsplatsen廣場上
網址	www.stromma.se/en/gothenburg,搜尋「the-paddan-tour」
注意	1.旺季(7/7～8/20)持哥德堡旅遊卡需15:00以後才可免費搭乘 2.Hop-on Hop-off觀光遊船票不包含免費搭Paddan遊船

■哥德堡旅遊卡
(Göteborg City Card)

哥德堡旅遊卡分為1天、2天、3天和5天,持本卡可無限次數搭乘市區交通工具,而且租自行車、搭觀光巴士和機場巴士,以及與某些合作商家也都有優惠,每次使用時,需在讀卡機上掃描條碼。

購買旅遊卡會贈送市區地圖和旅遊指南。旅遊卡可在網路上、各旅遊景點或遊客中心購買,也可下載到手機中使用。

哥德堡旅遊卡購買地點:
1.**Västtrafik服務中心**:位於哥德堡中央車站(Göteborgs Centralstation),在Västtrafik服務櫃檯可詢問前往市區觀光景點的交通方式,並購買哥德堡旅遊卡。需抽取號碼牌等候排隊。
2.**哥德堡遊客中心(Göteborgs Turistbyrå)**:哥德堡市中心有兩間遊客中心,一間在Nordstan購物中心內,另一間則位於Kungsportsplatsen廣場上,兩處都可購買哥德堡旅遊卡。需抽取號碼牌排隊等候。

位於國王廣場上的遊客中心

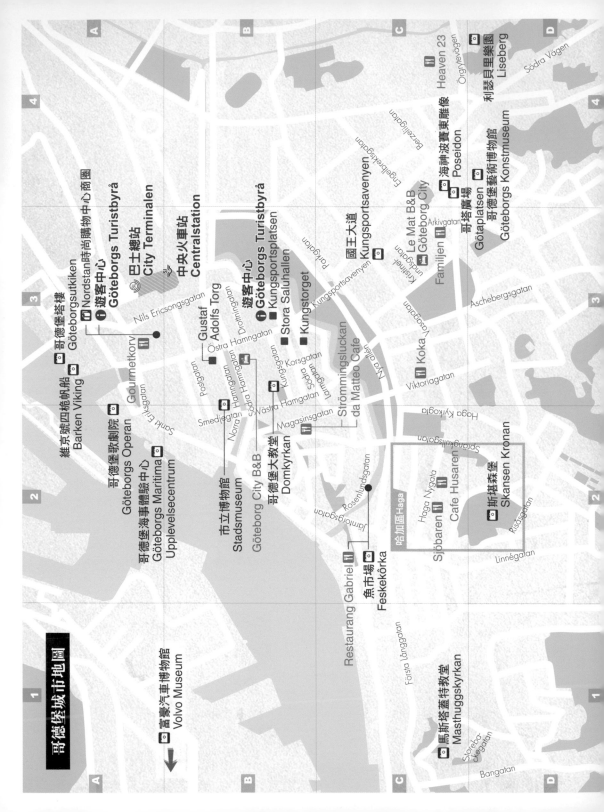

哥德堡城市地圖
哥德堡城市地圖

富豪汽車博物館
Volvo Museum

哥德堡塔樓
Göteborgsutkiken

Nordstan時尚購物中心商圈
Nordstan

遊客中心
Göteborgs Turistbyrå

巴士總站
City Terminalen

中央火車站
Centralstation

維京號四桅帆船
Barken Viking

哥德堡歌劇院
Göteborgs Operan

哥德堡海事體驗中心
Göteborgs Maritima
Upplevelsecentrum

Gourmetkorv

Gustaf
Adolfs Torg

遊客中心
Göteborgs Turistbyrå
Kungsportsplatsen

Stora Saluhallen

Kungstorget

Heaven 23

海神波賽東雕像
Poseidon

利瑟貝里樂園
Liseberg

哥塔廣場
Götaplatsen

哥德堡藝術博物館
Göteborgs Konstmuseum

國王大道
Kungsportsavenyen

Le Mat B&B
Göteborg City

Familjen

Koka

市立博物館
Stadsmuseum

哥德堡City B&B
Göteborg City B&B

哥德堡大教堂
Domkyrkan

Strömmingsluckan
da Matteo Cafe

哈加區Haga

Sjöbaren

Cafe Husaren

斯堪森堡
Skansen Kronan

Restaurang Gabriel

魚市場
Feskekôrka

馬斯塔蓋特教堂
Masthuggskyrkan

哥德堡歌劇院(Göteborgs Operan)
設備最先進的世界級歌劇院

這間世界級的現代化歌劇院於1994年落成，坐落於海港旁，在歌劇院附設的露天用餐區可觀賞海上帆船往來的美景。歌劇院舉辦各種國際歌劇、音樂劇、演唱會和芭蕾舞等表演，2000年時是選拔瑞典歌手參加歐洲歌唱大賽的場地。

1. 1樓為紀念品販賣部和咖啡廳／**2.** 歌劇院入口處

✉ Christina Nilssons gata, 411 04 Göteborg
☎ +46(0)31-108000
◎ 週一～六12:00～18:00，週日、國定假日休
➡ 從中央車站步行約10分鐘
🌐 www.sv.opera.se
ℹ 夏季開放時間會調整，出發前請先確認
🗺 P.198／A2

哥德堡塔樓(Göteborgsutkiken)
360度俯瞰市區景色

由於紅白相間的外觀，這棟摩天塔樓也被當地人暱稱為「口紅大樓」。登上86公尺高的塔樓，可360度俯瞰全城，將哥德堡市區、哥塔河、海港和群島等壯麗景色一覽無遺。

✉ Lilla Bommen, 411 04 Göteborg
☎ +46(0)31-156147
◎ 週一～五11:00～16:00，6/29～8/4月每日11:00～16:00
💲 40SEK，持哥德堡旅遊卡免費參觀
➡ 從中央車站步行約10分鐘
🌐 www.goteborg.com/gotheborgsutkiken
ℹ 夏季開放時間會調整，出發前請先上網查詢
🗺 P.198／A3

←塔樓可以說是哥德堡的地標，從遠處就看得見它顯眼的顏色和外觀

路上觀察 維京號四桅帆船 (Barken Viking) 🗺 P.198／A3

停靠在海港旁的這艘維京船於1906年在丹麥哥本哈根建造完成，為當時北歐最大的一艘帆船。原是水手訓練用的帆船，1948年甚至贏得世界遠程帆船競賽，兩年後由瑞典政府接手保存。

現在是海上餐廳和旅館，餐廳也以1926年曾擔任指揮官的船長Niels Cluasen命名。

1. 位於塔樓旁，位置顯眼／**2.** 帆船入口

哥德堡海事體驗中心
(Göteborgs Maritima Upplevelsecentrum)
世界最大水上船舶博物館

擁有19條船艇和軍艦的海事體驗中心停靠在哥塔河碼頭旁,建議別錯過參觀HMS Småland號驅逐艦和Nordkaparen號潛水艇,在2015年獲得TripAdvisor的卓越獎,很受遊客歡迎。

✉ Packhusplatsen 12, 411 13 Göteborg
📞 +46(0)31-105950
🕐 4月週六、日及復活節假期11:00～16:00,5、9月每日11:00～17:00,6～8月每日10:00～18:00(仲夏節15:00休),10/29～11/6每日11:00～16:00,依季節日落時間更動
💲 成人140SEK,5～15歲80SEK,學生及65歲以上120SEK,持哥德堡旅遊卡免費入場
➡ 從中央車站步行約10分鐘
🌐 www.maritiman.se
ℹ 8月有夏季英語導覽:每日12:00～17:00
🗺 P.198／A2

←紀念品商店入口處

精采看點 **1** HMS Småland號驅逐艦

始建於1952年,直到4年後才為瑞典海軍使用,1979年退役。長122公尺,可搭載272位船員,是世界上第一艘裝載海對海飛彈的驅逐艦,也是中心展示最大的軍艦。

作為第一批被設計來對抗核武的瑞典戰艦,它最有名的是連結船頭與船尾的通道,讓船員不用暴露在輻射線汙染的危險下。這艘驅逐艦除了能對抗惡劣的天氣,還能完全對外隔絕。

▲ HMS Småland 甲板

▲發射飛彈的主控室

▲中央主控室,掌管雷達和所有對外聯繫的地方

▲放置飛彈的通道

玩樂篇

哥德堡

精采看點 **2** Nordkaparen號潛水艇

1961年在馬爾默建造完成，隔年開始在瑞典海軍服役，直到1983年退役。有別於其他同時期建造的潛水艇，長69.3公尺，可潛入海下150公尺，最大的特點是流線型的艇尾和大型的單推進器，能夠在海下安靜完成任務，是海事體驗中心最吸引觀光客的景點之一。

要進入潛水艇內必須先從圓形的艙門入口順著窄小的梯子往下爬。狹窄的走道大約只有一個成人身形的寬度，難以想像當年擠入36位船員，甚至魚雷與船員休息室是在同一空間，令人感到不可思議。現仍完整保留船員的寢室、情報室、主控室等，讓遊客身歷其境，彷彿參加一場令人興奮又刺激的海底探險。

▲潛水艇狹長的外觀

▲潛水艇入口處

▲Flodsprutan II號消防船

▲潛水艇狹小的空間讓人驚奇

▲魚雷與船員休息室

▲No. 29 Fladen號燈塔船

市立博物館 (Stadsmuseum)
保存瑞典最大的維京船遺跡

1731年瑞典商人Nicklas Sahlgren成立瑞典東印度公司，在現今博物館的位置蓋了這棟建築作為公司總部。1807年後，與中國的貿易日漸衰落，導致公司結束營業，這棟建築也被拍賣。於1861年首次改設為博物館，後來歷經數次改建和擴充後，於1996年重新開幕。

- ✉ Norra Hamngatan 12, 411 14 Göteborg
- ☎ +46(0)31-3683600
- 🕐 週二～日10:00～17:00，週三10:00～20:00，週一休
- 💲 成人60SEK，25歲以下免費，持哥德堡旅遊卡免費參觀
- ➡ 從中央車站步行約10分鐘
- 🌐 www.goteborgsstadsmuseum.se
- ℹ 假日開放時間會調整，出發前請再次確認
- 🗺 P.198／B2

精采看點 **1** 多達100萬項展示物

現今的博物館有5層樓，有12,000年前瑞典西部和哥德堡的歷史、石器時代的人類骨骸、刀劍和銀器等遺跡，以及19世紀中產階級的社會生活型態。多達1百多萬項展示物和200萬張圖片及照片，是瞭解哥德堡工業發展歷程的最好入門。

▲博物館櫃檯

▲哥德堡城市建立以來的種種事蹟與過程

◀▼石器時代的人類遺骸，以及可能是瑞典最古老的交易貨幣

▼瑞典中產階級的社會生活面貌

精采看點 **2** 維京船Äskeskärr號遺跡

最著名的收藏是位於2樓的維京船遺跡。1930年代，一名農人在哥塔河旁無意間發現了Äskeskärr號，長1,600公尺。約西元900年時是一艘商業貿易船，運送貨物長達70年，根據船上發掘的遺跡可得知，這艘船曾經裝載超過16公噸重的貨物到各地。伴隨其出土的還有一些配飾、貨幣和珠寶，顯示當時在北歐大部分的貿易往來都是透過以物易物的方式，但仍有少數是以銀的重量多寡交易。

▲Äskeskärr號維京船遺跡

▲▼打撈出土的部分首飾和銀幣

散・步・延・伸　MAP P.198／A3

Nordstan時尚購物中心商圈

離中央車站不遠的Nordstan時尚購物中心，是哥德堡流行與國際品牌最多的大型購物城，有2百多間商店、餐廳和免費停車場。此外，購物中心附近也遍布各國際連鎖店和大型百貨商場，林林總總的品牌一應俱全。

▲附近的Postgatan是人潮最多的購物街之一

魚市場(Feskekörka)
在毫無隔牆的前衛建築裡大嗑海鮮

自1874年營業至今，特殊的哥德式風格外觀出自知名建築師Viktor von Geger-felt之手，呈現出哥德堡的宗教信仰與美食之間微妙的關係，整棟建築沒有隔牆和支柱，是當時最具前衛的代表建築之一。大門入口的人物雕像，似乎訴說著哥德堡過去以漁業為主要貿易及市井小民的生活榮景。

因為靠近北海地利，海鮮種類多，是選購新鮮魚貝類的最佳集散地，乾淨整潔，沒有魚腥怪味。除了販賣當日新鮮海鮮的攤位外，也有幾家海鮮餐廳和咖啡館，還可以外帶現做的鮮蝦三明治等輕食。

- Rosenlundsvägen, 411 25 Göteborg
- +46(0)31-134681
- 週一～五10:00～18:00，週六10:00～15:00，週日休
- 搭6、11號電車至Hagakyrkan站，再步行約4分鐘
- www.feskekörka.se　MAP P.198／C2

1.造型特殊的魚市場外觀／2.兩層樓的魚市場設有海鮮攤販、餐廳和咖啡館／3.各式海鮮琳瑯滿目／4.魚市場門口前廣場上的市民雕像

哥德堡大教堂(Domkyrkan)
鑲金木頭打造的聖壇

建於1600年代，經過幾次翻修，目前所呈現的是1815年整修後的樣貌。這座融合新古典主義和帝國主義風格的建築，新增了白色、灰色和金色等色彩的裝飾布置。其中布道壇由4位宣教士、天使、松果、幔子和其他裝飾品，以燦爛的黃金色點綴而成，而聖壇則以鑲金木頭打造。

- Kyrkogatan 28, 411 15 Göteborg
- +46(0)31-7316130
- 週一～五10:00～18:30，週六～日10:00～16:00
- 免費
- 從中央車站步行約10分鐘
- www.svenskakyrkan.se/gbgdomkyrko/domkyrkan
- MAP P.198／B3

1.歷史悠久的城市教堂／2.教堂內部／3.以新古典主義打造的金色聖壇／4.金碧輝煌的布道壇

哥德堡藝術博物館(Göteborgs Konstmuseum)
參觀阿波羅登上月球所用的哈蘇相機

特別
推薦

　　這間美術館曾獲米其林「北歐旅遊綠色指南」(Michelin Green Guide Scandi-navia)三星肯定，館藏年代可追溯到15世紀，多達7萬項藝術品，主要來自私人收藏家捐贈，包括幾位頗具知名度的北歐畫家的作品，如Carl Larsson、P. S Krøyer、Edvard Munch、Ernst Josephson和Anders Zorn等。

　　雖然全館著重在北歐的藝術展示，但也擴及荷蘭、法國印象派及現代主義名家，如梵谷、畢卡索、莫內和林布蘭等大師的畫作，很值得花點時間慢慢品味。

✉ Götaplatsen, 412 56 Göteborg
☎ +46(0)31-3683500
◎ 週二、四11:00～18:00，週三11:00～20:00，週五～日、國定假日11:00～17:00，週一休
💲 成人60SEK，25歲以下免費，持哥德堡旅遊卡免費參觀
➡ 搭3、4、5、7、10號電車至Valand站，再步行約5分鐘；或搭18、52、55公車至Götaplasten站
🌐 www.konstmuseum.goteborg.se
ℹ 參觀前需先將個人物品放置物櫃
🗺 P.198／D4

1.2.博物館大廳入口及書店／3.梵谷、莫內等藝術家作品

精采看點 1　阿波羅登上月球所用的哈蘇相機

　　哈蘇展覽廳之名取自一家高品質的膠捲相機製造商代表人物——Victor Hassel-blad的姓氏，位於1樓大廳左側。瑞典空軍和陸軍在第二次世界大戰時使用他們設計的照相機，人類首次登陸月球的照片也是用哈蘇相機拍的。廳內展示北歐及國際藝術家的攝影作品，每年舉辦哈蘇攝影獎，哈蘇相機和富豪汽車可說是哥德堡市的驕傲。

▲哈蘇展覽廳入口

▲ 使用哈蘇相機拍攝的作品展示

玩樂篇

哥德堡

精采看點 2 著名的巴洛克風畫作收藏

5樓展示15～17世紀的與宗教主題相關的畫作，如德國知名畫家Lucas Cranach的油畫作品《Salome》。17世紀的歐洲藝術家為了表達個人情感，由文藝復興時期風格轉為強調人體動態、富光影變化的巴洛克畫風，廳內陳列佛蘭德派(Vlaanderen)著名的魯本斯(Peter Paul Ru-bens)宗教畫作《賢士朝拜》(The Adoration of the Magi)，即為巴洛克初期的作品。

在Charles XII藝術廳中展示19世紀以聖經內容或古老神話為主題的藝術品，其中以瑞典畫家謝德斯多姆(Gustaf Cederström)的《Karl XII:s likfärd》(The Body of Charles XII of Sweden Being Carried Home from Norway)為代表。

▲Peter Paul Rubens的作品《The Adoration of the Magi》　▲Lucas Cranach的作品《Salome》

◀巴洛克大廳的畫作

▶Gustaf Cederström著名的畫作

精采看點 3

瑞典最重要的當代藝術作品

6樓的Fürstenberg藝廊收藏北歐1880～1890年代的重要藝術品，以Pontus和Göthilda Fürstenberg兩人為代表，也有瑞典最具影響力的藝術家是Anders Zorn、Carl Larsson和Per Hasselberg等力作。

▲藝廊展示知名瑞典藝術家作品

🚶 散・步・延・伸

國王大道(Kungsportsavenyen)
🗺 P.198／C3

國王大道是通往市中心的主要道路，如同哥德堡的香榭大道，漫步在古色古香的街道上，目光所及盡是露天咖啡座與悠閒聊天的人群，難怪當地人認為哥德堡比斯德哥爾摩更懂得慢活真諦。

海神波賽東雕像 (Poseidon)
🗺 P.198／C4

這座海神波賽東雕像在藝術博物館大門前方，是哥德堡市中心最著名的地標，出自瑞典知名雕刻家米勒斯(Carl Milles)之手。仔細看，海神兩手分別抓著大魚和貝殼，象徵堅守哥德堡這座濱海城市，也是哥德堡海洋時代的權力象徵。

1.樂園入口購票處／2.旋轉木馬適合親子同樂／3.遊樂園外的紅綠燈有可愛的吉祥物兔子，非常逗趣

利瑟貝里樂園(Liseberg)
北歐最大的遊樂園

特別推薦

　　慶祝城市建立300週年，於1923年開幕，每年吸引百萬遊客，是哥德堡最受歡迎的熱門點。遊樂園坐落在一片花木扶疏的綠色公園，包含四十多種遊樂設施，除了讓人嚇破膽的遊樂設施外，也有帶給孩子歡樂的兔兔樂園(Rabbit Land)和免費的兒童天堂(Children's Paradise)，是個老少咸宜、親子旅遊的好去處。前往遊樂園入口的路面上還有許多星型標誌，上面印著名人到訪的紀錄，有ABBA、Michael Jackson、Rolling Stones等，園內也有瑞典明星的紀念手印。

- ✉ Örgrytevägen 5, 402 22 Göteborg
- ☎ +46(0)31-400100
- 🕑 4～12月(5/25～8/21每日開放)
- 💲 成人門票110SEK，110公分以下小孩免費，一日票485SEK，持哥德堡旅遊卡免費參觀
- ➡ 搭2、4、5、6、8、13號電車至Korsvägen站，再步行約3分鐘
- 🌐 www.liseberg.se
- ℹ 1.每月開放時間不同，票價依遊樂設施的種類而調整，出發前請先上網查詢
　2.持48小時或72小時哥德堡旅遊卡可免費進場2次
- 🗺 P.198／D4

刺激推薦 1
歐洲最高的自由落體

　　無論是離地面的高度或是高塔本身，都是歐洲最高且最刺激的自由落體(AtmosFear)，從塔底到頂端只要90秒，之後只需幾秒落下，朝地面俯衝時，若是膽子夠大，可以睜開眼欣賞哥德堡的全景。

刺激推薦 2
北歐最快的雲霄飛車

　　雲霄飛車(Helix)是利瑟貝里遊樂園中最大的遊樂設施，也是北歐最長且速度最快的，以

▲驚險刺激的雲霄飛車

時速100公里在空中反覆翻轉，驚險刺激；另外還有新推出的旋轉飛行(AeroSpin)，讓你像機師駕駛一樣完成飛行的夢想。

◀AeroSpin(圖中右方)也是園內刺激的遊樂設施之一

斯堪森堡(Skansen Kronan)
鳥瞰城市美景的最佳去處

城堡位於哈加(Haga)區，離主要的購物街不遠。建於1698年，城牆約5公尺厚，設置23座砲台為了抵擋敵軍攻擊，不過從未使用過。19世紀中曾作為關押俄羅斯犯人的監獄，到了1870年代則成緊急避難所，1904年又一度是軍事博物館。1935年1月被認定為國家歷史古蹟，如今是舉辦會議和聚會的場所。

✉ Skansberget, 436 50 Göteborg
📞 +46(0)31-7113033
🕐 8/18～10/13週四、五10:00～15:00
💲 免費
➡ 搭1、6號電車至Prinsgatan站，再步行約6分鐘
🌐 www.skansenkronan.se
🗺 P.198／D2

散·步·延·伸   🗺 P.198／C2

哈加區(Haga)

哈加(Haga)區被公認是哥德堡保存17世紀歷史建築與房屋最好的地方，街道兩旁有迷人的木屋咖啡館和精品店，還有許多販售二手貨和骨董的小店舖，舉凡兒童玩具、手工藝品、流行商品等應有盡有。若逛累了，到戶外餐廳、咖啡廳坐著看往來人群，感受小城的安詳寧靜。

1.走過3百多年的城牆依然挺立／**2.**哥德堡市區最著名的城堡／**3.**斯堪森堡是眺望市景最佳的地點之一

馬斯塔蓋特教堂(Masthuggskyrkan)
北歐浪漫主義風格建築

位於馬斯塔蓋特山丘上，是必訪的熱門景點。教堂建於1914年，內部呈現懷舊風格，木製屋頂像一艘倒立的維京船，是北歐浪漫主義的最佳代表之一。外牆由紅磚瓦堆砌。高62公尺的塔樓也是哥德堡著名地標之一。

為了紀念教堂成立30週年，海事體驗中心(P.200)在1944年贈送教堂一艘帆船模型，至今仍掛在牆上。正廳的聖壇浮雕是以耶穌升天、被釘

1.市區最佳觀景台之一／2.教堂內部及木製屋頂，呈現瑞典傳統的建築風格／3.海事體驗中心贈送的帆船模型

在十字架與蒙難地的三摺畫像裝飾而成，於1923年完成。教堂主要的4根支柱下方各有來自哥特蘭島(P.242)石灰岩製成的石椅，讓前來冥想和禱告的信徒歇息之用，非常別致。

- ✉ Storebackegatan 15, 413 18 Göteborg
- 📞 +46(0)31-7319230
- 🕐 週一、三、五～日09:00～16:00，週二09:00～18:00，週四09:00～15:00
- 💲 免費
- ➡ 搭9號電車至Stigbergstorget站或11號至Fjällgatan站，再步行約6分鐘
- 🌐 www.svenskakyrkan.se/masthugg
- 🗺 P.198／C1

富豪汽車博物館(Volvo Museum)
富豪汽車的輝煌歷史

富豪集團是瑞典最大的工業企業集團，兩位創始人Assar Gabrielsson和Gustaf Larson結合商業技術與科技創新，在1927年開創全球家喻戶曉的汽車工業品牌。占地8,000平方公尺的富豪汽車博物館於1995年開幕，展示各式各樣Volvo的車型、飛機及一些獨特的設計概念。

1.博物館入口／2.富豪集團創始時期的辦公室／3.兩位創辦人肖像

特別推薦

- ✉ Arendal Skans, 405 08 Göteborg
- 📞 +46(0)31-664814
- 🕐 5～9月週一～五10:00～17:00，週六、日11:00～16:00；10～4月週二～五10:00～17:00，週六、日11:00～16:00，國定假日休
- 💲 成人100SEK，16～19歲50SEK，6～15歲25SEK，65歲以上80SEK，持哥德堡旅遊卡免費參觀
- ➡ 搭5、6、10號電車至Eketrägatan站換車，轉搭32號公車至Arendal Skans站，再步行約2分鐘
- 🌐 www.volvomuseum.com/se
- 🗺 P.198／B1

精采看點 **1** 1920年代第一批生產的車型

1樓左側展覽廳展示富豪集團生產的第一批1920年代車型，包括1927年上市的Volvo ÖV4型敞篷車、1928年的LV4型公車及LV40型貨車等。另一邊還有航太科技與國際海洋運動競賽的展覽區，顯示企業逐漸朝多元領域發展，而右側也陳列各年代的貨車、公車和發動機等大型車輛。

▲1920年代的首批製造車款

▲不同年代的大型車輛

精采看點 **2** 1930～1950年代的車款

2樓展出1930～1950年代的車款、競賽跑車和獨有的概念車。其中，最讓富豪汽車引以為傲的是1959年發明並取得專利的三點式安全帶，到了1986年，所有富豪汽車都已安裝座位安全帶。

▲1930～1950年代車款

▲慶祝富豪汽車發明三點式安全帶的50週年紀念雕像

精采看點 **3**

賽車、模型車、設計概念車

其他展示區則有曾經代表瑞典參賽及獲獎的賽車、實驗車、使用樂高拼成的模型車以及設計獨特的概念車，保證讓車迷大開眼界！

◀使用超過20萬樂高積木拼蓋的Volvo XC90休旅車模型

| 富豪汽車紀念品店 |

富豪汽車博物館的紀念品店內販賣各種Volvo相關商品，舉凡衣服、首飾、玩具、模型車、書籍和經典的廣告海報等，甚至也有Mats Jonasson水晶工作坊結合Volvo品牌設計的達拉納木馬紀念品。喜歡富豪汽車的車迷一定要來這裡挖寶，有些產品在別的地方可是買不到的！

↑經典車款模型

↑結合Volvo品牌的達拉納木馬水晶

美食
精選推薦

1.2.餐廳室內空間／3.5.餐廳座位多，酒吧也名列在瑞典權威美食指南「White Guide」的榜單／4.餐廳外觀／6.平價的瑞典美食

Dine

Familjen
連續4年獲米其林肯定

從2009年開幕至今廣受顧客歡迎，2010年起連續4年獲米其林餐廳的肯定，同時在當地的評價也高。餐廳不時更換菜單，讓饕客及時品嘗當季食材，也因為新鮮，廚師只用最簡單的烹調方式即能做出佳肴，肉類軟嫩多汁，美味的鮮魚入口即化，真令人難忘的味蕾享受。

✉ Arkivgatan 7, 411 34 Göteborg
☎ +46(0)31-207979
🕐 週一～六18:00～00:00，週日休
💲 主餐一份225～445SEK
➡ 搭3、4、5、7、10號電車至Valand站，再步行約5分鐘
🌐 www.restaurangfamiljen.se
ℹ 顧客多，出發前最好先上網訂位，以免向隅
🗺 P.198／C3

趕行程外帶首選：鯡魚餐車

Strömmingsluckan就位於停車場角落，這輛炸鯡魚餐車從2009年營業至今，食材新鮮、價格親民是受歡迎的主因，在當地頗為知名，很適合趕行程外帶。停車場也還有其他速食餐車可選擇。

✉ Magasinsgatan 17, 411 18 Göteborg
☎ +46(0)732-459907
🕐 週二～五10:00～18:00，週六10:00～14:00，週一、日休息
💲 餐點一份60～70SEK
➡ 搭2、5、11號電車至Grönsakstorget站下車，再步行約2分鐘
🌐 www.strommingsluckan.se
🗺 P.198／B2

Dine

Sjöbaren
當地人喜愛的平價瑞典料理

自1991年開業至今，提供平價的瑞典西海岸美食，推薦魚湯和海鮮馬鈴薯千層派，還有蝦、螃蟹、牡蠣的拼盤也不錯。店內經常高朋滿座，用餐氣氛熱絡。

- Haga Nygata 25, 413 01 Göteborg
- +46(0)31-7119780
- 週一～四11:00～23:00，週五11:00～00:00，週六12:00～00:00，週日15:00～23:00
- 主餐一份179～309SEK
- 搭3、6、11號電車至Hagakyrkan站，再步行約3分鐘
- www.sjobaren.se
- 座位有限，出發前最好先電話或上網訂位，以免向隅(上網選擇「Boka bord online」，17:00前需訂位完成)
- P.198／C2

1.海鮮馬鈴薯千層派很受歡迎／2.餐廳外觀／3.餐廳擺飾明亮清爽

Dine

Koka
提供瑞典西部海岸的特產

2014年一開幕就得到「瑞典年度最佳餐廳」的殊榮，隔年也陸續獲得米其林餐廳和瑞典權威美食指南「White Guide」的「明日新星」和「國際頂級餐廳」等獎項。店內氣氛雅致且服務親切，提供瑞典西部海岸的特產。

1.廚師們認真的模樣(照片提供／Koka)／2.餐廳擺設典雅舒適(照片提供／Koka)／3.工作團隊與廚師(照片提供／Koka)

- Viktoriagatan 12, 411 25 Göteborg
- +46(0)31-7017979(訂位15:00～18:00)
- 週一～四18:00～01:00，週五、六17:00～01:00，週日休
- 套餐545～945SEK(有3道、5道及7道等菜單選擇)
- 搭2、3號電車至Vasa Viktoriagatan站，再步行約2分鐘
- www.restaurangkoka.se
- 顧客多，出發前最好先上網或打電話訂位，以免向隅
- P.198／C3

Dine Heaven 23
視野極佳的高塔餐廳

位於利瑟貝里樂園旁的高塔頂樓，是全城具有最佳視野的餐廳之一。招牌菜是特大號北極蝦三明治(King Size Shrimp Sandwiches)，乃創始人Staffan Enander的自家食譜，使用200克北極蝦，搭配美乃滋、蛋和沙拉。自1984年開賣至今已成為到哥德堡必吃的美食，據說每年需消耗35公噸的北極蝦。

📧 Mässans gata 24, 412 51 Göteborg
📞 +46(0)31-7508805
🕐 週一～五11:30～14:30、17:00～23:00，週六、日 12:00～14:30、17:00～23:00
💲 特大號北極蝦三明治一份265SEK(外帶價)、主餐一份225～395SEK
➡ 搭2、4、5、6、8、13號電車至Korsvägen站，再步行約2分鐘
🌐 www.heaven23.se
ℹ 顧客多，出發前最好先上網訂位，以免向隅
🗺 P.198／C4

1.餐廳經常高朋滿座／2.3.一邊用餐，一邊享受絕佳的視野景觀

Dine Restaurang Gabriel
享用新鮮活跳的海鮮

到魚市場當然要嘗一嘗海鮮美食，位於2樓的這間餐廳由一對父子經營，兒子是世界剝牡蠣大賽的冠軍。供應當日現抓的海鮮，魚湯、鮮蝦三明治和煙燻鮭魚都是經典的瑞典美食，在當地人推薦的平價餐館中也是榜上有名。

📧 Rosenlundsvägen, 411 25 Göteborg
📞 +46(0)31-139051(訂位)
🕐 週二～四11:00～17:00，週五11:00～18:00，週六 11:00～15:00，週日、一休
💲 主餐一份165～320SEK
➡ 搭6、11號電車至Hagakyrkan站，再步行約4分鐘
🌐 www.restauranggabriel.se
ℹ 座位有限，出發前最好先打電話訂位，以免向隅
🗺 P.198／C2

1.當天現抓的海鮮很美味／2.餐廳入口／3.餐廳門口以新鮮的海鮮迎賓／4.用牡蠣殼裝奶油搭配麵包，有創意

玩樂篇

哥德堡

Cafe Husaren
Fika 特大號的肉桂捲

位於哈加區的主要購物街上，超大肉桂捲是該店吸引人潮的利器，稱得上是瑞典最大的肉桂捲。店內1800年代晚期的典雅裝潢，有哥德堡極少仍保有玻璃天花板的設計。提供各式三明治和甜點，也有沙拉、義大利麵和煎餅等輕食。

✉ Haga Nygata 28, 411 22 Göteborg
☎ +46(0)31-136378
🕐 週一～四08:00～20:00，週五08:00～19:00，週六、日08:00～19:00
💲 咖啡一杯25～39SEK，大肉桂捲一個約50SEK
➡ 搭3、6、11號電車至Hagakyrkan站，再步行約3分鐘
🌐 www.cafehusaren.se
🗺 P.198／C2

1.咖啡店外觀／2.令人垂涎的糕點／3.內部擺設裝潢／4.人氣旺的大肉桂捲

da Matteo Cafe
Fika 咖啡喜好者的最愛

隱身於停車場旁，2003年開業，2015年獲得年度最佳咖啡館，創辦人更是世界咖啡大師(WBC)的主席和評審，是當地人下午茶的熱門地點。咖啡豆來自非洲、中美洲、南美洲等世界各地，建議咖啡愛好者千萬別錯過。此外，還提供麵包烘焙，標榜使用全天然有機食材，無任何添加物。

1.餐廳外觀／2.在倚窗的角落喝咖啡很閒適／3.當地人下午茶熱門地點

✉ Magasinsgatan 17A, 411 18 Göteborg
☎ +46(0)31-130515
🕐 週一～五07:00～19:00，週六08:00～18:00，週日09:00～17:00
💲 咖啡一杯20～49SEK，糕點一份30～45SEK
➡ 搭2、5、11號電車至Grönsakstorget站，再步行約2分鐘
🌐 www.damatteo.se
ℹ 1.人潮較多時需抽取號碼牌等候餐點
　 2.市中心還有其他3家分店，可上網查詢(唯此店有麵包烘焙)
🗺 P.198／B2

赫爾辛堡Helsingborg

在城市制高點遠眺海峽與丹麥

2

1.霞南堡是必訪的景點／2.隨處可見的城市裝置藝術

赫爾辛堡是瑞典與丹麥距離最近的城鎮，因此成為熱門觀光景點，站在城市制高點可遠眺海峽對岸的丹麥城市赫爾辛格(Helsingør)。

15世紀中因受丹麥和瑞典戰爭波及，使得這座城市逐漸沒落，只有霞南堡和聖瑪利亞大教堂免於戰火的摧毀；如今赫爾辛堡已成為斯科內省(Skåne)第二大城，也是瑞典南部古老的港口城市之一。

赫爾辛堡行程規畫

交通串聯

　　赫爾辛堡中央車站(Helsingborgs Centralstation)同時是渡輪和長途巴士的交通總站。可從哥德堡中央車站搭乘SJ特快車SJ3000至赫爾辛堡中央車站，全程約1小時40分鐘；或從馬爾默中央車站搭乘Öresundståg等區域火車至赫爾辛堡中央車站，全程約40～50分鐘。

　　往丹麥赫爾辛格的渡輪從赫爾辛堡中央車站的3樓出發，若想去丹麥一日遊可以在這裡購買船票。

■赫爾辛堡遊客中心(Helsingborg Turistbyrå)

地址　Kungsgatan 11, 251 89 Helsingborg
電話　+46(0)42-104350
時間　週一～四07:00～19:00，週五07:00～17:00，週六10:00～15:00
交通　從赫爾辛堡中央車站步行約8分鐘
網址　www.visithelsingborg.com

1.中央車站一樓大廳／2.車站外觀／3.臨海的赫爾新堡是瑞典南部重鎮／4.遊客中心提供最新旅遊資訊／5.中心外的廣場上有幾隻兔子或坐或臥的裝置藝術，模樣可愛

〔 One Day 一日行程表 〕

	參觀時間
市政廳與大廣場	15 分鐘
聖瑪利亞教堂	15 分鐘
霞南堡	45 分鐘
市中心	60 分鐘
	Fika 一下再上路
	(P.218)

市政廳(Rådhuset)
出自名家「城市建築師」之手

市政廳是赫爾辛堡的主要地標，由建築設計師海勒斯蘭(Alfred Hellerström)在1889年的

設計競賽中勝出，依他的設計圖於1897年完工。

該建築採新哥德式的拱型窗和彩繪玻璃，四端有4座尖頂圓塔及中央65公尺高的鐘塔。海勒斯蘭後來也被授予「城市建築師」榮譽，在建築界享有聲望，不少赫爾辛堡和其他城市著名建築是出自他手。

✉ Drottninggatan 2, 252 21 Helsingborg
📞 +46(0)42-105076
➡ 從赫爾辛堡中央車站步行約5分鐘
🌐 www.helsingborg.se
ℹ 內部不對外開放

路上觀察 *Magnus Stenbock雕像*

市政廳一旁的大廣場 (Stortorget) 有一座瑞典軍官斯坦波 (Magnus Stenbock，1664～1717) 馬上英姿的雕像，是瑞典雕刻家 John Börjeson 在 1901 年的作品，對瑞典大部分以皇家騎馬雕像為素材而言是極少見的。

斯坦波軍官曾在 1710 年帶領瑞典在赫爾辛堡戰役 (Slaget vid Helsingborg) 擊退丹麥，這也是至今瑞典與丹麥兩國的最後一場戰爭。

聖瑪利亞教堂(Sankta Maria Kyrka)
兼容羅馬式晚期和哥德式風格

赫爾辛堡有一部分的歷史與丹麥緊密結合，而聖瑪利亞教堂在丹麥統治期間也是丹麥最大的教堂，教堂所處的廣場在19世紀也是這座城市的中心。

教堂建於14世紀初，外觀以紅磚砌成的丹麥哥德式建築，這是當時北歐的建築特色。教堂內的雕刻作品呈現羅馬式晚期和哥德式兩種風格，此外也別錯過中古世紀石刻作品和傳達耶穌降臨等相關意境三連畫的15世紀祭壇。

✉ Mariatorget, 251 14 Helsingborg
📞 +46(0)4-2189002
🕐 每日09:00～17:00
💲 免費
➡ 從中央車站步行約5分鐘
🌐 www.visithelsingborg.com/tours/sankta-maria-kyrka
ℹ 特殊假日及國定假日的開放時間會調整，出發前請先上網查詢

1.教堂外觀／2.教堂兩排哥德式磚砌多角柱

霞南堡(Kärnan)
守護赫爾辛堡700年的制高點

特別推薦

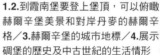

從1300年代的早期就佇立在此守護這座城市,至今已超過700年歷史,也是赫爾辛堡最有名的地標。

碉堡下方的城垛階梯和兩邊的圓形塔樓,是1903年奉瑞典國王奧斯卡二世(Oscar II)指示重建的,由富商兼國會議員特拉普(Oscar Trapp)和擁有「城市建築師」榮譽的海勒斯蘭負責執行。碉堡本身有5層樓,高35公尺、寬4.5公尺,以及通往堡頂的146階螺旋樓梯。

第一層展示碉堡建造的歷史及中古世紀領主和貴族們的日常生活,此處曾經被當作廚房及守衛室,最重要的第三層是許多重要政治會議舉辦地點,也是君王的社交場合,不過1600年代時曾經作為監獄。通往堡頂的樓梯角落也提供中古世紀服裝給遊客試穿,可以讓孩子體驗當時的生活文化。頂層除了將赫爾辛堡盡收眼底,還能遠眺厄勒海峽和海峽對岸的丹麥。

1.2. 到霞南堡要登上堡頂,可以俯瞰赫爾辛堡美景和對岸丹麥的赫爾辛格／**3.** 赫爾辛堡的城市地標／**4.** 展示碉堡的歷史及中古世紀的生活情形

✉ Slottshagsgatan, 250 07 Helsingborg
☎ +46(0)42-105991
🕐 3/5～3/20週六、日11:00～15:00,3/21～5/29週二～日11:00～15:00,5/30～9/4每日10:00～18:00(仲夏節休),9/5～10/2週二～日11:00～15:00,10/3～10/30週六、日11:00～15:00,城堡多依季節日落時間而更動
💲 成人60SEK,18歲以下由成人陪同免費
➡ 從赫爾辛堡中央車站步行約7分鐘
🌐 www.karnan.se

🫘 豆知識

見證瑞典歷史的霞南堡

在斯科內省仍為丹麥統治時,霞南堡跟其他歐洲中古世紀的碉堡設計用途一樣,具有防禦和監視敵軍的功能,同時也是丹麥皇室的住所。這座碉堡見證了幾百年來丹麥與瑞典之間的戰爭,一直到1658年,斯科內被納入瑞典的一省,當時的瑞典國王卡爾十一世(Karl XI)為了提防丹麥偷襲入侵,下令拆除所有醒目的城堡,所幸霞南堡逃過一劫,才能留存至今。

美食
精選推薦

Fika

Fahlmans
保留男女分開的傳統座位

在大廣場兩旁的建築別有一番韻味，有些已經改建成餐廳或旅館。而Kullagatan購物街上的這間咖啡館自1914年成立至今，已接連獲得「瑞典最佳咖啡廳和糕點店」及「優良烘焙店」等獎項，在瑞典權威餐廳指南「White Guide」中也榜上有名，難怪店內人潮總是川流不息。

咖啡館仍保留過去男女分開

座位的裝潢，很有意思。非常推薦該店的手工蛋糕，如Äpplemaräng、Fahlmanspecial、Citronmaräng和Jordgubbstårta等都很好吃，當然也有經典的公主蛋糕，是一間當地家喻戶曉的咖啡館。

✉ Stortorget 11, 252 20 Helsingborg
☎ +46(0)42-212287
🕐 週一～五08:00～18:00，週六08:30～16:30，週日10:00～16:30
💲 一份蛋糕30SEK～40SEK，一杯咖啡29SEK～42SEK
➡ 從赫爾辛堡中央車站步行約4分鐘
🌐 www.fahlmans.se
ℹ 特殊假日及國定假日營業時間會調整，出發前請先上網查詢

1.2.仍保留當時男女分開的座位／3.6.美味的自製手工蛋糕／4.創始人Georg Fahlman的頭像／5.咖啡館外觀

Fika Ebbas Fik
美式復古風的年度最佳咖啡館

以50年代美式復古風擺飾的Ebbas Fik，在當地及國際享有高知名度，也得到不少獎項的佳評，如瑞典和赫爾辛堡年度最佳咖啡館、赫爾辛堡年度最佳午餐餐廳及戶外餐廳等，十分熱門。

除了特別的裝潢氣氛外，該店供應的食物和咖啡都是手工製作與烘焙的，推薦巨無霸三明治和貓王漢堡(Elvisburger)、經典的瑞典收音機蛋糕(Radio cake)和Rally cake、Sputnik及Moon Rocket等私房糕點，價格親民，對食量大的饕客來說非常划算。

✉ Bruksgatan 20, 252 23 Helsingborg
☎ +46(0)42-281440
🕐 週一～五09:00～18:00，週六09:00～16:00，週日休
💲 一份蛋糕30SEK～39SEK，一杯咖啡25SEK～39SEK
➡ 從赫爾辛堡中央車站步行約3分鐘
🌐 www.ebbasfik.se
ℹ 1.特殊假日和國定假日營業時間會調整，出發前請先上網查詢
　2.部分餐點外帶與內用價格不同

1.咖啡館外觀造型顯眼／2.50年代美式復古風擺飾

Fika Etoile café
瑞典足球員最愛的法式咖啡館

1.店內空間／2.咖啡館外觀，也設有戶外用餐區

該店不在人來人往的熱鬧購物街上，可以放鬆地享受用餐時光。除了下午茶不定時有現場演奏的表演外，還提供三餐服務。所有的食物都取自新鮮食材，濃郁的咖啡也是顧客的最愛。此外，瑞典最著名的足球隊來自赫爾辛堡，此店4～5人共享的大分量雞尾酒，很受明星球員Henrik Larrson的青睞。

✉ Drottninggatan 27, 252 21 Helsingborg
☎ +46(0)709-410900
🕐 週一～週四08:00～18:00，週五08:00～22:30，週六09:00～22:30，週日 08:00～18:00
💲 一份法式三明治82SEK～109SEK，一杯咖啡25SEK～40SEK
➡ 從赫爾辛堡中央車站步行約10分鐘
🌐 www.cafeetoile.se

馬爾默Malmö

15座大型公園任你恣意漫遊

1.舊城區可見歷史風味的老建築／2.漫步於舊城區街道／3.觀光船導覽也是選擇之一

瑞典最南端的城市，屬於斯科內省(Skåne)。因興盛的鯡魚捕撈產業，在15世紀成為北歐最大城市之一，加上靠近丹麥首都哥本哈根，絕佳的地理位置與多元豐富的人文環境交融而成創新的馬爾默。

馬爾默又有「公園之城」的美稱，市區多達15座大型公園，隨處可見大片綠色景觀；而大運河環繞的舊城區，依然保存中世紀的磚造建築和石板路，很適合閒適漫步在充滿懷古情調的街道。

馬爾默行程規畫

Day 1

舊城區(P.222) → 設計中心(P.223) → 聖彼得教堂(P.223) → 市立圖書館(P.224) → 市區購物觀光

Day 2

馬爾默城堡與城堡花園(P.224) → 旋轉大廈(P.225) → 賞海步道觀賞厄勒海峽大橋(P.225)

交通串聯

從斯德哥爾摩中央車站搭乘SJ特快車(Snabbtåg)X2000至馬爾默中央車站下車,全程約4.5小時。

馬爾默中央車站(Malmös Centralstation)內設有置物櫃,可以善加利用。此外,也有免費的Wi-Fi、咖啡廳和餐廳。車站對面有一棟會議廳,在右側玻璃大樓內是遊客中心(Malmö Turistbyrå),提供免費Wi-Fi和最新的旅遊資訊。

■馬爾默市區交通:搭自行車

馬爾默市區大致路面平坦,也闢有不少專用的自行車道,且各景點相距不遠,很適合騎單車觀光。

使用路邊自助租車機註冊帳號時,需輸入姓名、瑞典當地電話號碼、電子信箱、出生年月日等資料,付款後螢幕會顯示5碼的註冊號碼,再輸入自訂的4碼PIN密碼,約需等待幾分鐘後才能領取車。租自行車時間分為24小時和72小時,為了讓自行車使用率更活絡,每次限騎1小時,時間到了要先歸還再租另一台。

時間	每日08:00～21:00,12:00～13:00休
電話	+46(0)770-782424
網址	www.malmobybike.se
信箱	info@malmobybike.se

注意

1. 可先上網或現場註冊帳號,退還自行車時需再次輸入註冊號碼和密碼,所以收據要保存好,或是先拍照留存
2. 有些點只能還車不能租車,可上網或現場查詢

■看懂自行車收據

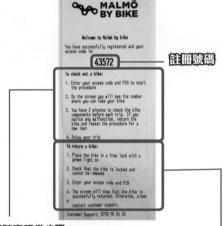

註冊號碼

腳踏車租借步驟:

1. 輸入註冊號碼及PIN密碼
2. 螢幕會顯示領取腳踏車的號碼位置
3. 你會有2分鐘時間可檢查腳踏車,若有問題,請重新操作

腳踏車歸還步驟:

1. 將腳踏車放置於閃有綠燈的歸還處
2. 檢查腳踏車是否上鎖
3. 輸入註冊號碼及PIN密碼
4. 螢幕將顯示腳踏車是否歸還成功;若無,請撥打服務專線

馬爾默城市地圖

旋轉大廈
Turning Torso

Comfort Hotel Malmö

厄勒海峽大橋
Öresundsbron

遊客中心 ℹ 中央火車站
Malmös Turistbyrå　Centralstation

聖彼得教堂
S:t Petri kyrka

大廣場
Stortorget

Rådhuset

小廣場
Lilla torg

Apoteket Lejonet

Lilla Kafferosteriet

馬爾默城堡
Malmöhus

設計中心
Form / Design Center

Mando Steakhouse & Bar

城堡花園
Slottsparken

古斯塔夫廣場
Gustav Adolfs torg

Konditori
Hollandia

STF Malmö City Hostel

馬爾默市立圖書館
Stadsbiblioteket

Bullen

舊城區(Gemla Stan)
昔日歐洲最大市集廣場

馬爾默舊城區有大廣場(Stortorget)和小廣場(Lilla torg)，大廣場建於1540年，是昔日北歐最大的市集廣場。廣場中心佇立著瑞典國王卡爾十世(Karl X Gustav)的雕像，他在1658年擊敗丹麥，並將過去為丹麥國土的斯科內省納入瑞典領土。

另一座小廣場則是1590年建立的，由於當時的市集規模不斷擴大，因此修建小廣場以提供居民更多的活動空間。

➡ 從中央車站步行約5分鐘
MAP P.222／B3

1.小廣場上的老式建築／**2.**廣場上瑞典國王卡爾十世的雕像

| 路上觀察 | 鷹頭獅身獸雕像(Grip)

古斯塔夫阿道夫廣場(Gustav Adolfs torg)上有一顆球體，上面坐著頭戴皇冠的鷹頭獅身獸雕像。這隻目光炯炯的鷹頭獅是馬爾默及斯科內省的象徵，老鷹和獅子分別代表天空和陸地最凶猛的動物，由此象徵力量、勇氣、速度和敏捷的寓意。

2

設計中心(Form／Design Center)
北歐設計師作品集散地

這間設計中心位於小廣場上紅磚建築的中庭，1964年開幕到現在，展示來自北歐各地設計師的作品。1樓是咖啡廳，擺放幾張融入設計元素的可愛桌椅，非常亮眼。2樓為展覽廳，3樓則是商品販售區，很適合對北歐設計有興趣的遊客來挖寶。

✉ Lilla torg 9, 211 34 Malmö
☎ +46(0)40-6645150
◷ 週二～六11:00～17:00，週日12:00～16:00，週一休
$ 免費
➡ 位於小廣場
http www.formdesigncenter.com
MAP P.222／B3

1.設計中心入口／2.位於3樓設計品販售區／3.1樓咖啡廳桌的可愛裝飾

聖彼得教堂(S:t Petri kyrka)
馬爾默最古老的教堂

建於14世紀初期，教堂內小禮拜堂的屋頂壁畫源於15世紀，而聖水盆的純銀部分是1919年打造的。這座莊嚴的教堂是古羅馬哥德式建築，其中建於1611年的文藝復興式祭壇畫(Altaruppsatsen)，畫中描繪最後的晚餐、受難和復活升天、誕生報喜等意境，高達15公尺，是北歐最高的木質鑲金祭壇。

✉ Göran Olsgatan 4, 211 22 Malmö
☎ +46(0)40-279043
◷ 每日10:00～18:00
$ 免費
➡ 從中央車站步行約2分鐘
http www.svenskakyrkanmalmo.se/vara-kyrkor/st-petri
MAP P.222／A4

1.教堂內部／2.小禮拜堂與聖水盆／3.教堂外觀

馬爾默市立圖書館(Stadsbiblioteket)
新舊融合之美的現代圖書館

1905年啟用至今，包含1901年建造文藝復興風格的紅磚舊館「Palace」，連接舊館與新館的走廊「Cylinder」則是圖書館的主要入口。

1.新館與舊館外觀／2.新館內部挑高的寬敞空間

而位於另一側的新館「Calendar of Light」是丹麥建築師Henning Larsen在1997年完成的作品，館內有舒適挑高的閱讀空間和一大片面對公園的落地窗，讓讀者坐在圖書館內也能享受大自然的景色。

- ✉ Kung Oscars väg 11, 211 33 Malmö
- ☎ +46(0)40-6608500
- ◉ 6～8月週一～四10:00～19:00，週五10:00～18:00，週六、日11:00～17:00
- ➡ 從中央車站步行約15分鐘，或騎自行車約5分鐘
- 🌐 www.malmo.se/stadsbibliotek
- 🗺 P.222／B3

馬爾默城堡和城堡花園(Malmöhus & Slottsparken)
北歐最古老的文藝復興城堡

特別推薦

1434年由卡爾馬聯盟(P.239)的君主埃里克十三世(Eric of Pomerania)所建立，現已非當時的風貌。由於此處的地理位置非常重要，最初只是想建立一個要塞以保護人民並抵禦外來的侵犯。19世紀後，城堡成了監禁戰俘和犯人的監獄，以前的國王起居室成為小型牢房和教堂，在古堡最後一次執行死刑是1901年，犯人在中庭被斬首。

城堡於1937年被改建為博物館，館內展示文藝復興和巴洛克時期的家具和繪畫等藝術品，呈現16、17世紀的城堡風貌，也有許多冰河時期到文藝復興時期的考古文物，涵蓋藝術、海洋生物、科技航海等，每年舉辦不同的特展。

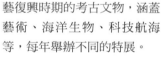

城堡旁的花園中還有一座製作麵粉的風車磨坊。建議你在公園野餐，也可以在花園咖啡館內享受下午茶，十分愜意。

- ✉ Malmöhusvägen 6, 211 18 Malmö
- ☎ +46(0)40-344437～39、+46(0)40-344423(導覽預約)
- ◉ 每日10:00～17:00
- 💲 成人40SEK、持國際學生證20SEK、19歲以下免費
- ➡ 從中央車站步行約15分鐘
- 🌐 www.malmomuseer.se
- 🗺 P.222／B2

1.城堡外觀／2.城堡花園的風車磨坊／3.城堡入口處

旋轉大廈(Turning Torso)
用38秒登頂俯瞰全城

特別推薦

　這是曾經幫元智大學設計校內建築的西班牙建築師Santiago Calatrava所設計的摩天大廈。2001年動工，經4年完成，贏得世界多項最佳新摩天大樓的獎項，是歐洲第二高的住宅大廈。

　大樓從地基至樓頂旋轉90度，外觀就像扭了一圈的毛巾，因此又有「扭毛巾大樓」之稱。從底層坐電梯至頂樓只需38秒，頂樓可俯瞰馬爾默、厄勒海峽及對岸的丹麥首都哥本哈根。

✉ Lilla Varvsgatan 14, 211 15 Malmö
➡ 從中央車站搭2號公車約10分鐘至Malmö Turning Torso站，或騎自行車約10分鐘
http www.turningtorso.se
ℹ 大廈為私人住宅，不對外開放
MAP P.222／A1

1.附近是新蓋的住宅區，在此可遠眺厄勒海峽大橋／2.大廈外觀

散·步·延·伸 MAP P.222／A1

遠眺迷人的厄勒海峽大橋(Öresundsbron)

➡ 從旋轉大廈步行約5分鐘至Sundspromenaden賞景步道
ℹ 瑞典政府因國家安全及難民湧入等考量，2016年起實施邊境管制措施，搭乘來往馬爾默及哥本哈根的火車的乘客可能被要求出示護照以檢查身分

　大橋於2000年開通，由跨海大橋、人工島和海底隧道3段組成，全長約16公里，這座橫跨厄勒海峽的橋梁是歐洲最長的行車和鐵路兩用隧道，也是世界上最寬敞的海底隧道，從馬爾默搭火車到哥本哈根只需要35分鐘。

　從遠處可發現這座橋到海峽中似乎消失了，它的盡頭是一座人工島，車輛行駛到一半便進入海底隧道，公路橋下則是火車鐵軌。

美食
精選推薦

1.餐廳內部座位／2.最受歡迎的鐵板牛排／
3.搭配紅酒醬料的牛肉特餐

Dine

Mando Steakhouse & Bar
肉質鮮嫩的鐵板牛排最受歡迎

　　這間在小廣場附近的牛排館深受當地人的喜愛，1966年開幕，餐廳較古老的部分是由丹麥20世紀知名的國際建築師Arne Jacobsen設計。雖然餐廳不大，每週仍吸引4千名饕客上門，特色主餐最受歡迎，尤其是使用當地牛肉的鐵板牛排(Plankstek)，肉質鮮嫩。

　　酒吧從中午營業到傍晚，有西班牙和義大利進口的知名酒類，也有捷克和丹麥的啤酒，同時提供經典和時下流行的調酒，還特別對中午用餐的客人提供折扣優惠。

✉ Skomakaregatan 4, 211 34 Malmö
☎ +46(0)40-78000
🕐 週一～五11:30～23:00，週六、日12:00～
　 01:00
💲 特色主餐170SEK～245SEK
➡ 從小廣場步行約2分鐘
🔗 www.mandosteakhouse.com
ℹ 1.不接受電話預約，需現場排隊，等待時間約5～10分鐘
　 2.每日14:30～17:30為用餐優惠時段
🗺 P.222／B3

Dine

Bullen
中世紀古典氛圍的酒吧餐廳

　　位於Södra Förstadsgatan購物街旁的酒吧餐廳，從1897年開店至今，歷史相當悠久。剛開始只是一間提供啤酒和點心的小酒吧，由於當時的老闆熱愛撞球，因此曾經一度改建為撞球館，同時提供啤酒和沙拉等輕食，是知識分子熱門的交際場所。

　　目前餐廳的吧檯依然在當時的位置，而吧檯上的銀色啤酒機則是北歐最老的啤酒機，牆上掛著英國和瑞典皇室的肖像畫作，也有當年老闆的珍貴收藏品，讓人恍如置身於中世紀的的古典氛圍。

　　最受歡迎的食物是經典特餐系列，有海鮮魚湯、肉丸和其他肉類，搭配馬鈴薯或麵

1.來這裡一定要品嘗的經典特餐／2.餐廳內部裝潢與酒吧

包供客人選擇，不過個人覺得口味偏鹹，這也許是瑞典人口味較重的飲食習慣。

✉ Storgatan 35, 211 41 Malmö
☎ +46(0)40-121241
🕐 週一～五11:30～01:00，週六12:00～01:00，週日
　 13:00～22:00
💲 經典特餐159SEK～210SEK
➡ 從小廣場步行約10分鐘，在Storgatan與Södra
　 Förstadsgatan交叉路口
🔗 www.bullen.nu
ℹ 可上網訂位(選擇「boka bord」處預約)
🗺 P.222／B3

Lilla Kafferosteriet
Fika 憑發票免費再續一杯

這間咖啡廳提供各式經典咖啡，而自行磨製的咖啡也深受好評，個人非常喜歡該店的太妃糖布朗尼蛋糕，吃起來濃郁卻不甜膩。如果走累了，不妨來這裡喝下午茶，試試這款點心，再搭配一杯現磨咖啡真是絕配。還有，可別輕易丟掉發票，拿著發票還可免費跟服務員再續一杯咖啡，對於咖啡迷來說真是一大樂事。

1.咖啡館內部裝潢質樸舒適／2.咖啡廳外觀／3.露天咖啡座／4.香濃咖啡和太妃糖布朗尼

- ✉ Baltzarsgatan 24, 211 36 Malmö
- ☏ +46(0)40-482000
- ◷ 週一～五08:00～18:00，週六、日10:00～18:00
- $ 咖啡一杯20SEK～40SEK，甜點一份27SEK～45SEK
- ➡ 從小廣場步行約5分鐘，在Baltzarsgatan與Kalendegatan交叉路口
- 🌐 www.lillakafferosteriet.se
- ℹ 1.每張發票只可續杯一次，任選 一 種 咖 啡
  2.國定假日時間會調整，請先上網查詢
- 🗺 P.222／B3

Konditori Hollandia
Fika 取自當地新鮮有機食材

這是一間位於Södra Förstadsgatan購物街上的咖啡館，擁有優雅舒適的用餐環境，所有的食物和飲料都是取自當地的有機食材、新鮮水果和肉類。三明治提供烤牛肉、鮭魚和蝦等種類，也有輕食類的三明治。蛋糕選擇多樣，經典的公主蛋

1.餐廳外觀十分典雅／2.雅致的內部裝潢／3.排隊點餐前需抽序號

糕、水果蛋糕、起司蛋糕和咖啡酒蛋糕等，讓人吃得安心又美味。

- ✉ Södra Förstadsgatan 8, 211 43 Malmö
- ☏ +46(0)40-124886
- ◷ 週一～五07:45～19:00，週六09:00～19:00，週日09:00～19:00
- $ 咖啡一杯25SEK～47SEK
- ➡ 從小廣場步行約10分鐘
- 🌐 www.hollandia.se
- ℹ 內用與外帶價錢不同，需注意
- 🗺 P.222／B3

隆德Lund

學術風氣鼎盛的大學城

根據記載，這座城市在 10 世紀末期仍屬丹麥國土，由當時的國王 Sweyn Forkbeard 創建，現今為距離瑞典第三大城馬爾默不遠的古老城鎮。

走過 1 千多年歷史，擁有北歐第一個直屬羅馬天主教教會的大教堂、成立斯科內省首間鑄幣局，北歐最大的隆德大學也坐落於此，可見其重要地位，是國際學術研究的重鎮，充滿濃厚的學術風氣。

1.隆德市區街道／2.隨處可見的老式房屋／3.隆德大教堂是這座城市的地標

交通串聯

從馬爾默中央車站搭乘Öresundståg或Pågatåg火車到隆德中央車站，全程10～15分鐘。

隆德中央車站(Lunds Centralstation)離市區主要景點都很近，步行皆可到達。車站旁是公車總站，這裡設置負責斯科內省所有交通票的Skånetrafiken服務中心，可以購買各種車票。

〔One Day 一日行程表〕

	參觀時間
隆德大學	60 分鐘
隆德大教堂	30 分鐘
隆德植物園	45 分鐘
市中心	60 分鐘
	Fika 一下再上路
	(P.231)

■隆德遊客中心(Lund Turistbyrå)

位於市中心的大廣場(Stortorget)旁，除了可以詢問相關旅遊問題和提供旅遊資訊外，這裡還有免費的Wi-Fi和充電插座可利用。

地址　Botulfsgatan 1, 223 50 Lund
電話　+46(0)46-355040
時間　週一～五10:00～18:00，週六、日11:00～15:00
網址　www.visitlund.se

1.遊客中心外觀／2.公車總站／3.中央車站外觀

隆德大學(Lunds Universitet)
瑞典頂尖的教育學府

創建於1666年，向來被列在全球百大名校。1900年時，只有1,000位學生在此就讀，是一座培養神父、教師、醫生和律師等菁英的高等學府，為北歐最大的大學和研究機構。

這棟潔淨典雅的大樓是該校最主要的建築，建於1878年，是目前學校的行政中心和舉行正式典禮的地方。廣場中有幾座人物和藝術雕像，其中一座雕像「Man escaping from the darkness ignorance」是隆德市政府在1918年贈送給大學250週年的紀念品。

✉ Kyrkogatan與Paradisgatan交叉路口(校本部)
➡ 從隆德中央車站步行約10分鐘
http www.lu.se

1.市政府贈送給大學250週年的紀念品／2.大學的主要建築

隆德大教堂(Domkyrkan)
北歐保存最好的羅馬樣式教堂

特別推薦

　　教堂建於12世紀，不但是北歐保存最好的中古世紀羅馬樣式建築，也是北歐第一個直屬羅馬的大主教管轄區，無論從市中心任何角落都能看到教堂的兩座塔樓，當地人稱之為「Lund's boys」，可以說是隆德的地標。

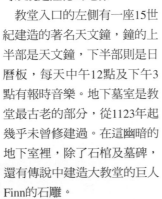

　　教堂入口的左側有一座15世紀建造的著名天文鐘，鐘的上半部是天文鐘，下半部則是日曆板，每天中午12點及下午3點有報時音樂。地下墓室是教堂最古老的部分，從1123年起幾乎未曾修建過。在這幽暗的地下室裡，除了石棺及墓碑，還有傳說中建造大教堂的巨人Finn的石雕。

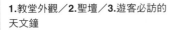

1.教堂外觀／**2.**聖壇／**3.**遊客必訪的天文鐘

✉ Kyrkogatan 4, 222 22 Lund
☎ +46(0)46-358700
🕐 週一～五08:00～18:00，週六09:30～17:00，週日09:30～18:00；天文鐘：週一～六12:00、15:00，週日13:00、15:00
💲 免費
➡ 從隆德中央車站步行約10分鐘；從隆德大學校本部步行約3分鐘
🌐 www.lundsdomkyrka.se

3

🔵 豆知識

傳說中的巨人Finn

　　據說在Finn蓋這座教堂時曾跟修道士交換條件，若修道士知道他的名字就免費幫助修建教堂。有一天，這位修道士無意間聽到Finn的妻兒喊他的名字。Finn知道修道士發現了他的名字以後，就非常生氣地將一邊的石柱抱起，意圖把教堂毀掉。這時

↑巨人Finn妻兒的石像

陽光忽然照到這位巨人的身上，他因害怕陽光，瞬間和手中的石柱融為一體，是一段頗為神祕有趣的奇聞軼事。旁邊另一根石柱則是Finn妻兒的石像。

隆德植物園(Botaniska trädgården)
百花盛開的歷史名園

　　1974年被列為瑞典國家歷史性地標的隆德植物園，始建於17世紀，園內占地8公頃，約種植7,000種植物，除了多樣的生態系統和園藝花卉外，還設立一間展示2,000種熱帶植物的溫室，目前由隆德大學管理，免費對外開放。

✉ Östra Vallgatan 20, 223 61 Lund
☎ +46(0)46-2227320
🕐 5/15～9/15每日06:30～21:30，9/16～5/14每日06:00～20:00；熱帶溫室：每日11:00～15:00
💲 免費
➡ 從隆德大教堂步行約10分鐘
🌐 www.botan.lu.se

1.在園內享受悠閒時光／**2.**園內爭奇鬥豔的花卉和綠色植物

美食
精選推薦

1.4.新鮮美味的三明治和甜點／**2.**咖啡館外觀／
3.店內空間雖不大但木質桌椅很舒適

Fika
Coffee Break
地點優且價格合理

這間咖啡館自2002年來專賣自家手工糕點和濃郁好喝的咖啡，烘焙師傅曾受過專業訓練，所做出來的糕點備受好評；除了甜點，其他還有三明治和冰淇淋等選擇，地點適中且價格合理，廣受觀光客和當地人的喜愛。

✉ Sankt Petri kyrkogatan 3, 222 21 Lund
☎ +46(0)46-2112100
🕐 週一～五08:00～20:00，週六、日09:00～19:00
💲 咖啡一杯17～37SEK，輕食一份55～65SEK
➡ 從隆德大學校本部步行約3分鐘
🌐 www.coffeebreak.nu
ℹ 店內消費每人需付5SEK清潔費

Fika
Creperiet i Lund
體驗浪漫風情的法式薄餅

位於市中心的這間餐廳提供早餐及早午餐的服務，店裡最受推薦是法式可麗餅。除了經典的甜味可麗餅外，也有火腿、培根、煙燻鮭魚和各種肉類的鹹可麗餅，素食者也可以點不含肉的可麗餅，搭配咖啡或茶就很有飽足感。

✉ Klostergatan 14, 222 22 Lund
☎ +46(0)723-290800
🕐 週一～五07:00～10:00，11:30～22:00，週六08:00～22:00，週日08:00～18:00
💲 咖啡一杯21～29SEK，可麗餅一份79～129SEK
➡ 從隆德大教堂步行約3分鐘
🌐 www.creperiet.nu

1.餐廳外觀／**2.**店內擺設與氣氛令人不自覺心情放鬆

玻璃王國Glasriket

冰火交會的奢華玻璃魅力

地處斯莫蘭省 (Småland) 東南方的森林與湖泊區，從 Nybro 到 Växjö 兩座小城市之間有不少生產玻璃的小鎮，到了 19 世紀，這裡已經有 77 家玻璃工作坊，統稱「玻璃王國」。

每家工作坊有其獨特的創作設計風格，有些堪稱世界一流的玻璃藝品，也能近距離欣賞大師級的工藝師傅製作玻璃的過程，甚至還有親手製作彩繪玻璃的機會，體驗吹玻璃的神奇工藝，每年吸引眾多遊客參觀。

交通資訊這裡查

火車時刻表與資訊：www.klt.se
公車時刻表與資訊：www.lanstrafikenkron.se

玻璃王國行程規畫

Day **1**
Målerås 玻璃工作坊 (P.233) → 彩繪玻璃製作 (P.235)

Day **2**
Kosta 玻璃工作坊 (P.234) → Kosta Boda 藝廊 (P.235) → 彩繪玻璃製作 (P.235)

Målerås玻璃工作坊(Målerås Glasbruk)
在台灣百貨也有設櫃的知名玻璃

1890年成立，剛開始主要生產窗戶玻璃，後來才加入玻璃瓶與家用玻璃器物等新產品，從最初的20位師傅發展到全盛時期有1百多位師傅在此工作。

工作坊內展示知名玻璃工藝師Mats Jonasson和其他設計師的作品，多取材於大自然和動物，還有以人和動物的臉部為主題，呈現極為細部的特寫。近年來Målerås的玻璃創作與手工鐵鑄模型結合，粗曠的鐵鑄造型與晶瑩透亮的玻璃形成強烈的對比，精細的雕工令人讚歎！

✉ Industrigatan 20, 380 42 Målerås
📞 +46(0)481-31401(玻璃吹製體驗預約)
🕐 週一～五10:00～18:00，週六10:00～16:00，週日11:00～16:00；**夏季：**6/27～8/19週一～五10:00～18:00，週六10:00～17:00，週日11:00～17:00；**每日導覽：**11:00、13:00、15:00；**吹玻璃體驗：**7/8～8/19每日11:00～14:40
💲 導覽免費，吹玻璃體驗每人20分鐘500SEK
➡ 從卡爾馬中央車站搭乘SJ區域性火車(Regional)、Öresundståg或Krösatåget火車至Nybro站，再搭139或315號巴士，全程約1小時10分鐘
🌐 www.maleras.se
ℹ **1.**國定假日、仲夏節、聖誕節等特殊節日的營業時間會調整，出發前請先上網查詢
2.吹玻璃體驗可上網預約

1.4.展覽廳的Mats Jonasson純手工玻璃作品／2.精細的雕刻手法令人驚歎／3.工作坊外觀

🫘 豆知識
玻璃工藝師Mats Jonasson

在參訪過程中很幸運地遇見了Mats Jonasson，本人非常親切樸實，帶領我們參觀玻璃工廠及製作過程，也一一介紹他親手打造的玻璃藝品。

Mats Jonasson的手工玻璃雕刻生涯已超過50年，15歲開始，以學徒身分與許多知名玻璃工藝師一起工作。Mats Jonasson原是另一家Kosta玻璃工作坊的雕刻師，到了25歲時與其他設計師成立Målerås玻璃工作坊，發展出獨創的雕刻特色和手法。其創作靈感來自於周遭的大自然與古希臘神話人物，成為他特有的創作元素和標誌。

→Mats Jonasson與他最喜歡的面具系列作品合照

| Målerås玻璃工作坊推薦商家 |

Målerås玻璃工藝品店

- ✉ Industrigatan 20, 380 42 Målerås
- ☎ +46(0)481-31400
- ⏰ 週一～五10:00～18:00，週六10:00～17:00，週日11:00～17:00
- http www.maleras.se
- ℹ 可以在各玻璃工坊購買玻璃王國卡(Glasriket Pass)，目前該卡售價100SEK，持卡購買商品可享10%折扣優惠，此卡有效期1年

在台灣百貨公司也設有專櫃，Mats Jonasson玻璃工藝品價格昂貴，工坊展示的商品有的也要幾十萬台幣起跳，如果你喜歡這位藝術家精湛的雕刻技術，但預算有限，不妨挑個小玻璃彩繪或雕刻作品帶回家。店裡也有其他設計師的作品，而達拉木馬則是最具當地特色的紀念品。

↑ 經典的達拉木馬紀念品

Wärdshuset Hyttan

- ✉ Industrigatan 20, 380 42 Målerås
- ☎ +46(0)481-31402(訂位)
- ⏰ 週一12:00～14:30，週二～五11:30～15:00，週六12:00～15:00，週日12:00～14:30
- 💲 主餐100～120SEK
- http www.malerashyttsill.se

Målerås玻璃工作坊的2樓設置一間飾有玻璃精品的餐廳，在這裡用餐也可以看到工匠和設計師在廠房製作玻璃的過程。餐廳提供自助餐和瑞典傳統菜色，在享用美食的同時，還能欣賞令人賞心悅目的玻璃精品擺設，是很特別的用餐氣氛。

↑ 餐廳的玻璃藝品擺設

Kosta玻璃工作坊 (Kosta Glasbruk)
產銷全球的貴族古老品牌

特別
推薦

　　這是玻璃王國最古老的玻璃工作坊，於1742年開始營業，其名稱取自兩位創始人Anders Koskull和Staël von Holstein姓名的前幾個字母。現今的水晶工作坊則是由Kosta、Boda、Åfors與Orreors等品牌合併而成，並擁有大型的Outlet賣場、商店、旅館、藝廊和瑞典最大規模的玻璃工廠。

　　工藝設計師都有自己的工作室，作品多結合現代流行元素，圖案線條大膽隨興、用色活潑有層次，透過手工雕刻與吹製，塑造出獨一無二的藝術品。此外，這間老字號工作坊還為2016年歐洲歌唱大賽(Eurovision Song Contest)設計玻璃冠軍獎盃，在瑞典皇室成員婚禮上也特製玻璃杯作為結婚禮物。

- ✉ Stora vägen, 360 52 Kosta
- ☎ +46(0)478-34500、+46(0)706-846191(玻璃吹製體驗預約)、+46(0)478-34529(展覽導覽預約)
- ⏰ 週一～五10:00～20:00，週六、日10:00～18:00，國定假日休；**吹玻璃體驗**：週一～五08:30～15:30，週六、日10:00～16:00，國定假日休；**藝廊**：週一～五10:00～17:00，週六、日10:00～16:00，國定假日10:00～16:00
- 💲 藝廊展覽免費，玻璃吹製體驗每人150SEK～700SEK
- ➡ 從卡爾馬中央車站搭乘SJ區域性火車(Regional)或Öresundståg火車至Lessebo站，再搭218號巴士，全程約1.5小時
- http www.kostaboda.se
- ℹ 1.國定假日、仲夏節、聖誕節等特殊節日的營業時間會調整，出發前請先上網查詢
  2.吹玻璃體驗票價因玻璃種類而異，可上網或電話預約
  3.兩家工作坊之間並無公車直達

1.工作坊外觀／2.隨處可見的玻璃藝術裝置

| Kosta玻璃工作坊推薦商家 |

 Kosta Boda藝廊

藝廊內擺設各設計師的作品，有強烈的個人風格。除了色彩繽紛的玻璃盆和黑白時尚的玻璃杯外，也有單一色調的不規則玻璃瓶等，作品之多，令人目不暇給，這些都是工藝師的藝術巧思和創作功力，深受消費者肯定。

 Kosta玻璃藝品店

✉ Stora Vägen 91 , 360 52 Kosta
☎ +46(0)478-34500
🕐 週一～日10:00～20:00，國定假日10:00～17:00
🌐 www.kostaboda.se
ℹ 持玻璃王國卡可享折扣優惠

Kosta玻璃品牌以銷售居家實用商品為主，該工坊也設有一間Outlet大賣場和藝品店。大賣場展售過季商品和瑕疵品，價格比市價便宜許多，若持「玻璃王國卡」購買有優惠折扣，很難令人不心動。

1.玻璃工坊對面的Outlet也值得去撿便宜／2.店內販售玻璃酒杯和家庭飾品居多

彩繪玻璃製作步驟

兩間工作坊都提供讓遊客體驗吹製玻璃的機會，到底這些精緻透亮的彩繪玻璃藝品是怎麼製造出來的呢？

 Step 1
從熔爐中取出玻璃熔液
用一根空心鐵管的前端從攝氏1,400度熔爐中取出一團燙紅的玻璃熔液。

Step 2
沾上金屬氧化物
沾上一些金屬氧化物後，再放入熔爐裡燒製約15秒拿出。

 **Step 3**
持續轉動鐵管，從管中吹氣
為了不讓軟化的玻璃掉落，過程中需一邊不停地滾動鐵管，一邊從鐵管的另一端吹氣，直到玻璃冷卻成型。

 Step 4
用模具定型， 設計成自己喜愛的造型
使用模具或金屬工具將玻璃熔液慢慢轉動塑造成型。

 **Step 5 成品**
將降溫的玻璃半成品放入冷凍庫1天，直到降至室溫20度再拿出，即成了彩繪玻璃藝術品。最困難的部分是吹製玻璃的過程，必須謹慎地調整吹氣的力度，否則尚未冷卻的玻璃半成品很容易就會爆破。

卡爾馬Kalmar

保留中世紀文化遺跡的海港城

卡爾馬火車站

地處瑞典斯莫蘭省 (Småland) 的東南邊，瀕臨波羅的海，可以由此城搭渡輪到隔海相望的夏季度假勝地厄蘭島 (Öland)。因重要的地理位置，1397 年丹麥、挪威和瑞典在該城曾立下「卡爾馬聯盟」(Kalmarunionen) 協議，形成 3 國擁戴共同君主的時代。

卡爾馬大約在 12 世紀初建立，大部分的遺跡多自 1592 年保存至今，曾經贏得 2 次歐洲遺產文化組織 (Europa Nostra) 的獎項，無論是舊城牆、石砌城堡，或舊城的石板街道，都闡述著歷史文化的軌跡，並象徵這座城市昔日的繁榮與地位。

卡爾馬行程規畫

交通串聯

從斯德哥爾摩中央車站搭乘SJ特快車(Snabbtåg)到Alvesta站下車,再轉搭Öresundståg火車至卡爾馬中央車站,全程約4.5~5.5小時。從火車站步行約5分鐘可到達遊客中心(Kalmar Turistbyrå),可在此購買卡爾馬卡(The Kalmar Pass),此卡享有各景點門票的折扣優惠。

卡爾馬中央車站(Kalmars Centralstation)內提供行李寄放的服務,旁邊就是公車總站,可在此轉搭巴士或火車到Nybro火車站,再轉乘到玻璃王國(P.232)。

1.火車站外觀╱2.卡爾馬遊客中心

〔 One Day 一日行程表 〕

	參觀時間
卡爾馬城堡	100 分鐘
舊城區	20 分鐘
卡爾馬大教堂、	30 分鐘
Larmtorget 廣場	
卡爾馬郡博物館	60 分鐘
市中心	60 分鐘
	Fika 一下再上路
	(P.241)

舊城區(Gamla Stan)
散發浪漫風情的薔薇古屋

舊城區在1647年時幾乎被大火燒毀,之後遷移至卡爾馬城堡的右方,是卡爾馬過去的中心區,至今仍保留完好的17~18世紀建築。這些蜿蜒小道的石板路上,路旁有不少已長約1人高的薔薇,攀附在一棟棟古老房屋牆上,不時傳來宜人的花香。

🔲 以Västerlånggatan、Kungsgatan、Österlånggatan 及Molinsgatan街道環繞的區域
➡ 從卡爾馬城堡步行約5分鐘

1.2.3.穿梭於小屋間別有一番夏日風情

卡爾馬城堡(Kalmar Slott)
瓦薩王朝修建的文藝復興風格城堡

特別推薦

約1180年時，一座防禦塔樓被建在現今卡爾馬城堡的位置，由於位置靠海，具有重要的戰略意義，主要抵禦外來海盜和敵人。到了1200年初，卡爾馬這座城市才正式建立。

- ✉ Kungsgatan 1, 392 33 Kalmar
- ☎ +46(0)480-451490、+46(0)480-451492(導覽預約)
- ⏰ 1/1～3/29週六、日10:00～16:00，3/30～4/30每日10:00～16:00，5月10:00～16:00(週二10:00～20:00)，6～8月10:00～18:00(週二～四10:00～20:00)，9月10:00～18:00(週二～四10:00～20:00)，10月10:00～16:00(週二～四10:00～20:00)，11～12月週六、日10:00～16:00，城堡依季節日落時間而更動
- 💲 成人110SEK～155SEK，18～26歲70SEK～100SEK，6～17歲50SEK，依季節時間而變動
- ➡ 從中央車站步行約10分鐘
- 🌐 www.kalmarslott.se

1.城堡外觀／2.城堡入口

精采看點 1　瓦薩王朝的文藝復興宮殿

建於12世紀，現今所看到的城堡是16世紀瓦薩王朝的古斯塔夫一世(Gustav I)、埃里克十四世(Erik XIV)與約翰三世(Johan III)3位國王下令重新設計，將原本的中世紀堡壘轉改建成1座文藝復興風格的宮殿，城堡內仍保存最久的藝術畫作、鑲金天花板和國王寢室等當時的生活起居和擺設。

精采看點 2　環城城牆4個堡壘

▲城牆經修建後呈現兩種不同顏色的痕跡

13世紀時，國王馬格努斯三世(Mangus III)在城堡周圍加建環城城牆，是當時最嚴密的軍事堡壘。到了1611年，卡爾馬城堡在戰爭期間被丹麥占領，之後城堡的軍事作用已大幅降低，失去戰略地位。18世紀時，這座城堡又曾轉為監獄、造酒廠和倉庫之用，直到19世紀才開始修建。

1.城牆上仍遺留戰爭的砲彈痕跡／2.當時需要多人才能完成裝置砲彈／3.城堡周圍的4個堡壘建於1545年

卡爾馬大教堂(Domkyrka)
18 世紀的北歐巴洛克式教堂

特別推薦

建於1703年。通常巴黎或羅馬類似的巴洛克式教堂，屋頂會有華麗裝飾的大穹頂，但這座教堂卻沒有這樣的設計，頗為特別，這也是瑞典少有未經改建的教堂。

✉ Stortorget, 391 32 Kalmar
☎ +46(0)480-12300
🕐 6～8月週一～五08:00～20:00，週六、日09:00～20:00
💲 免費
➡ 從中央車站步行約10分鐘
🌐 www.kalmardomkyrka.se
ℹ 週三～五17:00提供英語導覽

1.2.4.教堂內部／3.教堂外觀

路上觀察 *Larmtorget廣場中的雕像*

這座廣場是卡爾馬的娛樂中心，到了夏天格外熱鬧。廣場中央有一座1926年建的噴水池，又稱為「瓦薩許願池」。水池上端有一尊雕像，紀念當時古斯塔夫·瓦薩(Gustav Vasa)帶領軍隊打贏對丹麥的戰爭，使瑞典脫離卡爾馬聯盟。

豆知識

卡爾馬聯盟

卡爾馬曾是重要的政商城市，許多重要的會議都在卡爾馬城堡舉行，最有名的是1397年6月17日簽訂卡爾馬聯盟成立。當時瑞典、丹麥和挪威共擁1王，由身兼這3國女王的瑪格麗特(Margareta)任命並加冕埃里克十三世(Eric of Pomerania)為聯盟君王，各國外交及軍事由共同君王統治，但仍保有各自的王國地位。直到1523年，由古斯塔夫 瓦薩(Gustav Vasa)帶領瑞典恢復主權，並將6月6日訂為國慶日，聯盟就此瓦解。

卡爾馬郡博物館(Kalmar Läns Museum)
重現Kronan號皇家戰艦

博物館中最大的展示是1676年6月在厄蘭島南方觸礁沉沒的Kronan號皇家戰艦，這是當時瑞典對抗丹麥和其盟友荷蘭所引發的戰爭，有800人隨著戰艦沉入海底，只有50人生還，是瑞典最慘烈的一場海上災難。軍艦在1980年時被打撈上岸，有武器砲彈、雕刻品、船員的私人生活用品等，其中還包括瑞典最大的黃金幣。

4樓展示廳則介紹出生於卡爾馬的女畫家Jenny Nyström的生平和作品，她也是瑞典Tomte聖誕小精靈畫像的原創者，是一位深受瑞典人喜愛的藝術家。

✉ Skeppsbrogatan 51, 391 21 Kalmar
📞 +46(0)480-451300、+46(0)480-451370(導覽預約)
🕐 週一～五10:00～16:00(週三10:00～20:00)，週六、日11:00～16:00，國定假日11:00～16:00
💲 成人80SEK，持國際學生證40SEK，19歲以下免費
➡ 從中央車站步行約10分鐘
🌐 www.kalmarlansmuseum.se
ℹ 國定假日開放時間會調整，出發前請先上網查詢

1.博物館外觀及入口處／**2.**1樓展示砲彈／**3.**紀念品商店

美食
精選推薦

1.餐廳外觀／2.3.餐廳內部與吧檯

Dine

Gröna Stugan
曾獲「最佳餐廳」美譽

位於火車站旁，自1927年營業至今，曾獲瑞典權威美食指南「White Guide」的「最佳餐廳」和Trip Advisor等多項肯定。 餐廳內部陳設溫馨舒適，有一大片落地窗，用餐時還可欣賞戶外景色，烤魚和烤羊肉都是不錯的選擇，這裡也提供素食主餐，價格親民。

- ✉ Larmgatan 1, 392 32 Kalmar
- ☎ +46(0)480-15858(訂位)
- ◎ 週一～五11:30～14:00、17:00～22:00，週六17:00～22:00
- 💲 主餐225SEK～285SEK
- ➡ 從中央車站步行約3分鐘
- 🌐 www.gronastuganikalmar.se

Fika

Kullzenska Cafeet
體驗19世紀的懷舊風情

位於Kaggensgatan購物街上的2樓咖啡館，一踏進門就能感受到濃厚的懷舊氣息，至今內部仍保存19世紀的裝飾，裡面擺著似乎拼湊的桌椅，牆上掛著瑞典皇室的畫作及肖像，還有老舊的天花板和地毯，地板不時吱嘎作響，甚至連壁紙都是那時期的原貌，散發出獨特的復古氛圍。

咖啡廳提供各式三明治、甜派、餅乾和冷熱飲，其中最有名的是抹上香草醬或冰淇淋的脆皮水果派，個人喜歡他們的草莓大黃派(Jordgubbspaj)，酸酸甜甜的，非常好吃。

- ✉ Kaggensgatan 26, 392 32 Kalmar
- ☎ +46(0)480-28882
- ◎ 週一～五10:00～18:30，週六10:00～17:00，週日12:00～16:30
- 💲 咖啡一杯24SEK～36SEK，甜點一份20SEK～40SEK
- ➡ 從中央車站步行約5分鐘
- 🌐 www.kullzenska.se

1.店內裝潢與擺設／2.咖啡館外觀／3.淋上香草醬的草莓大黃派

哥特蘭島Gotland

瑞典人的夏季度假勝地

當地人捕魚用的船隻與休憩小屋

瑞典最大的島嶼,面積 3,140 平方公尺,人口集中在主要城市維斯比,到了夏天,是高人氣的度假勝地。海邊的岩石群和白沙灘、一望無際的大草原和綠樹成蔭的森林,可以租一台車暢遊哥特蘭島美妙景致。

維京時代初期島上就有貿易往來,12 ～ 15 世紀這裡也是漢薩聯盟的商業港口,向來是丹麥與瑞典兩國的必爭之地,島上近百座教堂遺址和古老城牆,都是見證歷史的珍貴遺跡。

哥特蘭島行程規畫

Day **1**

榆樹谷公園 (P.245) ➜ 中世紀教堂遺跡 (P.244) ➜ 維斯比環城城牆 (P.244)

Day **2**

法羅島 (P.246)

交通串聯

從斯德哥爾摩中央車站搭乘SL火車至Nynäshamn站下車,再轉搭Destination Gotland渡輪到維斯比,全程約4小時25分鐘。離開渡輪港口後往左走,遊客中心就在舊城區中心,不但可以在此購買交通卡,還有當地紀念品,若想租車環島,也可以向服務人員詢問相關資訊。

■哥特蘭島遊客中心(Gotlands Turistbyrå)

地址	Donners Plats 1, 621 57 Visby
電話	+46(0)498-201700
時間	週一~五09:00~17:00,週六10:00~16:00
交通	從渡輪港口步行約10分鐘
信箱	info@gotland.com
網址	www.gotland.com

■Destination Gotland渡輪

電話	購票專線:+46(0)771-223300
時間	購票時間:週一~四08:00~19:00,週五~日08:00~18:00
信箱	bokningen@destinationgotland.se
網站	www.destinationgotland.se

注意
1. 建議先上網購票,購票後需將電子票券印出,Check-in時出示護照和票券換取座位票根
2. 渡輪不定時有優惠票價,也提供套裝行程,注意此類資訊可省不少費用

1.島上可見許多特色小屋/2.中古世紀週舉辦的傳統市集/3.渡輪販售輕食和飲料,也有服務櫃檯/4.搭乘渡輪處/5.渡輪港口

維斯比舊城(Visby)
玫瑰與廢墟的迷人之城

特別
推薦

維斯比是哥特蘭島的最大城,這個古老城鎮在1995年被聯合國教科文組織列為世界文化遺產,是北歐保存最完整的中世紀古城,走在舊城區,就如同循著歷史軌跡走一遭。

路上
觀察 **哥特蘭綿羊**

在舊城區路上可不時看到綿羊石像,哥特蘭島的旗幟上也有牠的身影,這隻羊就是哥特蘭島的標誌,而當地產的羊肉和羊毛是瑞典美食和名品的代表。當地紀念品商店販賣各材質和式樣的哥特蘭綿羊,可愛的模樣令人愛不釋手。

精采看點 **1** 守護維斯比的環城城牆

這是一座長達3.4公里的城牆,用厚重的石灰石砌成,最早於12世紀建造。至今仍完整保存東塔樓(Österport)、南塔樓(Söderport)和北塔樓(Norderport)等27座塔樓及9座小型塔樓,即使部分城牆及建築歲月的洗禮已有些殘破,但依舊是一座有韻味的古城。

▲火藥塔 (Kruttornet) 是環城城牆中最著名,也是最古老的塔樓

▲通往舊城市區入口的塔樓

精采看點 **2** 保存完好的中世紀教堂遺跡

▲聖瑪麗亞大教堂遺跡

▲聖瑪麗亞大教堂遺跡

▲Nikolai教堂遺址

▲聖凱薩琳教堂遺跡

▲Drotten教堂遺址

唯一於戰爭中倖免於毀壞的聖瑪麗亞大教堂(Domkyrkan S:ta Maria)是當地保存最完整,也是仍在使用中的教堂遺跡。而大廣場(Stora Torget)旁的聖凱薩琳教堂(S:ta Karin)則是最大的教堂遺跡,建於1250年,教堂周圍有市集、酒吧和餐廳,非常熱鬧。其他如Nikolai教堂、Drotten教堂、Hans教堂與Pers教堂等都各具特色,值得仔細觀賞。

精采看點 ③

碧草如茵的榆樹谷公園

　　榆樹谷公園(Almedalen)離港口不遠，每年7月的第一週為「榆樹谷週(Almedalsveckan)」，又稱政治週，是瑞典的年度盛會，人潮往往將公園擠得水洩不通。若避開觀光熱季，便能享受靜謐的景色。

▲花紅柳綠的榆樹谷公園景色宜人

路上觀察　中世紀週(Medeltidsveckan)

　　自1984年起，每年的第三十二週(約8月中旬)是維斯比的「中世紀週」。來自各地穿著中世紀服飾的遊客走在街道，當地也舉辦各類活動，有馬術、戲劇表演、音樂會、中世紀古物市集，像一場熱鬧的嘉年華會，吸引很多遊客同樂，所以若計畫這週來體驗，一定要早點訂好住宿。

┃ 維斯比推薦餐廳 ┃

🍃 Bolaget

- ✉ Stora Torget 16, 621 56 Visby
- 📞 +46(0)498-215080(訂位)
- 🕐 週一～六17:00～00:00
- 💲 主餐195～270SEK
- 🌐 www.bolaget.fr
- ℹ 用餐時間經常客滿，建議先打電話預約

來維斯比不能錯過哥特蘭島有名的羊肉。位於大廣場上的這間餐廳提供當地的特色菜肴，其中最受歡迎的是烤羊肉餐，軟嫩的羊肉搭配甜菜、馬鈴薯、羊乳酪和野蒜醬，豐盛的搭配深受顧客好評。餐廳還提供戶外座位，點杯酒或甜點來享受愜意的維斯比夜晚景色吧！

🍃 Crêperie & Logi

- ✉ Wallérs Plats 3, 621 56 Visby
- 📞 +46(0)730-870506(訂位)
- 🕐 每日11:00～21:00
- 💲 主餐115～190SEK
- 🌐 www.creperielogi.se(可上網預約)

這間餐廳位於舊城區的市中心，酥脆的大塊餅皮可選擇搭配鹹或甜口味，配料更是豐富，除了肉類以外，若想吃素食，也可以挑選適合自己的菜色搭配。

法羅島(Fårö)
跟著名導演拍片場景追夢

特別推薦

這座小島近幾年成了哥特蘭島的熱門景點,除了大家較為熟悉的中國演員湯唯在此舉行婚禮外,影響導演李安頗深的瑞典知名導演英格瑪 柏格曼(Ernst Ingmar Bergman)也在這裡拍攝幾齣知名的電影。

💲 85SEK(在公車上使用現金買票),使用交通卡搭乘較便宜

➡ 在維斯比巴士總站(Busstation)搭乘20號公車到Fårösund färjeläge站,全程約1小時20分鐘,再轉搭渡輪到法羅島,渡輪約30分鐘一班

🌐 www.gotland.se/85715(查詢公車時刻表請選「busstrafik」)

ℹ 1.往返Fårösund和法羅島的渡輪每日行駛,渡輪時刻表:www.gotland.net/resa/arkiv/farofarjan
　 2.因公車班次不多,建議租車環島,若想悠閒體驗法羅島的慢活步調,也可以在Fårösund港口旁租自行車。查詢租車或自行車資訊:www.visbyhyrcykel.se

柏格曼展覽中心(Bergman Center)

✉ Fårö Svens 1118, 624 66 Fårö
📞 +46(0)498-226868
🕐 5/2～5/31週四～日12:00～16:00,6/1～9/1每日11:00～17:00,9/5～9/29週四～日12:00～16:00
➡ 從港口開車約7分鐘,騎自行車約21分鐘
🌐 www.bergmancenter.se

可在Fårösund港口旁租單車環島

精采看點 **1** 　 美不勝收的怪石群

▼千姿百態的岩石群

沿著法羅島西部海岸有各姿態的巨大岩石群,這是從冰河時期受海水侵蝕和風化日積月累的結果,讓人不得不佩服大自然的神奇力量,這裡也曾是導演柏格曼電影取景的地方。

精采看點 **2** 　 與世隔絕的柏格曼故居

▲法羅島教堂

▲柏格曼展覽中心

位於哥特蘭島北部的法羅島教堂(Fårö Kyrka)是導演柏格曼永眠之地,每年6月底在島上舉行向這位導演致敬的柏格曼週(Bergmanveckan),有音樂會、電影和戲劇等活動,想瞭解這位世界知名導演的生平和電影作品,也可參觀柏格曼展覽中心(Bergman Center)。

▲東部的Sudersand沙灘是歐洲知名的海灘

達拉納Dalarna

為瑞典傳統文化注入活水

法倫路邊的長椅，像一本打開的書，很有創意

來自瑞典中部達拉納省的彩繪達拉木馬 (Dalahäst) 是瑞典的象徵，該省環繞錫利揚湖 (Siljan)，周圍一片茂密的森林和蜿蜒的河流，當地居民仍保有濃厚的傳統文化，尤其在仲夏節的花柱下歡唱跳舞最熱鬧。

法倫 (Falun) 為達拉納省首府，約距今千年前即有礦產開採，是過去的經濟命脈；而景色秀麗的穆拉 (Mora)，除了著名的木馬手工藝外，還有為了紀念 1521 年古斯塔夫 瓦薩 (Gustav Vasa) 在雪地長途跋涉號召人民推翻丹麥統治，每年 3 月舉辦的「瓦薩滑雪賽」活動也是瑞典冬季的一大盛事。

法倫
Falun

礦業起家的達拉納首府

法倫因蘊藏豐富的銅礦而興起，17～18世紀是最興盛的時期，躍居當時瑞典主要大城，不過

隨著銅礦藏量耗竭，城市也逐漸沒落，直到1992年停止採礦。

法倫河 (Faluån) 貫穿市區，河的右岸有座15世紀大銅礦山教堂 (Stora Kopparbergs kyrka)，是市區最老的建築；左岸的達拉納博物館 (Dalarnas Museum) 蒐集不少當地民俗文物，還有被列入世界文化遺產的千年採礦史的銅山礦區很精采，別錯過。

1.充滿童趣的公園／**2.**大銅礦山教堂是該城最古老建築

交通串聯

從斯德哥爾摩中央車站搭乘火車Inter City或High-speed train至法倫中央車站，車程近3小時。中央車站步行到遊客中心約8分鐘。或搭Masexpressen長途巴士，車程近3小時。巴士車票若在車上購買有時會客滿，最好事先上網預訂。

1.法倫中央車站／**2.**遊客中心

■查詢交通時刻表
　網址　火車：www.sj.se、巴士：www.masexpressen.se

■法倫遊客中心
　地址　Trotzgatan 10-12, 791 83 Falun
　電話　+46(0)771-626262
　時間　週一～五10:00～17:00，夏季增加週六10:00～13:00
　網址　www.visitdalarna.se

達拉納博物館(Dalarnas museum)
瞭解達拉納文物和產業入門

　　位於瑞典心臟的達拉納地區，向來以優美的大自然風光、傳統民俗節慶和手工藝品聞名，該博物館分門別類展示達拉納最具特色的民俗文物，包含傳統服飾、民俗音樂、櫥櫃彩繪等主題，其中達拉小木馬專區令人印象深刻，有滑雪橇、拉手風琴、拉馬車等各姿態小木馬，可愛極了。

　　另外有關法倫的礦業介紹也少不了，博物館以長達60分鐘影片記錄礦業發展過程以及礦工開鑿的辛苦。

1.達拉小木馬專區／**2.**博物館外觀／**3.**一進博物館的大達拉木馬和民族服飾立牌／**4.**礦業發展和製品

✉ Stigaregatan 2-4, 791 60 Falun
☎ +46(0)23-6665500
🕐 週二～五10:00～17:00，週六、日12:00～17:00，週一休
💲 免費
➡ 從中央車站步行約10分鐘
🌐 www.dalarnasmuseum.se

達拉木馬集錦

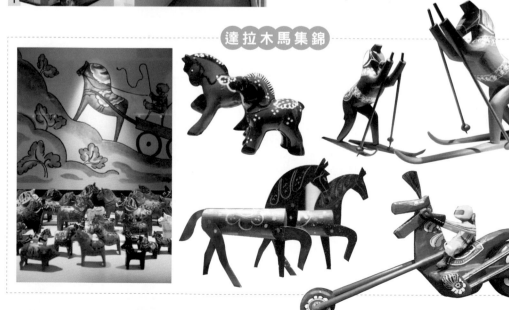

法倫銅山礦區(Falu gruva)
保留17世紀礦業和生活遺址

特別
推薦

　　法倫地區從11世紀開始有採礦的紀錄，特別是銅礦的出產聞名，到了17世紀瑞典國力達到頂峰，也是法倫銅礦山出產銅量的鼎盛時期；不過1687年礦山曾崩塌，造成今天看到的大坑洞。

　　現今法倫礦區仍保留17世紀遺留下來的熔爐，以及1761年未被燒毀的礦工居住木造屋，完整保留礦業發展史原貌，因此在2001年被列為世界文化遺產。參觀礦坑必須隨導覽行程，而且為了安全，也要穿戴主辦單位準備的安全帽、雨衣和雨鞋；園區還有一座銅山博物館(Gruvmuseet)，主要陳列採礦工具、煉礦的技術和過程。

✉ Gruvplatsen 1, 791 61 Falun
☎ +46(0)23-782030
◎ 遊客中心：10～4月週二～五11:00～16:00，週六～日10:30～15:00，週一休；5～6月中、8月中～9月週一～五10:00～16:00，週六～日10:00～15:00；6月中～8月中09:30～17:30；**銅山博物館**：10～4月週六～日10:00～15:00，週一～五休；5～6月中、8月中～9月週一～五10:00～16:00，週六～日10:00～15:00；6月中～8月中10:00～17:30
$ 10～4月**礦坑導覽**：成人210SEK，學生、65歲以上180SEK，3～15歲80SEK；**博物館**：成人80SEK，3～15歲40SEK。5～9月各加20～30SEK不等
➡ 從中央車站步行約15分鐘
🌐 www.falugruva.se
ℹ 1.參加礦坑導覽行程要事先上網預約
　 2.6月中～8月中10:00～16:40持票可免費搭遊礦區電動車，每20分鐘發車，車程20分鐘

1.6.法輪銅山礦區入口和紀念雕像／2.礦坑入口／3.銅山博物館／4.導覽解釋大坑洞的由來／5.搭電動車遊礦區

穆拉
Mora

彩繪達拉木馬重鎮

最能代表瑞典傳統彩雕的達拉木馬，據說源自 17 世紀伐木工人在冬天閒暇之餘，

隨手拿鋸木剩下的小木塊，依平日工作夥伴「馬」的模樣刻出小木馬給小孩當玩具，那時達拉木馬還默默無聞，直到 1939 年紐約舉行世界博覽會，瑞典展示場擺上一隻色彩鮮豔、近 3 公尺高的紅木馬，立刻吸引眾人目光，達拉木馬因此聲名大噪。

穆拉不大，除了到處可見色彩鮮豔的達拉木馬身影外，這裡還保有 13 世紀木造教堂和紀念瓦薩國王號召人民起義的「瓦薩滑雪賽」(Vasaloppett) 相關展示。此外別忘了到市區購物街附近的遊客中心拿旅遊資料，以及參觀

瑞典知名畫家左恩的博物館與故居，裡面收藏這位畫家許多珍貴的作品。

1.到處有達拉木馬身影／2.瓦薩滑雪賽終點站紀念雕像

交通串聯

從斯德哥爾摩中央車站：搭乘火車Inter City至穆拉中央車站，車程近4小時；或搭Masexpressen長途巴士，車程約4小時。從穆拉中央車站步行到遊客中心約10分鐘。

從法倫則搭Dalana省營的Dalatrafik132號巴士可到穆拉。小鎮在週末假日城區間巴士車班不多，請事先查好車班。

穆拉遊客中心

■**Dalatrafik巴士**

網址　www.dalatrafik.se

■**穆拉遊客中心**

地址　Köpmannagatan 3 A,792 30 Mora
電話　+46(0)771-626262
時間　夏季(7～8月中)週一～五10:00～17:00，週六10:00～16:00；其他時間週一～五12:00～17:00，週六10:00～14:00，週日休
網址　www.visitdalarna.se

每年從2月起開放的Vasaloppett博物館

左恩博物館與故居
(Zornmuséet&Zorngården)
19世紀著名畫家藏品與鄉間生活

穆拉是瑞典19世紀最著名的畫家左恩(Anders L. Zorn)從小成長的地方，1939年成立的博物館收藏左恩的水彩畫、油畫、雕塑和蝕刻版畫，其中以人體、鄉間生活場景的描繪聞名；而一旁晚幾年開放的左恩木造故居，前面有一大片花園庭院，屋內的陳設仍保持原樣，四周裝飾多為左恩和妻子艾瑪(Emma)到世界各國旅行的藝術收藏。

- ✉ Vasagatan 36,792 21 Mora
- ☎ +46(0)250-592310
- ◎ 博物館：6～8月每日09:00～17:00，其他月分週二～日11:00～17:00；**故居導覽行程預約**：6～8月每日09:30～16:00，每30分鐘一梯次(每天至少提供一次英語導覽，可事先電話洽詢)，其他月分週二～五13:00、14:00、15:00，週六～日12:00、13:00、14:00、15:00。12/24～25休
- ⑤ 博物館：成人100SEK，18歲以下免費；**故居**：成人100SEK，18歲以下50SEK。博物館與故居聯票160SEK(夏季180SEK)
- ➡ 從穆拉中央車站步行到博物館約10分鐘
- http www.zorn.se

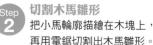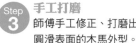

1.故居庭園／2.4.故居陳設仍保持左恩生前原樣／3.左恩博物館

彩繪木馬製作步驟Step by Step

 Step 1 **裁切**
把木塊裁切成合適大小。

 Step 2 **切割木馬雛形**
把小馬輪廓描繪在木塊上，再用電鋸切割出木馬雛形。

 Step 3 **手工打磨**
師傅手工修正、打磨出圓滑表面的木馬外型。

 Step 4 **雙次浸漆**
木馬浸漆上底色、晾乾；手工修正木馬表面瑕疵後，再進行第二次浸漆、晾乾。

 Step 5 **手工彩繪**
彩繪師畫上達拉木馬傳統的漣漪花紋。

 Step 6 **成品**
可愛的達拉木馬完成。

達拉木馬工坊
(Nils Olsson HemslöjdAB、Grannas A. Olsson HemslöjdAB)
手工打造獨一無二的彩雕木馬

達拉木馬工坊最早由奧爾森(Olsson)兩兄弟於1922、1928年在穆拉附近的Nusnäs，分別創立Grannas Olsson Hemslöjd和Nils Olsson Hemslöjd兩家木馬工坊，目前仍是由家族傳承經營。

這裡的達拉木馬都是手工雕刻和彩繪，所以成堆的木馬也找不到一模一樣的，且經過近百年的研發，已經由最傳統的紅色發展出五彩繽紛，甚至也不只限於木馬，還有可愛的木雞、木豬和木麋鹿等造型。

工坊除了展售達拉木馬相關紀念品，也有木馬製作過程的圖文說明，並安排師傅現場雕刻和手繪給遊客參觀。建議買隻原木或只上底色的小馬，不但便宜，而且還可彩繪出專屬自己的達拉木馬。

➲ 從穆拉搭達拉納省營Dalatrafik324號巴士到Nusnäs；若週日沒車班，則必須搭往法倫的132號巴士，在Fu站下車，再步行約35分鐘

Nils Olsson HemslöjdAB

✉ Edåkersvägen 17, 792 77, Nusnäs
☎ +46(0)250-37200
🕐 6/15～8/20週一～五09:00～18:00，週六、日09:00～17:00；其他時間週一～五09:00～16:00，週六10:00～14:00，週日休
http www.nilsolsson.se

Grannas A. Olsson HemslöjdAB

✉ Edåkersvägen 24,792 77 Nusnäs
☎ +46(0)250-37250
🕐 6/15～8/15週一～五09:00-18:00(工廠～17:00)，週六、日09:00～16:00；其他時間週一～五09:00～16:00(工廠～17:00)，週六只開商店10:00～13:00，週日休
http www.grannas.com

3

1.工坊大門也立著達拉木馬／**2.**木馬製作過程說明／**3.4.**各式各樣的相關紀念品

拉普蘭Lapland

體驗極光和永晝的祕境

位於瑞典北部，是瑞典最大的一省，大部分屬於世界文化遺產。原始森林、高山和大湖是拉普蘭省的最佳寫照，也是北歐原住民薩米人遊牧民族的生活地區。

計畫到北極圈探險的遊客，冬、夏季的極光和永晝是難得的體驗，若能在著名的冰旅館住上一晚，或是讓哈士奇狗帶領你拉雪橇，馳騁在北國的銀色雪景，應是人生旅遊必試的 check list！

←來瑞典北部體驗冰天雪地(照片提供／Pak Wing LEUNG、Wai Chung YEUNG)

拉普蘭行程規畫

Day **1**
基努納市中心 (P.256) ➡ 冰旅館 (P.96) ➡ 參加極光團 (P.256)

Day **2**
阿比斯庫國家公園 (P.257)

→可愛的哈士奇帶你遊祕境(照片提供／Daisy Chen)

1.坐火車到阿比斯庫國家公園可享受沿途的極致美景／2.大小房屋在白雪覆蓋下看似糖果屋／3.黑夜中的絢爛極光(以上照片提供／Pak Wing LEUNG、Wai Chung YEUNG)

行家密技 如何拍出瑰麗夢幻的極光照？

每年10月到隔年3月是觀賞極光的最佳時期，出發前最好先查詢天氣預報，萬里無雲及非滿月的情況下遇到的機率相當高，當然還要靠點運氣。

1.**配備**：1台單眼相機和穩固的三角架，建議使用相機保暖套。

2.**拍攝**：設定長時間曝光與手動對焦，先將相機對著遠方的發光物對焦，如月亮、燈光等，光圈調到最大，並以手動模式為主。建議使用快門線，避免相機晃動。

3.**背景**：可找一片樹林、山或屋子作為陪襯，讓照片看起來豐富多彩。

掌握拍攝技巧，就能捕捉到舞動的極光(照片提供／Alicia Huang)

基努納(Kiruna)
瑞典北部高人氣的觀光景點

特別推薦

1.基努納市中心／2.市中心的基努納市政廳／3.基努納大教堂曾被瑞典人票選為瑞典最美麗的公共建築／4.此雕像紀念建造從基努納到挪威納維克(Narvik)鐵路的工人／5.狗拉雪橇也是難得的體驗(照片提供／Daisy Chen)

拉普蘭最大的城市,同時是瑞典北部的高人氣觀光景點。在17世紀初,這裡便開採鐵礦,是世界上最大的鐵礦蘊藏區。由於開採鐵礦的活動仍持續進行,導致這座城市有下陷的危機,所以政府正執行遷移計畫,將以嶄新的樣貌呈現。

基努納每年夏天有多達50天永晝,從5月底到7月中從未日落,而12月中到月底則是永夜。最好參加當地的極光團行程,黑暗中在一片結冰的湖上開著雪地摩托車,或是乘著雪橇,體驗在雪地裡被哈士奇拉著奔馳的刺激。

⊙ 每年10月底～隔年3月初(觀賞極光最佳)

➡ 1.從斯德哥爾摩阿蘭達機場(Arlanda Airport)搭乘飛機至基努納機場(Kiruna Airport),全程約1.5小時
2.從斯德哥爾摩中央車站搭夜鋪火車(Nattåg)至基努納火車站(Kiruna Centralstation),全程約15小時45分鐘

http 班機資訊:www.sas.se、www.norwegian.com/se
機場到市區接駁巴士:www.horvalls.se/flygbuss.html
火車站到市區接駁巴士:www.kirunalapland.se/resa-hit/tag

ℹ 火車票需事先買好,無法在火車站或現場購票

貼心 小提醒

瑞典北部冬天氣溫可到零下30度,室內外溫差非常大,建議以洋蔥式穿法方便穿脫,必備項目:
1. 有 GORE-TEX 標示的羽絨外套,長過臀部的樣式更好。
2. 防水、防滑又保暖的雪地靴,最好長度高至小腿肚以上,可買大一號內塞暖暖包。
3. 羊毛製的毛帽、毛襪、圍巾、手套和耳罩,純羊毛衣或發熱衣也是必需的。
4. 怕冷可穿滑雪褲,或是發熱褲襪搭配厚棉褲。

阿比斯庫國家公園(Abisko nationalpark)
出現極光機率極高

特別推薦

成立於1909年，距離北極圈僅195公里，由於沒有光害，這裡是觀賞極光的最好地點之一。幾千年以來，這裡一直是北歐原住民薩米人的家鄉，在此飼養馴鹿，也捕魚、狩獵和生產手工藝品，獨特的生活環境吸引各國遊客前來。

國王小徑(Kungsleden)是這裡最有名的登山步道，沿途有機會看到北歐特有的野生動植物，觀賞峽灣、峽谷和瀑布。冬天則變身滑雪勝地，也可參加拉雪橇、泡桑拿和冰釣等活動。

另外，Lapporten山谷有著特殊的U型地形景觀，低凹處有河流流過，是拉普蘭省著名的自然景色地標，也很適合健行。

➡ 從基努納火車站搭乘SJ火車至Abisko touristation站，全程約1小時15分鐘

http www.sverigesnationalparker.se/park/abisko-nationalpark

ℹ 火車一天班次不多，出發前需上網查詢資訊並購票

1.Abisko touristation火車站／**2.**LapportenU型山谷／**3.**薩米人以前居住的木屋／**4.**冬天時遍地白雪，景色迷人

通訊篇
Communication

在瑞典如何打電話、上網和寄信？

瑞典的機場、觀光景點、旅館和餐廳多提供免費的無線網路，搜尋資訊
或對外連絡十分便利。

打電話、上網、郵寄

瑞典的無線網路非常普遍，極為便利

從台灣打電話到瑞典
國際冠碼＋瑞典國碼＋區域號碼＋電話號碼

撥打方法	國際冠碼	瑞典國碼	區域號碼(去0)		電話號碼
打瑞典市話	002、009	46	斯德哥爾摩：8 赫爾辛堡：42 隆德：46 哥特蘭島：498	哥德堡：31 馬爾默：40 卡爾馬：480 基努納：980	市話號碼5～8碼
打瑞典手機					手機號碼9碼

舉例說明
瑞典市話：(031)7119780，從台灣撥打的方式：002+46+31+7119780

從瑞典打電話到台灣
國際冠碼＋台灣國碼＋區域號碼＋電話號碼

撥打方法	國際冠碼	台灣國碼	區域號碼	電話號碼
打台灣市話	00	886	台北：2(去0)	市話號碼
打台灣手機			無	手機號碼(去0)

舉例說明
台灣市話：(02)2345-6789，從瑞典撥打的方式：00+886+2+23456789
台灣手機：0921987654，從瑞典撥打的方式：00+886+921987654

在瑞典打當地電話
國際冠碼＋台灣國碼＋區域號碼＋電話號碼

撥打方法	瑞典國碼	區域號碼	電話號碼
用台灣手機打瑞典市話	46	去0	市話號碼
用瑞典室內電話打瑞典市話	無	不去0	市話號碼

舉例說明
瑞典市話：(031)7119780，用台灣手機撥打的方式：46+31+7119780
瑞典市話：(031)7119780，用當地室內電話撥打的方式：031+7119780

購買當地SIM卡

最普遍是Comviq電信公司的預付卡，有多種方案，價格也比較優惠。可至7-11、Pressbyrån等便利商店購買，要先支付空卡費用並記下號碼，再另外購買通話費或其他結合網路、簡訊等優惠。目前推出一個月內95SEK(含3GB流量和200分鐘通話)，是最低價的方案。

▲ Comviq的SIM卡包裝

▲ 便利商店的服務項目

Ringer du inte så mycket?

95 kr /mån

- 3 GB surf
- 200 min, 2000 SMS och MMS
- Gäller inom Sverige

SKAFFA MINI

▲ Comviq目前有推出一個月內95SEK的低價方案

SIM卡怎麼用？

Step 1　記下SIM卡上的手機號碼，並留意使用期限

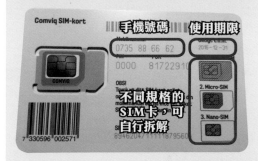

Comviq SIM-kort

手機號碼　使用期限
0735 88 66 62　2016-12-31

0000　817229

不同規格的SIM卡，可自行拆解

2. Micro-SIM
3. Nano-SIM

7 330596 002571

Step 2　加值後，按照收據上的說明輸入序號

Pressbyrån

Butik : 5478
Telefonplan T-ban
T-station Telefonplan
126 37 HÄGERSTEN
86451860
Org nr 556968-9341 innehar F-skattesdel

COMVIQ KOMPIS 95 KR　購買方案
4540 0978 06496　使用序號

För att tanka på ditt kort slå
*110*laddningskoden# och lur
Giltig t.o.m: 2017-10-02

Serienummer:　0328086791

先輸入「*110*」和使用序號，再按「#」及通話鍵

Datum:07.10.2016　Tid:19:55:15
Kassa:1　Säljare:Evelina

購買國際電話卡

出發前可先在台灣購買國際電話卡，或是到瑞典當地便利商店購買Comviq電信公司撥打國際電話的費用方案，有針對不同國家提供手機、室內座機電話、簡訊等收費項目。

Comviq電信網頁購買畫面

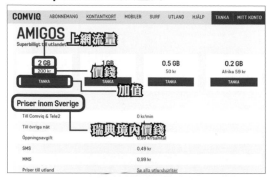

Comviq電信網頁購買畫面

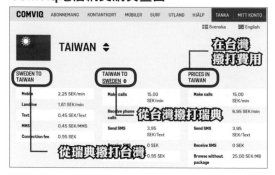

貼心小提醒

由於手機及無線網路的普及和便利性，現在瑞典路邊已少有投幣式公共電話了。建議出發前多準備一支備用手機，並將無線網路設定好，把緊急連絡電話先存入手機通訊錄中，若遇到突發狀況時，可及時與家人朋友、當地駐外館處和警察局連絡。

上網

免費Wi-Fi

瑞典的無線網路使用十分普遍，也很便利。機場、咖啡廳、餐廳、飯店旅館和主要城市的遊客中心基本上都提供免費的無線網路服務，

▲ 購物中心內的無線網路標示

而部分飯店或青年旅舍需要先向櫃檯詢問帳號跟密碼才能使用。另外，大型的購物商場和部分觀光景點也提供免費Wi-Fi，可多加利用。

▲購物中心內的無線網路標示，還提供充電插座

付費網路方案

若需要在手機上使用網路，可至當地便利商店詢問有關Comviq的網路付費方案，可參考Comviq官網：www.comviq.se(只提供瑞典語服務)。

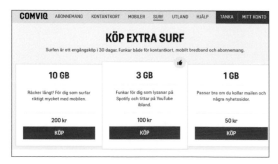

郵寄

到哪裡寄信？

不少郵局會附設在超市或商店內。在主要街道上所設立的郵筒通常分為兩種，郵寄市內郵件的淺藍色郵筒，以及外縣市和國際郵件的鵝黃色郵筒(若市內信投遞此信箱也會寄達)。郵局、便利商店與紀念品店都可購買郵票，而部分超市和便利商店也提供領取信件的服務。

▲ 不少郵局會附設在超市或商店內

郵費及寄送工作天

從瑞典寄明信片或普通信件回台灣需約4～6個工作天，20公克以下需支付12SEK的國際郵費，若要寄包裹，則需約6～7個工作天。相關資訊可至郵局官網查詢。

http **www.postnord.se**

瑞典國旗郵票▶

貼心 小提醒

還有單設一種鵝黃色與灰色的郵筒，這種就沒有區分地點，國內外郵件皆可投遞。

指指點點瑞典語 ABC

中文	瑞典文	中文	瑞典文
手機	mobil	郵筒	brevlåda
國際電話號碼	Internationellt telefonnummer	包裹	paket
上網	surf	明信片	vykort
價錢	pris	信件	brev
加值	tanka	郵票	frimärken
郵局	posten	地址	adress

應變篇
Emergencies

在瑞典旅行，遇到緊急狀況怎麼辦？

瑞典治安大致良好，當地人也和善守法。不過，旅途中難免會遇到突發
狀況或水土不服的情形，本篇提供幾項解決和建議方案，讓你在異國玩
得更安心。

發生緊急狀況

公共場所及人潮擁擠之處，仍要謹慎留意

瑞典國民所得平均高、社會福利佳，人民守法，一般來說社會治安不錯。不過近年來瑞典因為人道考量，成為北歐接收難民人數最多的國家，建議你在人潮擁擠的公共場所和用餐時，要留意自身的錢財和重要物品；搭乘公共交通工具時，最好將背包置於前面，外套口袋也不要放錢包、手機，更要小心陌生人的搭訕。

▲ 公共場所小心扒手警語

物品遺失、被竊

現金、信用卡遺失

出國前應先記下所屬銀行24小時緊急連絡電話與信用卡卡號，若在旅途中不慎遺失，應立即打電話給發卡銀行掛失停卡，同時撥打全球緊急連絡電話掛失卡片，由專人協助辦理緊急預借現金或申請緊急替代卡等服務。

護照遺失

若不慎遺失護照時，應先向當地警察局報案，再向駐瑞典代表團申辦護照補發。如果遇到物品遺失或被竊，瑞典阿蘭達機場及主要城市的火車站附近提供失物招領的服務，可查詢下列失物招領服務中心相關網站資訊。

▲ 警察局

駐瑞典台北代表團

Taipei Mission in Sweden
地址：Wenner-Gren Center, 18tr, Sveavägen 166, 113 46 Stockholm, Sweden
電話：+46(0)8-7288513(09:00～12:00，13:00 ～17:00)
傳真：+46(0)8-315748
領務收件時間：週一～五09:00～12:00，13:00 ～15:00，瑞典國定假日、中華民國農曆新年和國慶日休
信箱：taipei.mission@tmis.se
網址：www.taiwanembassy.org/se

失物招領這裡查

阿蘭達機場或阿蘭達快線火車

地址：Left Luggage, Terminal 5 Level 1, Stockholm-Arlanda Airport

電話：+46(0)10-4100200

傳真：+46(0)10-4100204

時間：週一～五10:00～18:00

網址：www.bagport.se/en(搜尋Lost Something)

斯德哥爾摩巴士或地鐵

地址：Klara Östra kyrkogata 6, 111 52 Stockholm

電話：+46(0)8-6001000(週一 10:30 ～ 18:00，週二～ 五 09:30 ～ 16:00，週六 10:00-13:00)

傳真：+46(0)8-6862659

時間：週一 11:00 ～ 19:00，週二～五 10:00 ～ 18:00，週六 10:00 ～ 16:00，假日 (Bank holidays) 休

網址：www.sl.se/en(搜尋 Help & contact，再點入 Lost property)

哥德堡巴士或電車

地址：Hotellplatsen 4, 411 06 Göteborg

電話：+46(0)31-802088 (週一～五10:00～17:30)

時間：週一～五10:00～17:30

信箱：hittegodset@sparvagen.goteborg.se

網址：www.goteborgssparvagar.se (搜尋Lost and found)

24小時緊急連絡電話

救護車和緊急醫療協助：112

駐瑞典台北代表團緊急連絡電話：+46706755089 (瑞典境內直撥0706755089)

旅外國人急難救助全球免付費專線：00-800-0885-0885

Visa全球緊急服務中心：020790939

Mastercard萬事達卡全球緊急服務中心：020791324

生病受傷

「Apoteket」是藥局的意思，在主要街道設店普及，低劑量的感冒藥物、乳液、保健食品等都有，在大城市裡則有24小時營業的服務。若想諮詢健康及醫務等相關資訊可撥打24小時醫療服務專線：1177。

內急

瑞典的公共廁所多為男女共用，大多需付5～10SEK的費用，有些專設的男士小便池則是免費的。一般餐廳或咖啡廳也會在門口標明，若只使用廁所不消費，需要另付清潔費，因此最好隨身攜帶零錢備用。機場或部分觀光景點可能會提供免費廁所，要把握。斯德哥爾摩市政府設立的綠色大圓筒狀的公廁，還附設免費輪胎打氣裝置，可多加利用。

▲ 斯德哥爾摩公共廁所

救命小紙條

你可將表格影印，以中英文分別填寫，並隨身攜帶。

個人緊急連絡卡
Personal Emergency Contact Information

姓名 Name

年齡 Age

血型 Blood Type

宿疾 Chronical Physical Problems

過敏藥物 Allergies

護照號碼 Passport No.

信用卡號碼

台灣、海外掛失電話

台灣、海外航空公司電話

緊急連絡人 (1)Emergency Contact(1)

連絡電話 Tel

緊急連絡人 (2)Emergency Contact(2)

連絡電話 Tel

台灣地址 Home Address

投宿旅館

旅館電話

備註

重要應變電話號碼
救護車和緊急醫療協助：112
駐瑞典代表團緊急連絡電話：+46(0)7-06755089(瑞典境內直撥 07-06755089)
旅外國人急難救助全球免付費專線：00-800-0885- 0885

填線上回函，送 "好禮"

感謝你購買太雅旅遊書籍！填寫線上讀者回函，
好康多多，並可收到太雅電子報、新書及講座資訊。

好康 1

每單數月抽10位，送珍藏版
「祝福徽章」

方法：掃QR Code，填寫線上讀者回函，
就有機會獲得珍藏版祝福徽章一份。

好康 2

填修訂情報，就送精選
「好書一本」

方法：填寫線上讀者回函，並提供使用本書後的修
訂情報，經查證無誤，就送太雅精選好書一本(書
單詳見回函網站)。

＊同時享有「好康1」的抽獎機會

開始在瑞典自助旅行
（最新版）

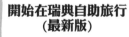

https://reurl.cc/Znd2OA

＊ 「好康1」及「好康2」的獲獎名單，我們會
　於每單數月的10日公布於太雅部落格與太
　雅愛看書粉絲團。

＊ 活動內容請依回函網站爲準。太雅出版社保
　留活動修改、變更、終止之權利。

太雅部落格 http://taiya.morningstar.com.tw

有行動力的旅行，從太雅出版社開始

23 太雅週年慶

發票登錄抽大獎
首獎 澳洲Pacsafe旅遊防盜背包

凡於 **2020/1/1～5/31** 期間購買太雅旅遊書籍(不限品項及數量)
上網登錄發票，即可參加抽獎。

首獎
澳洲Pacsafe旅遊背包 (28L)

RFID晶片
防側錄口袋

專利防盜鎖扣

2名　市價5880元

普獎
BASEUS防摔觸控靈敏之
手機防水袋

80名

顏色
隨機出貨

掃我進入活動頁面
或網址連結 https://reurl.cc/1Q86aD
活動時間：2020/01/01～2020/05/31
發票登入截止時間：2020/05/31 23:59
中獎名單公布日：2020/6/15

活動辦法
- 於活動期間內，購買太雅旅遊書籍(不限品項及數量)　，憑該筆購買發票至太雅23周年活動網頁，填寫個人真實資料，並將購買發票和購買明細拍照上傳，即可參加抽獎。
- 每張發票號碼限登錄乙次，並獲得1次抽獎機會。
- 參與本抽獎之發票須為正本(不得為手開式發票)，且照片中的發票須可清楚辨識購買之太雅旅遊書，確實符合本活動設定之活動期間內，方可參加。
- 若發票存於電子載具，請務必於購買商品時，告知店家印出紙本發票及明細，以便拍照上傳。

＊主辦單位擁有活動最終決定權，如有變更，將公布於活動網頁、太雅部落格及「太雅愛看書」粉絲專頁，恕不另行通知。